디지털 현기증

앤드루 킨 지음

진달용 외 옮김

소셜미디어 속에서 길을 잃은 현대인

HOW TODAY'S ONLINE SOCIAL REVOLUTION IS
DIVIDING, DIMINISHING, AND DISORIENTING US

이 도서의 국립중앙도서관 출판예정도서목록(CIP)은
서지정보유통지원시스템 홈페이지(http://seoji.nl.go.kr)와
국가자료공동목록시스템(http://www.nl.go.kr/kolisnet)에서 이용하실 수 있습니다.
CIP2016006941(양장), CIP2016006942(반양장)

DIGITAL
VERTIGO

HOW TODAY'S ONLINE SOCIAL REVOLUTION
IS DIVIDING, DIMINISHING, AND DISORIENTING US

ANDREW KEEN

Digital Vertigo: How Today's Online Social Revolution is Dividing, Diminishing, and Disorienting Us
by Andrew Keen

옮긴이의 글

소셜미디어가 지배하는 세상이다. SNS와 스마트폰의 사용이 급증하면서, 소셜미디어가 인간의 일상생활을 지배하고 있다. 마이크로소프트 워드를 통해 이 글을 쓰고 있는 지금도 페이스북에 새로 올라온 글들이 시시각각 모니터에 떠오르고 있다. 이메일에는 하루에도 몇 번씩 트위터 계정의 글들이 올라온다. 트위터 계정만 있지 사용은 하지 않는데도 말이다. 또 밴드와 카카오톡에는 아침저녁으로 고교 동창, 대학 동창으로부터 이런저런 이야기들이 전달되고 있다.

페이스북이나 트위터나 탄생한 지 10년 안팎밖에 되지 않았는데도 소셜미디어의 영향력은 상상 그 이상이다. 현기증이 난다. 너무 빠르게 움직이는 소셜미디어를 보면 현기증 정도가 아니라 심한 어지럼증을 느낀다.

소셜미디어는 2010년대를 사는 전 세계인들에게 없어서는 안 될 디지털 테크놀로지의 총아라고 할 수 있다. 대학생들은 스마트폰에 깔아놓은 기상 앱의 도움을 받아 일어나고 눈을 뜨자마자 밤사이에 온 카톡 메시지와 이메일을 체크한다. 출퇴근 시간 교통수단에 몸을 실은 직장인들은 페이스북을 살피거나 모바일 게임을 즐긴다. 주말에 볼 영화의 티켓이나 서울-부산 행 KTX 좌석을 예매하는 것도 모바일로 한다. 총선을 앞두고 있는 2016년 봄 수많은 정치인들은 페이스북과 트위터를 통해 자신을 알리기에 여념이 없다.

소셜미디어를 이용해 자신의 가치를 알리고, 이를 증대시키는 것을 일컫는 미-경제me-economy가 일반인들의 입에도 오르내리고 있는 실정이다.

무엇보다 페이스북, 트위터, 유튜브, 인스타그램 등 소셜미디어를 사용하는 사람들은 해당 소셜미디어에 자신의 이야기나 사진, 동영상을 올리는 것으로 행복감을 맛보기도 한다. 사람들이 소셜미디어를 통해 정신적인 만족감을 얻는 것은 이들 네트워크가 잘 알던 친구들과는 더 많이 소통할 수 있는 기회를 제공하고, 모르던 사람들과는 온라인에서 새로운 인간관계를 형성할 수도 있게 해주기 때문이다.

그러나 소셜미디어는 유토피아를 만들어내는 디지털 테크놀로지라고만은 볼 수 없다. 소셜미디어로 인해 발생하는 여러 사회적 문제들 역시 소셜미디어의 한 부분이기 때문이다. 소셜미디어에 올린 한 장의 사진이나 짧은 글 때문에 수난을 겪는 정치인과 연예인의 이야기는 하루가 멀다 하고 보인다. 선거 때만 되면, 페이스북이 정치논리 일색이라며 '정치 없는 페이스북'을 만들자는 주장도 나온다. 또 페이스북에서 수백·수천 명의 친구를 사귀지만 이들 중 실제로 일상적인 대화를 나누는, 그래서 진정한 친밀감을 만들어가는 친구는 극히 제한되어 있다는 사실이 여러 자료를 통해 뒷받침되고 있다.

앤드루 킨의 『디지털 현기증: 소셜미디어 속에서 길을 잃은 현대인』은 소셜미디어가 지배하는 새로운 디지털 세상의 여러 부작용에 대해 설명한다. 킨은 소셜미디어가 제러미 벤담이 말한 파놉티콘처럼 소셜미디어상에서 모든 사람들의 사생활을 관찰하고, 이용하고, 경우에 따라서는 파괴하기도 한다고 지적한다. 또 앨프리드 히치콕 감독의 영화 〈현기증〉을 언급하면서, 소셜미디어상에서는 보이는 것만이 전부가 아님을 강조한다. 이 책은 벤담의 파놉티콘 개념과 히치콕의 현기증 개념을 묶어 보여준다. 그리고 소셜미디어가 지배하는 현재 사회에서 모든 것은 소셜화할 것 같지만 결코 그렇지 않으며, 소셜미디어 네트워크에 연결되면 될수록 인간은 외로워지고 개인화된다는 것을 역설한다.

킨은 21세기 초반의 소셜미디어 혁명이 19세기에 일어난 산업혁명 이래 가장 강력한 문화 변혁을 가져오고 있다고 지적한다. 그러나 소셜미디어 시대를 살아가는 사람들은 소셜미디어가 가져다줄 것으로 기대되던 혜택을 누리기보다는 소셜미디어로 인한 폐해를 경험하고 있다. 온라인에서 개인들은 모두 동등한 자유를 누릴 것으로 기대되었다. 하지만 실상은 어떤가? 트위터나 페이스북을 지배하고 있는 것은 슈퍼 파워를 지닌 개인과 기업들이다.

무엇보다 소셜미디어가 새로운 미디어 제국의 건설을 도모하고 있다는 점을 알아야 한다. 애플과 구글 등 소셜미디어를 겸한 기업들의 성장세가 두드러진다. 수입의 90% 이상을 광고에 의존하는 페이스북이 2015년 한 해 동안에만 무려 171억 달러를 벌어들였다. 페이스북 사용자들이 하루 60억만 개씩 클릭하는 '좋아요'에서 발생한 수입이다. 유튜브 역시 2004년에만 40억 달러의 수입을 올린 것으로 집계되었다. 페이스북은 사용자들이 포스팅하는 사진과 글을, 유튜브는 동영상에 접속하는 사람 군#을, 알고리즘을 통해 다양한 데이터로 바꾸고 이로써 광고 수입을 올린다.

또한 소셜미디어 시대에는 전 세계 몇 나라를 제외하고 미국의 지배가 강화되고 있다는 점에 주목해야 한다. 페이스북, 트위터, 유튜브 등 현재 전 세계에서 가장 많이 사용되고 있는 소셜미디어가 모두 미국에서 개발·발전된 것이다. 중국의 바이두나 일본의 믹시, 한국의 카카오톡 정도가 미국의 소셜미디어와의 대결에서 우위를 점하고 있다. 결국 그동안 미국이 정치군사력, 문화 파워를 통해 전 세계를 지배한 데 이어 소셜미디어로도 다시 한 번 세계지배에 나섰다는 점에서 국가 간 불평등과 이로 인한 경제적·문화적 격차를 우려해야 할 상황에 이르렀다.

소셜미디어가 사용자들로 하여금 네트워킹을 가능하게 하고, 사용자들의 의견과 감정을 다양한 형태로 표출할 수 있는 플랫폼을 제공한다는 점은 부정하기 어렵다. 그러나 소셜미디어는 사용자들을 더 소외시키는 한편, 사용자 개인의 자유까지 크게 제약하고 있다. 또한 소셜미디어가 일부 개인들의 권력화를 가져왔을 뿐 아니라, 국가 간 힘의 균형을 더욱 악화시키고 있다.

저자는 이야기를 풀어가면서 때때로 논의의 비약, 잘못된 해석을 보여주기도 한다. 게다가 지나칠 정도로 개인의 경험에 의존하는 모습을 드러내기도 한다. 그러나 이러한 문제점에도 불구하고 이 책은 소셜미디어 시대의 디스토피아에 대한 함축적 담론을 제공했다는 점에서 중요한 의의를 가진다.

진달용

차례

헬로, 헬로/ 나는 현기증이라고 불리는 장소에 있어/ 현기증은 내가 몰랐기를 바라던 모든 것이지

_ U2, 「버티고Vertigo」(2004)

한번은 그녀가 내가 언론인이거나 저술가인가를 질문했다. 내가 둘 중의 어느 것도 정확히 맞는 것이 없다고 하자 그녀는 내가 무엇을 하고 있는가를 물었고, 나는 정확한 내 실체를 잘 모르겠다고 답했는데, 이는 범죄 이야기로 전환될지도 모를 정도로 점증하는 의심을 자아냈다.[1]

_ W. G. 제발트W. G. Sebald, 『현기증Vertigo』(1990)

마지막으로 내가 해야만 하는 일은…… 그러고 나서 나는 과거로부터 해방될 것이다. …… 두 번째 기회를 갖는 사람들은 많지 않다. 나는 누군가에 의해 쫓기는 것을 그만두고 싶다. 너는 나의 두 번째 기회다. 주디Judy, 너는 나의 두 번째 기회다.

_ 앨릭스 코플Alex Coppel · 새뮤얼 A. 테일러Samuel A. Taylor, 『현기증Vertigo』(1958)

서론

과잉가시성

DIGITAL
VERTIGO

@alexia: 그것들이 언젠가 '검색 가능한 것'이 되리라는 것을 만일 우리가 알았더라면, 우리는 이렇게 살지 않았을 것이다.[1]

자신의 이미지가 곧 자기인 자

영화를 언제나 "그림"이라고 표현했던 앨프리드 히치콕Alfred Hitchcock은 모든 좋은 "그림"의 뒤에는 훌륭한 시체가 있기 마련이라고 말한 적이 있다. 한 시체와 사랑에 빠진 남자에 관한 으스스한 영화 〈현기증Vertigo〉(1958) 같은 영화들 속에서 죽은 자들을 부활시키는 일의 달인이었던 늙은 히치콕이 그렇게 말한 것은 옳았다. 위대한 시체 하나가 이렇게 좋은 〈현기증〉 같은 영화를 만든다는 진실이 이 책과 같은 논픽션 책에 생명을 주는 데도 도움이 될 수 있기 때문이다.

이 책의 이면에는 19세기를 통틀어 가장 눈에 띄는 시체가 있다. 그는 공리주의 철학자이자 사회개혁가이며 감옥을 설계했던 제러미 벤담Jeremy Bentham이다. 그는 1832년 죽은 후에도 공적인 삶을 지속하고 있는 것이다.[2] 그는 스스로 "인류의 은인"이라고 이름을 붙인 자기 명성이 불멸하도록 만들기 위해 자기 몸과 애장품 지팡이 '얼룩이Dapple'를 런던대학교에 기증하면서 앞면을 유리로 만든 나무 관에 넣어 영구히 전시하라고 유언을 남겼다. 그 관을 그는 스스로 "오토아이콘Auto-Icon"이라고 명명했는데, 그것은 "자신의 이미지가 곧 자기인 자"를 뜻하는 신조어였다.[3]

관심을 받고자 하는 그의 욕망은 오늘날에도 공개적인 관 속에 영구히 전시되어 있다. 『멋진 신세계Brave New World』의 저자인 올더스 헉슬리Aldous Huxley가 말했던 대로 "전화 부스보다는 크고 공중화장실보다는 조금 작은" 관 속에 말이다.[4] 오늘날 벤담과 그의 지팡이는 가워 스트리트Gower Street에 있는 런던 대학교의 본관인 블룸즈버리Bloomsbury 건물 남쪽 회랑 복도에 놓여 있다. 이 위치는 북적거리는 도심의 캠퍼스에서 지나다니는 모든 사람들이 볼 수 있도록 일부러 선택되었다. 자신이 그 누구보다도 "가장 효율적으로 자비로운" 사람이라고 생각했던[5] 벤담은 이제는 절대로 혼자가 아니다. 그는 말하자면 자신의 외로움을 제거해버린 셈이다.

이 책의 아이디어는 바로 그 런던의 회랑에서 시작되었다. 비가 부슬부슬 내리던 어느 11월의 오후, 나는 한 손에는 블랙베리Blackberry 스마트폰[6]을 들고 다른 한 손에는 캐논Canon의 디지털 카메라[7]를 들고 "오토아이콘"을 바라보고 있었다. 자기의 명성이라는 틀에 갇혀 있는 그 으스스한 제러미 벤담의 모습을 보고 있을수록, 나는 벤담과 나의 정체성이 사실상 융합되어온 것이 아닌가 하는 의구심을 점점 더 갖게 되었다. 산업시대 내내 공개적으로 전시되어온 그 고독한 공리주의 철학자처럼, 내가 투명한 상자에 영구히 전시된 시체와 별반 다르지 않게 되었다고 생각되었다.

그렇다. 제러미 벤담과 마찬가지로, 나는 다른 어딘가로 완전히 떠나버린 것이다. 나는 새로운 디지털 시대에 자신을 영원히 전시하는 장소인 소셜미디어에 와 있는 것이다. 우리는 내 손의 블랙베리 볼드Blackberry Bold 스마트폰과 그 안에 들어 있는 수십 가지의 장치들을 통해[8] 인류의 집단 초상을 집단적으로 만들어내고 있다. 소셜미디어는 점점 더 똑똑해지고 휴대할 수 있는 형태로 발전해가는 전자 기계들의 네트워크상에 만들어지고 있으며, 페이스북Facebook, 트위터Twitter, 구글플러스Google+, 링크드인LinkedIn과 같은 소셜미디어들은 지구 상에 있는 사람들을 모두 연결하고 있다. 소셜미디어는 단지 가상의 세계, 또는 세컨드라이프를 넘어서 실제로 우리들의 삶 자체가 되고 있다. 소셜미디어가 지배하는 세계는 실리콘밸리Silicon Valley의 벤처 투자가들이 "사람들의 인터넷internet of people"[9]이라고 부르는 것처럼 인간 존재에 핵심적이면서도 점점 더 투명한 단계에 이르고 있다. 페이스북을 소재로 하여 2011년 아카데미 수상작에 오르기도 한 영화 〈소셜네트워크The Social Network〉에서 등장하는, 저스틴 팀버레이크Justin Timberlake가 연기한 숀 파커Sean Parker 회장이 우리는 "농장에서 살다가 나중에는 도시에서 살게 되었으며 이제는 인터넷에서 살게 될 것!"이라고 한 명언은 두고두고 회자되고 있을 정도다. 소셜미디어는 따라서 집과 같다고 할 수 있는데, 소셜미디어가 우리가 지금 살고 있는 아키텍처architecture(시스템이나 구조의 설계방식—옮긴이)이기 때문이다. 소셜미디어상에는 심지어 인터넷 관련 기록을 게재하는 온라인 신문인 ≪더 데일리 도트The Daily Dot≫라는 커뮤니티 신문도 존재한다.[10]

마호가니 오토아이콘 앞에 구부리고 서서, 나는 벤담을 향해 카메라 렌즈의 초점을 맞췄다. 그곳에서 나는 그의 구슬 같은 눈, 어깨까지 오는 은발의 머리카락을 덮고 있는 챙이 넓은 모자, 그의 상반신을 덮고 있는 주름진 흰색 셔츠와 낡은 검은색 재킷, 그리고 장갑을 낀 손에 들려 있는 그의 '얼룩이'를 향해 최대한 카메라 앵글을 맞추었다. 그의 창백한 얼굴이 카메라의 렌즈에 담겼을 때, 나는 내 카메라 기술이 허용하는 한도 내에서 이 죽은 영국인을 자세히 살펴볼 수 있었다. 나는 이 공공의 시체 너머에 있는 사적인 인간의 모습을 찾고 있었다. 과연 무엇이, 인간은 자신의 행복을 최대화하고 고통을 최소화하려는 욕구로 정의된다는 "최대 행복의 원칙"을 만들었고[11] 스스로를 "여왕 광장의 은둔자(말년에 그가 은둔하며 지내던 퀸스 스퀘어Queens Square에서 유래—옮긴이)"[12]라고 표현했던 벤담을 만들었는가를 알고 싶었다. 또 무엇이 벤담으로 하여금 프라이버시가 지켜지는 영원한 안식의 무덤 대신 영원토록 공공에 노출되는 선택을 하도록 했는가를 알고 싶었다.

나는 내 위치, 관찰, 의도를 나의 전자 네트워크에 중계함으로써 나를 영원히 공공의 영역에서 살게 해주는 블랙베리 볼드 스마트폰을 다른 한 손에 쥐고 있었다. 사실 이러한 나의 소셜미디어 의무는 나를 귀찮게 했다. 실리콘밸리 지역을 기반으로 하는 네트워커로서, 나의 직업은 그때나 지금이나 트위터와 페이스북상에서 사람들의 이목을 끌어 유비쿼터스ubiquitous(언제 어디서나 존재한다는 뜻의 라틴어에서 유래―옮긴이)해지는 일이라고 할 수 있다. 나는 남들에게 영향을 주는 것이 직업이며, 따라서 제러미 벤담과 같이 되고 싶은 셈이다. 미래 학자들이 "슈퍼노드Super Node"(많은 사람들과 연결되어 영향력을 미치는 강력한 소셜미디어 사용자―옮긴이)라고 부르는, 노동력의 선봉에 서서 장차 21세기 디지털 경제를 지배하는 그런 자가 되고 싶은 것일지도 모른다.[13] 제러미 벤담을 보던 그날 오후, 나는 명성을 쌓아나가는 것이 목표인 나의 인생의 한 부분으로서 그날 오후도 다른 사람들의 스크린 위의 사진이 되고 싶었다.

그 11월의 오후, 소셜네트워크상에서나 오프라인상에서나, 나의 정확한 위치를 모두가 아는 것은 아니었다. 그날 나는 옥스퍼드에서 열린 소셜미디어 컨퍼런스를 끝낸 후 그다음 날 오후 요하네스 베르메르Johannes Vermeer와 렘브란트 판 레인Rembrandt van Rijn과 같이 인간 문명의 영원불멸한 작품들을 그려낸 17세기 네덜란드 화가들의 작품을 소장하고 있는 암스테르담의 국립미술관 근방에서 열릴 다른 학회에 가기 전에 런던의 중심가에서 머무르고 있었다.

그러나 런던에서 나의 관심사는 죽은 예술가들의 그림보다는 미국의 소설가인 조너선 라반Jonathan Raban이 영원한 인간 군상의 재창조가 이루어지는 "연성 도시soft city"라고 말했던, 살아 숨 쉬는 메트로폴리스metropolis에 있었다. 그날 나는 잠시나마 대중을 상대로 말하는 번잡함에서 해방되었으며 내가 속했던 집단으로부터 어느 정도 탈출하는 기회를 얻었고, 내가 태어났고 교육

받았지만 더 이상 살고 있지는 않던 그 도시에 혼자 남겨져 있었다. 19세기 독일의 사회학자 게오르크 지멜Georg Simmel이 썼듯이, 도시는 "그 어떤 상태에서도 얻을 수 없는, 비교할 수 없을 정도의 자유를 개개인에게 선사"해준다.[14] 그날 오후 내가 누군가에게 판독 불가능한 위치에 있었던 것은 나의 자유를 표상했다. 자유란, 그 누구도 내가 어디에 있었는지 정확하게 알지 못한다는 것을 뜻했다.

라반은 거대한 도시에서의 삶 속의 자유를 두고 "도시에서 산다는 것은 서로에게 이방인인 사람들의 집단 속에서 산다는 것"[15]이라고 표현했다. 그리고 나는 분명 그 으스스했던 11월의 오후를 이방인으로 보냈다. 서로 단절되어 있는 이방인의 집단 한가운데서 런던의 비뚤어진 거리를 갈지자로 걸으며, 버스와 기차에서 오르내리며, 익숙한 장소들을 다시 한 번 음미하기 위해 이곳저곳에서 멈춰 서며, 어떻게 이 도시 그 자체가 나의 성격에 각인되어 있는지 나 자신에게 상기시키며 말이다.

어느덧, 런던을 떠돌아다니는 많은 사람들이 그렇듯, 나는 내가 30여 년 전 근대사 강의를 수강하던 대학이 있는 블룸즈버리 근교에 서 있는 자신을 발견했다. 그곳에서 제러미 벤담의 시체가 있는 가워 스트리트 방향으로 발걸음을 옮기기 전에 나는 조지 오웰George Owell의 소설 『1984Nineteen Eighty-four』에 등장하는 진실부Ministry of Truth의 모델이 되었다던[16] 으스스하게 생긴 이사회관을 거닐었다.

@Quixotic

그날 아침, 나는 옥스퍼드에서 열린 "실리콘밸리, 옥스퍼드로 오다"라는 명칭의 컨퍼런스에서 막 런던으로 돌아온 참이었다. 이 행사는 옥스퍼드 대학의 사이드 비즈니스 스쿨Said Business School이 주최한 것이었다. 실리콘밸리의 가장 영향력 있는 사업가들은 21세기 사회생활의 개방성과 투명성을 축하하기 위해, 폐쇄적이고도 당장이라도 귀신이 출몰할 것만 같은 옥스퍼드로 모여들었던 것이다.

나는 옥스퍼드에서 리드 호프먼Reid Hoffmann과 논쟁을 벌였는데, 그는 백만장자이자 링크드인의 창립자였으며 실리콘밸리에서 가장 정력적인 온라인 네트워크의 선구자였다. 그는 트위터 팔로어들에게 @quixotic이라고 알려져 있는, 소셜미디어의 천재적인 선지자였다. 호프먼은 "내가 스탠퍼드 대학교를 졸업했을 때, 나의 목표는 교수가 되는 것과 동시에 공공의 지식인이 되는 것"이었다고 회고했다. 또한 그는 "그것은 칸트Immanuel Kant를 인용하는 식의 일은 아니다. 나는 사회에 렌즈를 돌려 '우리는 누구인가?'라든가, '우리는 각자 개인으로서, 또는 사회 전체로서 어떠해야 하는가?'와 같은 질문을 던져야 한다고 생각한다. 그러나 나는 학자들이 기껏해야 50명에서 60명가량만 읽는 책을 쓴다는 것을 깨달았고, 더 큰 영향력이 필요하다는 것을 알게 되었다"라고 말했다.[17]

더 큰 영향력을 갖기 위해, 리드 호프먼은 우리가 사회를 보는 렌즈 자체를 어마어마하게 확대시켰다. 그는 오륙십 명의 사람들을 위한 책을 쓰기보다, 10억 명의 사람들이 사용하고 있으며 지금도 열흘마다 100만 명의 사용자가 늘어나고 있는 소셜네트워크를 만들었다.[18] 오늘날 사람들은 매 초 링크드인에 새로 가입하고 있다.[19] 다시 말해, 당신이 이 문단을 읽는 순간에도 @quixotic은 전 세계에 걸쳐 새로운 오륙십 명의 사람들에게 영향력을 발휘했다는 것이다.

돈키호테Don Quixote는 풍차에게 돌진했지만, 호프먼은 그렇지 않다. 사실 만약 소셜미디어에 창시자가 있다고 한다면 그것은 호프먼일 것이다. 호프먼은 소셜미디어를 두고 "웹Web 3.0"[20]이라는 별명을 붙이기도 했다. 호프먼은 ≪샌프란시스코 매거진San Francisco Magazine≫이 실리콘밸리의 가장 강력한 "대천사archangels"[21]라고 분류했을 만큼, 초기에는 "천사(벤처기업 투자자들을 부르는 은어—옮긴이)"와 같은 투자자였다. ≪포브스Forbes≫는 '2011 마이더스 리스트Midas List'에서 호프먼을 세계에서 가장 성공한 기술 혁신자 중 3위로 꼽았다.[22] ≪월스트리트 저널The Wall Street Journal≫은 그를 두고 "실리콘밸리에서 가장 많은 사람들과 연결된 사람"이라고 묘사했으며,[23] ≪뉴욕 타임스The New York Times≫는 2011년 11월 그에게 "연결의 왕"이라는 칭호를 내렸다.[24]

옥스퍼드 대학교와 스탠퍼드 대학교에서 공부한 이 사업가는, 현재 그레이록 파트너스Graylock Partners라는 벤처투자회사의 파트너이며 수십억 달러의 재산을 소유하고 있음과 동시에 수십억 명으로 이루어진 정치적, 사업적 글로벌 네트워크를 거느리고 그 누구보다도 먼저 사회적 미래를 내다본다.[25] 호프먼은 2011년 1월, "내 삶을 회고해보건대, 나는 인간의 생태계를 건설하고 디자인하고 개선하는 데 가장 큰 동기부여를 받았던 것 같다고 깨닫게 되었다"라고 고백했다.[26] 또한 @quixotic은 21세기의 부동산인 "주요 인간 생태계"의 설계자로서 지구 상에서 가장 부유하면서도 강력한 사람이 되었다. 데이터 플랫폼으로서의 인터넷이 '진짜'로 존재하는 사람들을 위한 서비스로 거듭나는 변화를 포착함으로써, 호프먼은 1997년 소셜넷SocialNet이라는 서비스를 만들어 가장 처음으로 현대적인 의미의 소셜미디어 사업을 시작했을 뿐만 아니라, 프렌드스터Friendster와 페이스북의 전폭적인 투자자 역할을 했으며, 미국에서 두 번째로 붐비는 소셜네트워크인 링크드인의 초대 CEO이자 현직 회장이 되었다.[27] 링크드인이 2011년 5월에 주식공개상장을 했을 때, 그것은 기술부문 상장에서 2004년 구글의 주식공개상장 이후로 최대 규모를 자랑했다.[28]

주식공개상장 이후 하룻밤 만에 수십억 달러의 거부가 된 호프먼은 "미래는 당신이 생각하는 것보다 언제나 더 빠르게, 더 낯설게 찾아온다"라고 강조한 바 있다.[29] 그러나 그가 소셜넷을 창시했던 1997년에만 해도 그 역시 자신이 얼마나 빠르게 그 미래를 소유하게 될지 상상하지 못했다. 6년 후 호프먼은 그의 친구 마크 핑커스Mark Pincus와 함께 소셜 네트워킹에 대한 지적 특허권을 경매를 통해 70만 달러에 사들였고, 이 박식한 재력가를 미래 그 자체의 공동 소유자로 만들었다. 핑커스는 실리콘밸리에서 소셜미디어의 선구자였으며 트라이브Tribe.net의 공동 창업자였고 현재 수십억 달러를 벌어들이는 게임 네트워크인 징가Zynga의 CEO이다.[30]

앞에서 이야기한, 옥스퍼드에서의 나와 호프먼 사이의 논쟁은 21세기에 과연 소셜미디어가 국가를 대신해 개인의 정체성의 근원으로 거듭날 수 있는가에 관한 것이었다. 그러나 우리 사이의 대화의 핵심은 (즉 "실리콘밸리, 옥스퍼드로 오다"라는 컨퍼런스 전반의 주요 테마는) 과연 디지털화된 인간이 산업화 세대의 선조들보다 더 사회적으로 연결된 사람일 것인가 하는 것이었다. 가상의 세상이 갖는 사회적 이점에 대해 모호한 입장을 취하던 나와는 대비되게도, 호프만은 오늘날의 네트워크 혁명의 가능성에 대해 활짝 열린 꿈을 꾸고 있었다. 그는 원자로 구성된 사회에서 바이트byte로 구성된 사회로의 전환이 우리 모두를 더 연결시킬 것이며, 그럼으로써 인류를 사회적으로 더욱 결속시킬 것이라고 옥스퍼드 컨퍼런스를 통해 주장했다.

사적으로, 친근한 태도를 지니고 있는 호프먼은 매우 사교적인 사람으로서 이러한 사회적 이상에 대해서도 매우 열성적이었다. 나는 호프먼과 아침을 먹으며 다음과 같이 질문했다. "그렇다면 네트워크에 존재하고 싶지 않은 사람은 어떨까요?"

"네?"

"인정합시다, 리드. 어떤 사람은 그냥 '연결'되고 싶어 하지 않아요."

"연결되고 싶어 하지 않는다고요?"

이 억만장자는 기분 나쁘다는 듯이 중얼거렸다. 그의 천사와 같은 얼굴에 잠시 구름이 드리워졌다. 나는 훈제청어와 스크램블 에그를 먹고 있던 그의 아침식사를 망쳐버렸다는 생각에 순간 두려워졌다.

"네." 나는 다시 한 번 확답을 주었다. "어떤 사람은 그저 혼자 있고 싶어 하기도 하지요."

나는 내 문제 제기가 신선한 것은 아니었다는 점은 고백해야겠다. 나는 그저 개인의 프라이버시를 옹호하는 새뮤얼 워런Samuel Warren과 루이스 브랜다이스Louis Brandeis 같은 법학자들의 말을 옮겼을 뿐이다. 이들은 1890년에 「프라이버시에 대한 권리The Right to Privacy」라는 명문을 ≪하버드 로 리뷰Harvard Law Review≫에 기고했다. 이 논문은 당시 초창기에 있던 사진기술과 신문 등의 매스미디어 기술에 대한 반응이었으며, 프라이버시를 "개개인이 홀로 있을 권리"라고 정의했다.[31]

나는 19세기의 아이디어를 재활용했던 것이었으나, 적어도 19세기의 환경을 재현한 듯한 분위기에서 그렇게 한 것이었다. 리드 호프먼과 나는 옥스퍼드 말메종 호텔Malmaison Hotel 지하의 '데스티네이션Destination 맥줏집'에서 훈제청어와 계란을 먹고 있었다. 그곳은 19세기에 제러미 벤담의 감시에 관한 건축이론에 입각해 세워진 감옥을 21세기의 세련된 스타일로 개조해 만든 호텔이었다. 이곳의 침실은 각각 독방처럼 나뉘어 있었고, 원형 그대로의 철문이 달려 있었으며, 옛 감옥을 개조한 술집까지도 고스란히 남아 있었다.[32]

"어쨌든 말이죠, 리드." 나는 옛날 죄수들이 고독하게 감금되었던 독방들에 빽빽이 들어앉아 식사를 하고 있는 사람들을 훑어보며 말을 이어나갔다. "어떤 사람들은 연결되어 있는 것보다 고독한 것을 좋아하기도 합니다."

@quixiotic은 자신의 생각을 말하기 전에 한입 거리의 계란과 생선들을 먹어 치웠다. 내가 19세기의 미국 법률 사상가들을 인용한 데 비해, 1980년대에 옥스퍼드에서 공부해 철학 석사학위를 취득했던 리드는 기원전 5세기의 그리스 철학자 아리스토텔레스Aristoteles를 인용하며 훨씬 더 먼 과거의 역사

를 끄집어냈다. 공동체주의의 아버지이자 중세에 가장 큰 영향을 미쳤던 아리스토텔레스의 친숙한 격언을 인용하면서 그는 이렇게 말했다.

"이것을 기억해야 할 겁니다." 아리스토텔레스의 『정치학Politics』을 인용하며 @quixotic이 말했다. "인간은 태생적으로 사회적인 동물입니다."[33]

미래는 사회적이다

우리 모두가 사회적일 수밖에 없다는 이런 전근대적인 믿음을 재생산한 이가 리드 호프먼만은 아니었다. 호프먼과 함께 옥스퍼드로 모여든 실리콘밸리의 명사들은 새롭게 창조된 이 감옥 건물에서 머무르며 우리의 태생적인 사회성에 대한 아리스토텔레스의 이상에 동의했다. 이 명사들에는 트위터의 공동 설립자 비즈 스톤Biz Stone, 영향력 있는 투자자 크리스 사카Chris Sacca,[34] 세컨드라이프Second Life의 창업자 필립 로즈데일Philip Rosedale, "실리콘밸리의 보즈웰Boswell(영국 전기 작가 제임스 보즈웰James Boswell을 말하며 꼼꼼한 기록으로 유명하다—옮긴이)"이라고 불리는 기술 저널리스트 마이크 멀론Mike Malone 등이 포함되어 있었다. 그러나 우리의 사회적 미래를 건설하는 이들 모두가 서로 연결된 미래에 대한 완벽한 해답을 가지고 있는 것처럼 보였음에도 불구하고 나의 머릿속은 우리가 어디로 향하고 있는지, 그리고 어떻게 그곳에 도달할 수 있는지에 대한 질문으로 가득 차 있었다.

"그렇다면 비즈, 미래는 정확히 어떨 것이라고 봅니까?"[35] 나는 어느 날 저녁, 기회를 잡아 비즈 스톤에게 물었다. 우리는 그때 중세 영국의 가장 영향력 있는 영주 중 한 명이었으며 수천 명의 사병을 거느릴 만큼이나 강력했던 존 발리올John Balliol이 1263년에 만든 옥스퍼드 칼리지Oxford College의 시끄럽고 북적거리는 오래된 대식당에 서 있었다.

나의 질문은 결코 '한가한' 질문은 아니었다. @biz라는 이름으로 트위터에서 활동하며 네트워크상에서 거의 200만 명의 팔로어들을 사병처럼 거느리고 있는 비즈 스톤의 중요성을 감안할 때, 그는 우리에 대한 모든 것을 알고 있는 '정보의 남작'으로서 우리 시대의 가장 강력한 가상의 영주 중 한 사람이며 사실상 21세기의 존 발리올이라고 할 수 있다.

샌프란시스코 사이언티픽San Francisco Scientific의 CEO인 제리 샌더스Jerry Sanders는 옥스퍼드에서 미래에 기업가들을 얼마나 믿을 수 있을 것인가에 대해 토론하면서 "비즈는 모두가 무슨 생각을 하는지 그 이상을 알고 있다"라고 말했다. 심지어 그는 "비즈는 그들이 어디서 생각하는지조차 알고 있다"라고 말했다.[36]

나는 따라서 비즈 스톤의 의견이 매우 가치 있다고 생각했다. 만약 누군가 우리의 미래를 볼 수 있다면 그것은 아마도 모든 것을 알고 있는 이 실리콘밸리의 거물일 것이었다. 그는 수십억 달러의 시장 가치를 보유하고 있음과 동시에,[37] 21세기의 커뮤니케이션 양식을 혁신시켜나가고 있으며 2억 명이 넘는 회원들이 매일 1억 4000만 건의 트윗을 날리는, 성장일로에 있는 단문 기반 소셜네트워크서비스의 공동 창업자였다.[38]

평생에 걸친 소셜미디어의 전도사이자 작가,[39] 그리고 요즘 들어 부업으로 벤처 투자자를 겸하며[40] 그의 친구 아리아나 허핑턴Arianna Huffington을 위해 AOL 사社의 소셜 영향력에 대한 전략 조언자 역할을 하던[41] 스톤은 나에게 기대며 말했다. 나는 공용 나무 벤치에 앉아 나누는 일상적인 수다 이상으로 그의 말을 들을 수 있었다. @biz는 트위터에서 생각을 나누는 것처럼 간결하게 말했다. "미래는 사회적일 것입니다."

"킬러 앱killer app(시장을 재편할 수 있을 만큼 경쟁력 있는 프로그램이나 콘텐츠―옮긴이)이로군요. 그렇죠?" 나는 이렇게 말함으로써, 비록 별 효과는 없었던 것 같지만 그의 간결함과 난해함에 답하고자 했다. 괴짜 스타일의 머리를 하고 검은 안경을 쓴 이 친구는 단지 웃어 보였다. 그러나 그 웃음은 모든 걸 안다는 듯한 웃음이었다. "맞습니다." 그는 내 말에 확답하며 이렇게 덧붙였다. "사회적인 것은 21세기의 킬러 앱이 될 겁니다."

비즈 스톤은 옳았다. 옥스퍼드에서, 나는 '사회적social'이라는 표현이 인터넷에서 완전히 새로운 형태로 탄생하고 있다는 점을 발견했다. 여기서 '사회적'인 것이란 개인의 정보, 우리의 위치, 우리의 취향과 정체성을 트위터, 링크드인, 구글플러스, 페이스북과 같은 인터넷 네트워크를 통해 공유하는 것을 의미했다. 내가 아는 모든 새로운 소셜 플랫폼, 소셜 서비스, 소셜 어플리케이션, 소셜 페이지들은 새로운 소셜미디어 세상의 일부가 되어가고 있었다. 새로운 소셜미디어 세상은 소셜 저널리즘부터 시작해 소셜 기업가 정신, 소셜 상거래, 소셜 생산, 소셜 학습, 소셜 자선, 소셜 이메일, 소셜 게임, 소셜 자본, 소셜 텔레비전, 소셜 소비, 소셜 소비자들이 포함되며, 이것들은 우리 각각의 고유한 소셜네트워크를 보여주는 소셜그래프 상에 놓여 있다. 그리고 인터넷이 21세기의 삶의 결합조직으로 작동하고 있다는 점을 고려할 때, 유비쿼터스 네트워크에 속해 있는 당신과 나 그리고 우리 모두의 미래는, 바로 당신이 예측하듯이, 사회적일 것이다.

그러나 죽은 제러미 벤담 앞에서 눈을 크게 뜨고 분주한 런던의 거리에 홀로 서 있었듯이, 사실 나는 사회적이지 않은 어떤 것을 느낄 수 있었으며, 19세기의 시체 앞에서는 더더욱 그랬다. 죽은 사회개혁가를 조사하고자 하는 열망으로 인해, 나는 거의 그의 시체가 들어 있는 유리관을 만질 뻔했다. 그럼에도 불구하고 나는 벤담의 과도한 전시주의에서 미스터리를 느꼈다. 나는 시체 너머에 있는 인간 제러미 벤담을 발견해보고자 그의 구슬 같은 두 눈을 응시했지만 벤담이 왜 영원토록 낯선 이방인들에게 보여지고 싶어 했는지 전혀 이해할 수 없었다.

나는 죽은 제러미 벤담으로부터 인간의 조건을 조명할 수 있는 특별한 통찰력과 같은 지혜를 구하고 있었다. 그렇다. 전시되어 있는 이 오토아이콘과 제러미 벤담이 닮았다는 것은 사실이다. 그의 친구였던 브루엄 경Lord Brougham이 말했듯이, "마치 살아 있는 것처럼 완벽"했던 것이다.[42] 그러나 그의 시체를 열심히 응시하면 응시할수록, 나는 오히려 더더욱 인간으로서의 제러미 벤담을 알아낼 수가 없었다.

근대사를 전공하는 학생이었던 과거를 돌이켜보며, 나는 공리주의 철학자들에 대한 존 스튜어트 밀John Stuart Mill의 경멸적인 발언들을 기억해냈다. 벤담을 법적 후견인[43]으로 둔 적이 있고 그의 가장 열렬한 숭배자였으나 훗날 그의 가장 날카로운 비판자가 되었던 밀은 "인간 본성에 대한 벤담의 지식에는 한계가 있다"라고 썼다. "그것은 전적으로 경험적인 것이며, 오로지 약간의 경험밖에 없는 자의 경험주의에 불과하다"는 것이었다.[44]

19세기 영국의 가장 영향력 있는 사상가였던 존 스튜어트 밀은 벤담을 일종의 인간 컴퓨터라고 생각했다. 즉, 우리의 성향이 무엇인지, 두려워하는 것이 무엇인지에 대해서는 차곡차곡 정리할 수 있었지만 철저하게 경험적인 그러한 리스트 너머에 있는, '무엇이 과연 우리를 인간이게 하는가'라는 질문에는 답할 수 없는 사람이었다고 평가했던 것이다. "공리주의자utilitarian"[45]라는 단어를 널리 퍼트렸던 밀은 그의 옛 스승을 두고 "자기 안에 잠들어 있는 거대한 인간 본성에 대해서는 그도 알지 못했고, 우리 누구도 알 수 없다"라고 말했다. 밀이 보기에 벤담의 문제는, 마치 상상력과 경험이 모두 부족한 누군가가 인간의 조건에 대해 깨달을 것을 주문하는 것과 같았다. 밀은 "그(벤담)는 마지막 순간까지도 소년이었다"라고 평했다.[46] 만약 "소년" 벤담이 인간의 속성에 대해 나에게 가르쳐줄 수 없다면, 과연 누가 할 수 있을 것인가?

나는 업데이트한다, 고로 나는 존재한다

나는 몇 천 명의 팔로어를 거느리고 있는 나의 트위터 계정 @ajkeen을 통해 비즈 스톤의 트위터에 이러한 일들을 올리고 나서야, 어쩌면 시체가 오히려 더 인간적일 수 있겠다는 생각을 했다. 손가락으로 사각형의 블랙베리 스마트폰을 조몰락거리며, 나는 벤담에 대한 나의 혼란을 어떻게 140자 이내로 표현할 수 있는지 고민했다. 오토아이콘에서 잠시 벗어나자, 나는 회랑에 오후 수업을 마친 학생들이 우글우글하다는 것을 깨달았다. 블룸즈버리 캠퍼스를 거니는 이 낯선 이들의 행렬을 구경하면서, 나는 그들 중 몇몇이 마치 내가 벤담의 시체를 바라보듯이 나를 수상하게 쳐다보고 있다는 것을 깨달았다. 나는 학생들이 나에게서 어떤 인상을 받았는지 궁금했다. 전 세계와 네트워크로 연결되었음에도 불구하고 다른 대륙에서 날아온, 이 완벽하게 고독한 이방인이자 대도시 속의 익명인을, 그리고 빅토리아 시대 이전의 시체를 한 발짝 떨어진 곳에서 친밀하게 쳐다보고 있는 나를 말이다.

이 죽어 있는 사회개혁가에 대한 나의 혼란은 급기야 나 자신의 정체성에 대한 혼란으로 번져나갔다. 벤담의 전시주의에 대해 심사숙고하는 대신, 나는 사물의 질서 속에서의 나의 고유한 인성에 대해 고민하기 시작했다. 과연 나는 어떻게 나의 고유한 존재를 나를 알지도 못하고 앞으로도 알지 못할 트위터상의 팔로어들에게 증명할 수 있을까?

오토아이콘에 대한 나의 생각, 내가 아침으로 무엇을 먹었는지에 대한 고백, 또는 다음날 암스테르담의 국립 미술관에서 그림을 감상하겠다는 나의 계획 등을 트위터에 중계하는 대신, 나는 트위터상에 있는 데카르트주의자 청중들에게 다음과 같이 말하기로 마음먹었다.

"나는 업데이트한다, 고로 나는 존재한다." 나는 나의 블랙베리 볼드 스마트폰에 깔려 있으면서 언제 어디서나 트위터 메시지를 전송할 수 있게 도와

주는 '트위티Tweetie' 앱으로 그렇게 손가락을 놀렸다.

이 스물네 글자의 디지털 격언이 다시 스크린으로부터 나에게 각인되었다. 이런 문장을 트위터에 올려 보이는 것은 신중하지 못하다는 생각이 문득 들었다. 그러나 나의 엄지손가락은 블랙베리의 '전송' 버튼 위에서 헤매고 있었다. 나는 이런 개인적인 생각을 공공의 네트워크상에 펼쳐 놓을 준비가 되어 있지 않았다. 아직은 아니었다. 나는 스마트폰의 화면을 다시 한 번 언뜻 보았다.

@ajkeen: 나는 업데이트한다, 고로 나는 존재한다

만약 이 말이 사실이라면, 나는 나 스스로에게 되묻지 않을 수 없었다. 그래서 어쩌란 말인가? 전 세계의 80억 인구가 마치 소셜미디어라는 약속된 땅의 개척자들처럼 새로운 사회의 중추 신경계로 이주해야 하는가? 리드 호프먼과 비즈 스톤이 나머지 인류를 위해 만든 소셜 아키텍처 속에서 비밀도 없이 완벽하게 투명하고 공개된 채로 살아야 한다면 우리의 정체성의 미래는 어떻게 될 것인가? 나는 다시 한 번, 최대 행복의 원리를 말한 공리주의의 아버지인 죽은 제러미 벤담을 쳐다보았다. 전기의 힘에 의해 연결되는 이 사회는 더 많은 행복으로 귀결되는가? 나는 고민했다. 그것은 인간의 조건을 향상시킬 것인가? 그것은 우리의 인격을 풍요롭게 할 것인가? 그것은 사람들이 자기 자신이 되게 할 수 있을 것인가?

질문에 질문의 연속이었다. 나의 생각은 공개된 채 살 수 없거나 살기를 거부한 사람들에 대한 고민으로 이어졌다. 생각이 이어지면서 현기증이 몰려왔다. 마치 바깥세상이 점점 빨라져 내 주위를 점점 더 빠르게 맴돌고 있는 것만 같았다. 숀 파커가 영화 〈소셜네트워크〉에서 주장했듯이 우리가 미래에 온라인상에서 살게 된다면, 이에 반대하는 사람들, 즉 '업데이트를 하지

않는' 이들의 운명은 어떻게 될 것인가? 우리 모두가 인터넷에서 살게 되는 미래 세상에서, 자신의 프라이버시를 지키고 자신이 쉽게 이해될 수 없는 사람이라는 것에 자긍심을 느끼며, 시대를 초월한 브랜다이스와 워런의 어구와 같이 "그저 혼자 있고 싶은" 사람들의 운명은 어떻게 될 것인지 나는 궁금해졌다.

나는 그들이 살아 있을 것인지, 아니면 죽게 될 것인지 궁금했다.

산 자와 죽은 자

나의 트위터 메시지는 아직 전송되지 않았다. 나는 여전히 깨달음을 얻기 위해 오토아이콘을 응시하고 있었다. 그 광경이 뚜렷해지면 뚜렷해질수록 나의 어지럼증은 심해져만 갔고, 내가 있던 방은 내 주위를 점점 더 무서운 기세로 회전하기 시작했다. 그렇다. 나는 이제 벤담의 시체가 정말로 나에게 무언가 가르침을 준다는 것을 알 수 있었다. 나는 미래의 진정한 풍경이 나를 지금까지 똑바로 쳐다보고 있어왔음을 깨달았다.

나의 현기증에도 불구하고, 이 고통스러운 자각은 차갑도록 선명하게 나를 움켜쥐었다. 나는 잠시 동안 얼어붙어 입을 반쯤 벌리고는 시체에 두 눈을 고정했다. 내가 거울을 바라보고 있었다는 것이 갑자기 분명해지고 있었다. 리드 호프먼이 옳았다. 미래는 우리 모두가 상상하는 것보다 언제나 빠르게 다가오며, 또한 낯설게 다가온다. 나는 "자신의 이미지가 곧 자기인 자"인 이 오토아이콘이 이러한 미래를 표상한다는 것을 깨달았으며, 벤담의 시체는 다름 아닌 당신과 나, 그리고 오늘날의 디지털 감시라는 방에 스스로 갇혀 있는 우리 모두라는 사실을 깨달았다.

내가 11월 말 오후 그곳 블룸즈버리에서 잠시 목격한 것은 서로 연결되어 있는 군중 속에서 홀로 분리되어 있는 인간의 외로움, 즉 반反사회적인 미래였다. 나는 우리 모두가 디지털상의 제러미 벤담임을 보았다. 즉, 우리는 점점 성장하고 있는, 도처에 존재하는 네트워크 커뮤니케이션뿐만 아니라 점점 더 개인주의적이며 경쟁적인 환경으로 변화하고 있는 21세기의 삶의 양식으로 인해 서로에게서 단절되고 있는 것이다. 그렇다. 그것이 우리의 미래였다. 개인의 가시성은 우리의 디지털 세상에서 새로운 신분과 힘의 상징이다. 투명한 무덤 안에 갇혀 있는 시체처럼, 우리는 모두 전시회 안에서 영원히 우리의 이미지를 전시하며 투명한 '멋진 신세계'에서 살고 있는 것이다.

유리 상자 안에 영원히 갇혀 있는 이 발칙한 19세기의 사회개혁가처럼, 특히 나를 포함한 21세기의 소셜네트워크 사용자들은 점점 더 관심을 받고 평판을 쌓는 데 중독되어가고 있다. 그러나 그 회랑에서 내가 느꼈던 고독과 같이, 사실 소셜미디어는 인간의 커뮤니티를 만들기보다는 오히려 인간을 서로 격리시키는 아키텍처이다. 나는 미래가 사회적이지 않을 것이라는 점을 깨달았다. 이것이야말로 네트워크 시대의 진정한 킬러 앱이다.

우리는 점점 정신분열적 증세에 시달리고 있다. 세상으로부터 분리됨과 동시에 그럼에도 불구하고 초조하게 편재성을 유지하고 싶어 한다. 움베르토 에코Umberto Eco와 장 보드리야르Jean Baudrillard 같은 문화비평가들은 "과잉현실hyperreality이라는 표현을 써왔는데, 이는 근대 기술이 어떻게 현실과 비현실 사이의 벽을 흐리며, 윌리엄 랜돌프 허스트William Randolph Hearst가 캘리포니아 해변가의 샌 시미언San Simeon에 짓고 오슨 웰스Orson Welles가 1941년에 찍은 영화 〈시민 케인Citizen Kane〉에 등장해 유명해진 고딕 양식의 성과 같이 명백하게 '허상에 불과한 것'에 확실성을 부여하는지 설명하기 위한 개념이다. 에코는 과잉현실을 다음과 같이 정의했다. "과잉현실이란 완벽한 현실이 완벽한 가짜와 동일시되는 상황에서 복제로서의 불멸성에 대한 철학이다."[47]

"완벽한 비현실성은 진짜 존재하는 것처럼 제공된다." 에코는 이렇게 과잉현실을 설명한다. 그러나 나 또한 오토아이콘을 보면서 마찬가지로 "과잉가시성hypervisibility"이라는 이상한 신조어를 떠올렸다. 디지털로 연결된 세상에서 자신의 이미지가 곧 그 자신인 사람은 마찬가지로 어디에나 존재하며 또한 아무 데도 존재하지 않는 사람이다. 또한 그가 점점 더 완벽하게 가시적인 사람이 될수록, 그는 실제로는 점점 더 보이지 않는 사람이 되어가는 것이다.

과잉가시성. 우리가 어디에나 존재하면서 동시에 아무 곳에도 존재하지 않는 이 투명한 세상에서 절대적인 비현실성은 곧 진짜 존재와 마찬가지이며, 완벽한 가짜는 또한 **완벽한 진짜**이기도 하다. 이것이야말로 네트워크화된 21세기식 삶의 '진실로 진실하지 않은' 모습인 것이다.

이제 나는 나의 트위터 메시지를 전송할 준비가 되었다. 그러나 '전송' 버튼을 누르기 전에, 나는 이 짧은 메시지에 하나의 수정을 가했다. 트위터의 140글자 제한 안에서도 고작 세 개의 철자로 이루어진 단 하나의 단어가 나의 트위터 메시지를 디지털 데카르트주의적인 희망적 메시지에서 차가운 실존적 진술로 바꾸어 놓았다.

@ajkeen: 나는 업데이트한다, 고로 나는 존재하지 않는다

그러나 블랙베리는 괜히 스마트폰이라고 불린 것이 아니었다. 나는 그날 오후 아무도 나의 위치를 모를 것이라고 생각한 것이 잘못이었음을 깨달았다. 내가 트위터 메시지를 보내려던 순간, '트위티'로부터 예기치 않은 메시지가 화면에 떴다. 그것은 나의 블랙베리의 위치를 알려, 이 애플리케이션이 나의 위치를 수천 명의 트위터 팔로어에게 알릴 수 있게 하는 메시지였다.

트위티는 당신의 현재 위치를 이용하고자 합니다. —수락하지 않음 또는 수락

나는 블랙베리가 내 위치를 중계함으로써 나를 배신하고자 한다는 점을 깨달았다. 그것이 리서치 인 모션Research in Motion 사가 만든 기능이라는 점은 분명했다. 스마트폰을 종료하고, 그것을 내 바지 주머니 깊숙이 처박아 놓고서 나는 깊은 숨을 내쉬었다. 어지럼증이 잦아들고서야 나는 어제 @quixotic 과 옥스퍼드에서 나누었던 대화를 다시 떠올렸다. 나는 그가 미래에 대해 옳으면서 동시에 틀렸다는 것을 깨달았다. 그렇다. 좋든 싫든 간에 19세기와 20세기의 산업사회적 요소들은 이제 21세기의 네트워크화된 '바이트'로 대체되고 있다. 그러나 그것은 아리스토텔레스의 폴리스를 떠받치는 기둥에 우리를 단단히 결합시키지 않는다. 오히려 오늘날의 소셜미디어는 우리의 정체성을 쪼개 놓아 우리가 언제나 우리 밖에서 존재하도록 만들고 우리가 현실 속 '지금 바로 여기에' 단단히 뿌리박을 수 없게 할 뿐만 아니라, 우리의 정체성을 우리 자신이 아닌 우리 각각의 이미지에 단단히 결합시키며 끊임없이 우리의 **현재 위치**를 드러내는 등 우리의 프라이버시를 집단 네트워크의 공리주의적 폭정을 위해 희생시킨다.

나는 역사가 반복되어왔다는 것을 깨달았다. 1890년, 벤담의 시체가 대중에게 공개된 지 약 60여 년이 지난 후, 새뮤얼 워런과 루이스 브랜다이스는 ≪하버드 로 리뷰≫의 논문에서 "고독과 프라이버시는 개인에게 점점 더 중요해지고 있다"라고 썼다. 워런과 브랜다이스는 「프라이버시의 방어Defense of Privacy」에서 홀로 있을 권리를 "인간의 면역체계에서 나오는 일반적인 권리이며 …… 개인의 인격이 갖는 권리"라고 했다. 오늘날과 같이 점점 더 투명해져 가는 소셜미디어 세상의 여명에, 이 논문이 발표된 지 한 세기 이상이 흘렀지만, 개인의 인격이 형성되는 불가사의한 과정의 주된 영양분인 고독과 프라이버시는 오히려 더 중요하고 필수적인 것이 되었다.

시체에 대한 인간의 사랑을 그린 앨프리드 히치콕 감독의 소름끼치는 영화 〈현기증〉은 프랑스의 소설 『산 자와 죽은 자The Living and the Dead』(프랑스어

판 원제목은 "죽은 자 사이에서D'entre les morts—옮긴이)를 원작으로 한 것이었다.[48]
그러나 오늘날 개인의 삶을 오토아이콘으로 만드는 끔찍한 현실과, 그로 인
해 소셜네트워크 세상에서 개인의 고독과 프라이버시가 죽음을 맞이하는 비
극적인 결말을 감안하면 그것은 결코 허구의 것이라고 할 수 없을 지경이다.
히치콕은 자신이 가장 무서워하는 시체는 자기 자신의 시체라는 농담을 했
다. 그러나 만약 그 시체가 인류 모두의 시체가 되어 자기 자신에게서뿐만 아
니라 모든 사람 각자에게서도 유폐된다면 그것은 더 이상 농담이 아닐 것이
다. 자신의 이미지를 내세운 수많은 인간들이 투명한 과잉가시성의 네트워
크에서 점점 더 빠르게 앵앵거리고, 심각한 노출증의 끝없는 굴레 속에 갇혀
관심을 갈구하며, 스스로 자신이 인류에 기여하고 있다며 주장한다고 생각해
보라.

　　제러미 벤담과 그의 공리주의 학파는 행복이란 우리의 기쁨에서 고통을
뺀 나머지의 값으로 수치화할 수 있는 수학적인 공식이라고 여겼다. 그러나
공리주의 철학은 찰스 디킨스Charles Dickens가 소설 『어려운 시절Hard Times』에
서 등장인물 그래드그라인드Gradgrind를 매개로 신랄하게 비판했듯이 무엇이
우리를 진정 인간이게 하는지에 대해 알지 못한다. 디킨스, 존 스튜어트 밀과
같은 동시대의 비평가들이 지적했던 바와 같이, 행복은 단순히 우리의 취향
과 욕구로부터 계산되는 알고리즘이 아니다. 행복의 중심에는 사회에서 홀
로 있고자 싶어 하는 수치화될 수 없는 권리가 있다. 이 권리는 우리를 인간
이게 만들며, 우리가 우리 자신에게 진실할 수 있도록 한다. 오늘날 디지털
공리주의에 대한 가장 명확한 비평가인 니컬러스 카Nicolas Carr는 "프라이버시
는 삶과 자유뿐만 아니라 심원하고 넓은 의미에서의 행복의 추구에 필수적이
다. 우리 인간은 사회적인 존재일 뿐 아니라 개인적인 존재이기도 하다"라고
지적한다. 그는 "우리가 공유하지 않는 것은 우리가 공유하는 것들만큼이나
중요하다"라고 말한다.[49]

그러나 불행히도 공유는 실리콘밸리의 새로운 종교로 떠오르고 있으며, 이 책에서 보게 되듯이 인간의 행복에 가장 중요한 프라이버시는 먼지 쌓인 역사 속의 것인 양 치부되고 있다. 프라이버시는 그저 늙은이들의 문제일 뿐이라고 믿는 @quixotic은 기업가들에게 "빨리 실패하라"라고 조언한다.[50] 그는 신생기업start-up을 운영한다는 것은 마치 "절벽에서 뛰어내리고, 떨어지는 동안에 비행기를 조립해내는 것"과 같다고 생각한다.[51] 그러나 문제는, 엄청난 속도로 디지털화되고 있는 오늘날의 혁명 속에서 우리 모두 너나 할 것 없이 절벽 밑으로 뛰어내리고 있다는 것이다. 만약 우리가 사회적인 것에 대한 광신 속에서 개개인의 프라이버시와 자율성의 권리를 지켜낼 수 있는 네트워크 사회를 건설하는 데 실패한다면, 호프먼이 우격다짐 식으로 낙관한 전망과는 다르게 우리는 새로운 사회를 건설하는 데 실패하고 말 것이다. 사회는 신생기업이 아니다. 따라서 우리는 우리의 미래에 대해 호프먼이나 스톤과 같은 실리콘밸리의 사업가들을 전적으로 믿을 수만은 없다. 절벽에서 뛰어내린 후 땅에 부딪히기 전까지 소셜미디어라는 이름의 비행기를 무사히 제대로 조립하는 데에 실패한다면, 그것은 곧 개인의 프라이버시와 비밀, 그리고 바로 지난 천년 동안 쟁취해온 자유가 위협받는 상황을 뜻한다.

이 책은 바로 이러한 실패와 집단적 자멸에 대한 두려움을 담고 있다. 2007년, 나는 『아마추어에 대한 광신Cult of the Amateur』(국내에는 "구글, 유튜브, 위키피디아, 인터넷 원숭이들의 세상"이라는 제목으로 번역·출간되었다—옮긴이)이라는 책을 출간해 웹 2.0 시대의 사용자 중심의 데이터 혁명이 우리의 문화에 가져올 충격에 대해 경고했다. 그러나 시대가 변해 웹 2.0 기반의 구글Google, 유튜브YouTube, 그리고 위키피디아Wikipedia 등이 웹 3.0 기반의 페이스북, 트위터, 구글플러스, 링크드인 등으로 옮겨 가고, 동시에 @quixotic이 묘사했듯이 인터넷이 "엄청난 데이터를 생산해내는 진짜 정체성"의 플랫폼이 되어감에 따라, 여러분이 앞으로 읽게 될 내용들은 더욱더 충격적인 혼란을 보여줄 것이다.[52] 즉, 여러분들은 점점 더 개인의 속을 드러내버리며 개인의 자유와 행복, 심지어 현대인의 참된 자아마저도 위협하는 소셜네트워크의 끔찍한 폭정을 알게 될 것이다.

당신에게는 이 광신 속에서 두 개의 선택권이 있다. 수락하지 않거나 수락하는 것이다. 당신이 읽게 될 이 책은 개인 존재의 비밀성과 불명확성에 대한 방어다. 이 책은 앞으로 2020년까지 나의 블랙베리 볼드 스마트폰과 같은 50억 개도 넘는 '스마트' 네트워크 기계들로 둘러싸여 있을 세상[53]에서의 프라이버시, 자율성, 그리고 고독에 대한 권리를 상기시키기 위한 것이다. 아마도 21세기가 반도 지나기 전에 지구 상의 거의 모든 인간들은 서로 네트워크로 연결될 것이다. 이 책은 바로 이러한 상황에서 우리 네트워크 시대의 급진적인 공유, 공개, 개인의 투명성, 과도한 노출증, 그리고 공동체주의의 숭배에 대한 반론이다. 그러나 이 책은 반사회적인 선언에 그치지 않는다. 더 나아가 나는 인간으로서 개개인이 왜 프라이버시와 고독을 통해 행복감을 느끼는지 또한 탐구하고자 한다.

그렇다. 당신은 이와 같은 그림을 이미 본 적이 있다. 그것은 우리가 모두 선험적으로 사회적 동물이라는 리드 호프먼의 잘못된 가정에 대한 도전이다. 그리고 모두에게 너무나도 익숙한, 투명하게 비쳐 보이는 개인이 인간 조건의 불명확성을 대체해버리고야 마는 이러한 미래로의 여정을 떠나기 전에, 다시 제러미 벤담에 대한 논의로 돌아가보자. 자신의 오토아이콘 안에 영원히 갇혀 있는 제러미 벤담은 18세기 후반에 "아키텍처에 대한 간단한 아이디어"로 세상을 개조하고자 했고, 바로 그 자신이 21세기의 집단적 열린사회가 무엇인지를 섬뜩하게 보여주는 경고가 되었다.

제1장

아키텍처에 대한 간단한 아이디어

윤리는 새로이 만들어졌으며, 건강은 보존되었으며, 산업은 부흥되었으며, 가르침은 확산되었으며, 공공 영역의 부담은 경감되었다. 경제는 안정화되어 빈민 구제법의 골치 아픈 문제들은 비록 완전히 해결되지는 못할지라도 더 나아질 것이다. 이 모든 것들이 간단한 아키텍처 아이디어로 가능하다.

_ 제러미 벤담[1]

감시자의 집

만일 이것이 그림이라면 당신은 이것을 이전에 본 적이 있을 것이다. 역사는 끝없이 반복된다. 우리의 새로운 디지털 세기의 평범한 문제들도 산업 시대로부터 그 기원을 찾아볼 수 있다. 사회의 전제는 또다시 개인의 자유를 위협하고 있다. 21세기 초반인 오늘날, 19~20세기와 마찬가지로, 이러한 사회적 위협은 "아키텍처에 대한 간단한 아이디어"로부터 왔다.

대규모 산업화 시대를 앞둔 1787년, 제러미 벤담은 그가 스스로 "아키텍처에 대한 간단한 아이디어"라고 불렀던 것을 고안해냈다. 그것은 감옥, 병원, 학교, 공장을 더 잘 관리하기 위한 것이었다. 벤담의 아이디어는 건축사가인 로빈 에번스Robin Evans의 표현에 의하면 "극도로 창의적인" 것이었다.[2] 바로 사회적 목표와 건축 형식의 결합을 시도했던 것이다. 사회에 대한 자신의 혜안을 이용해 막대한 부를 소유했던[3] 벤담은 그의 새로운 건축물을 이용해 세상을 바꾸고 싶어 했다.

벤담은 러시아의 계몽군주 예카테리나Yekaterina 대제의 정권에서 일하고 있던 그의 동생 새뮤얼 벤담Samuel Bentham과 함께 크리체프Krichev의 작은 마을에서 작성한, 우매한 인민에게 적합한 효과적인 공장을 짓는 문제[4]에 관한 일련의 "공개"[5] 질문장에서 올더스 헉슬리가 "전체주의적 주택 건설계획"이라고 묘사한 그의 비전을 구상했다.[6] 이 공개 질문장에서 벤담은 물리적 네트워크로서 그가 "파놉티콘Panopticon" 혹은 "감시자의 집"이라고 부른 것을 상상해냈다. 그것은 각기 투명하면서도 완벽하게 연결되어 있는 작은 방들로 만들어진 원형의 건물이었으며, 모든 것을 볼 수 있는 감시자에 의해 관찰될 수 있는 구조를 갖고 있었다. 이 감시자는 언제나 깨어 있고 모든 것을 알고 있으며 벽 너머에 있는 것과 구석의 모퉁이까지도 볼 수 있는 능력을 지니기 때문에 공리주의적 관점에서의 전지전능한 신에 해당한다. 프랑스의 철학자 미셸 푸코Michel Foucault가 말했듯이, 이 감시자의 집은 "완벽하게 개인화되어 있으면서도 가시적인, 그 안에 있는 각각의 행위자들이 홀로 떨어져 있는 수많은 우리 혹은 극장"과 같았다.[7]

벤담은 파놉티콘의 연결 기술이 우리를 분리해놓음으로써 반대로 우리를 하나로 뭉치게 할 것이라고 계산했다. 인간을 완벽하게 투명한 전시장에 넣어 그들 각자가 자신들이 관찰되고 있다고 상상하게 하면 할수록 그들은 더욱 훈련되고 효과적이게 될 것이며, 따라서 개인과 사회 모두에게 이득이 되리라고 생각했던 것이다. 따라서 벤담은 이 오토아이콘의 네트워크가 개인과 집단 모두에게 이득이 되는 것이라고 여겼다. 공리주의적인 "이상적인 완벽함"은 언뜻 보기에는 사회적인 아이디어인 것 같지만, 사실 그것은 연결된 죄수들, 연결된 노동자들, 연결된 학생들, 그리고 연결된 시민들에 이르기까지 모두가 "언제나" 감시되어야 한다는 오싹한 반사회적 결론으로 귀결된다.[8]

소년 수준에 불과한 인생 경험을 갖고 있던 이 괴짜 영국인의 투명한 감시자의 집에 대한 엉성한 판타지는, 놀랍게도 18세기 후반과 19세기의 감옥 설계에 엄청난 영향을 미쳤다. 내가 리드 호프먼과 아침을 먹었던 옥스퍼드의 감옥은 벤담의 원리에 입각해 십여 개 이상의 반원형 감옥을 지은, "급진적 감옥 설계의 아버지"라고 불리는 열정적인 감옥 건축가 윌리엄 블랙번[William Blackburn]의 작품이었다.[9] 블랙번은 옥스퍼드 시의 성채에 있던 중세 양식의 구식 감옥을 수감자의 모든 행동을 감시하고 그들의 시간까지 정확히 통제할 수 있는 그의 새로운 감옥으로 대체했다.

그러나 벤담의 '아키텍처에 대한 간단한 아이디어'가 '개혁'한 것은 감옥뿐이 아니었다. 그것은 철도와 전신선의 촘촘한 네트워크로 복잡하게 연결된 산업사회의 전조를 표상했다. 증기기관차, 대규모 공장, 산업화된 도시, 단일 국민국가, 영화용 카메라, 그리고 대규모 언론 등으로 상징되는 기계 시대는 곧 우리가 이론상 정부, 고용주, 언론매체, 그리고 대중에 의해 효율적으로 관찰당할 수 있게 하는 물리적 아키텍처를 만들어냈다. 산업화 시대의 대규모 연결성, 공장, 학교, 그리고 정치 시스템들은 바로 이 집단적 감시체계에 대한 기술을 기반으로 만들어진 것이었다. 지난 200년은 따라서 '거대한 전시의 시대'였다.

그러나 괴이한 노출광이었던 벤담 자신을 제외한다면, 산업시대의 그 누구도 자신이 '집단적 전시'의 개인 군상이 되고 싶어 하지는 않았다. 즉, 산업시대를 살아가던 사람들은 혼자 있을 수 있는 권리를 위해 투쟁했던 것이다. 20세기의 시작을 연 독일의 사회학자 게오르크 지멜은 "근대적 삶의 가장 근본적인 문제의식은 지배적인 사회 세력, 역사적 유산, 외부의 문화, 삶의 기술 앞에서 존재의 자율성과 개별성을 지키고자 하는 개인의 노력으로부터 비롯된다"라고 말했다.[10] 따라서 19세기의 존 스튜어트 밀, 알렉시스 드 토크빌[Alexis de Tocqueville], 그리고 20세기의 조지 오웰, 프란츠 카프카[Franz Kafka], 미셸 푸코에 이르기까지 대규모 사회에 대한 위대한 비판들은 모두 감시자의 집에서 개인을 관찰하는 전지전능한 시선으로부터 개인의 자유를 지켜내고자 하는 시도였다.

푸코의 경고에 의하면, "가시성"은 일종의 함정과 같다.[11] 따라서 존 스튜어트 밀의 『자유론On Liberty』의 고독한 자유사상가, 프란츠 카프카의 『성The Castle』과 『소송The Trial』의 인물 요제프 케이Joseph K, 조지 오웰의 『1984』의 윈스턴 스미스Winston Smith에 이르기까지, 대규모 산업사회의 '영웅'들은 감시자의 눈으로부터 자신을 지키고 그로부터 자신이 불투명한 존재가 될 수 있다는 데에서 기쁨을 느꼈으며 감시의 카메라를 등지고, 새뮤얼 워런과 루이스 브랜다이스의 불멸의 명언을 빌리자면, 대규모 산업사회의 기술들로부터 떨어져 그저 '홀로 있고' 싶어 했다.

거대한 전시주의 시대

그러나 산업사회의 황혼과 디지털 시대의 여명이 교차하는 우리 시대에, 벤담의 '아키텍처에 대한 간단한 아이디어'가 돌아왔다. 그러나 적어도 역사는 그대로 반복되지만은 않는다. 웹Web이 비인간적인 데이터를 위한 플랫폼이었다가 사람들의 인터넷으로 변모하면서, 오늘날 벤담의 산업사회적 '감시자의 집'은 오싹하게 디지털화된 방식으로 교묘하게 다시 부활했다. 우리가 한때 감옥이라고 여겼던 것이 이제는 놀이터로 여겨진다. 한때 고통으로 여겨졌던 것은 이제 행복으로 간주된다. 아날로그 시대의 거대한 전시장이 이제 디지털 시대 버전의 거대 전시주의로 대체되고 있는 것이다.

오늘날 벤담의 건축물에 대응하는 것은 바로 전 세계 인구의 4분의 1이 입주해 있는 인터넷이라는 공간이다. 이것은 월드와이드웹과 개인 컴퓨터들을 연결하여 계속해서 확장되고 있고 그것들 사이의 복합적 네트워크로 구성되어 있는 네트워크들의 네트워크이며 내 블랙베리 스마트폰과 다른 '스마트한' 소셜 제품들, 예컨대 커넥티드 TVconnected TV,[12] 게임 콘솔,[13] 심지어 커넥티드 카connected car[14] 등과 같은 무선기기들도 이 네트워크에 동참하고 있다.

벽돌과 모르타르로 지어진 감시자의 집과는 다르게, 디지털로 연결된 20억 인구와 50억 개 이상의 모바일 기기들로 구성된 급격하게 성장하는 글로벌 네트워크 속에서 감옥의 개수는 무한히 늘어날 수 있다. 벤담이 자신의 아이디어를 구상한 지 200년이 넘어서,[15] 비로소 우리 세대는 우리가 영구적으로 관찰당할 수 있도록 스스로 허락함으로써 그의 공리주의적 꿈을 현실로 구현해낸 것이다.

뉴욕 대학교의 소셜미디어 학자인 클레이 셔키Clay Shirky가 "사회의 연결세포"라고 지칭했으며[16] 힐러리 클린턴Hillary Clinton이 "우리 행성의 새로운 신경조직"[17]이라고 불렀던 이 디지털 아키텍처는 우리를 노출광으로 만들어, 우리가 네트워크로 연결된 투명한 성 안에서 벌어지는 쇼 위에 영원히 진열되게 한다. 그리고 트위터나 페이스북과 같이 근본적으로 투명한 온라인 커뮤니티들이 득세하는 오늘날,[18] 사회성은 디지털 기술을 점점 더 '세컨드라이프'를 위한 도구에서 '현실 세계'의 필수불가결한 요소로 변화시키고 있다.

그러나 이것은 제러미 벤담이 짠 안무에 맞춰서 생긴 현실세계의 모습이다. 위키리크스WikiLeaks의 설립자인 줄리언 어산지Julian Assange는 오늘날의 인터넷이 "세상에 존재했던 그 어떤 것보다도 강력한 스파이 기계"라고 말했다.[19] 그는 페이스북으로 인해 "인간과 그들 사이의 관계, 이름, 주소, 위치, 상호 간의 대화, 친척관계 등에 대한 가장 종합적인 정보들이 미국으로 흘러들어 오고 있으며, 미국의 첩보기관들이 이것을 이용"할 수 있게 되었다고 덧붙였다.[20]

그러나 인류에 대한 대규모의 데이터베이스를 구축하고 있는 것은 페이스북뿐이 아니다. 클레이 셔키가 지적했듯이, 포스퀘어Foursquare, 페이스북 플레이시스Facebook places, 구글 래티튜드Google Latitude, 플랜캐스트Plancast, 그리고 핫리스트Hotlist와 같은 대중적인[21] 위치정보 서비스들은 사회를 더욱 간파하기 쉬운 것으로 만들고 있으며, 마치 우리가 감시자의 집에 앉아 있는 자에게

"책 읽히듯" 읽힐 수 있도록 하고 있다.[22] 셔키의 동료 교수인 캐티 롤프Katie Rolphe가 "페이스북은 우리 모두가 함께 쓰고 있는 소설"이라고 말한 것은 그리 놀랄 일도 아니다.[23]

소셜미디어는 일종의 고백 소설이라고 볼 수 있는데, 우리는 그곳에 단지 무언가를 쓸 뿐만 아니라 모두가 그것을 읽을 수 있게끔 집단적으로 출판하기까지 한다. 우리는 모두 위키 리커Wiki-leaker(각자 아는 것을 누출하는 사람—옮긴이)가 되고 있으며, 자신뿐만 아니라 다른 사람에 대해서까지도, 덜 악명 높기는 하지만 덜 파괴적이라고는 할 수 없는 형태의 또 다른 줄리언 어산지가 되고 있다. 이전의 산업사회적인 셀러브리티 문화는 페이스북, 링크드인, 그리고 트위터와 같은 소셜네트워크서비스로 인해 완전히 뒤집혔으며, 이러한 민주화된 문화 속에서 우리는 심지어 유셀럽YouCeleb과 같은 프로그램으로 우리의 의상을 20세기 미디어 스타의 의상처럼 바꾸면서까지 자칭 셀러브리티로서 스스로를 재탄생시키고 있다.[24]

결과적으로 셔키의 표현대로라면, 우리 스스로가 우리의 노출 가능성을 엄청난 속도로 "제조"해온 결과, 이 사회는 마치 펼쳐진 책만큼이나 읽기 쉬운 것이 되어가고 있다.[25] 제러미 벤담의 표현을 빌리자면, 이 사회는 우리들 각각의 이미지들을 모아놓은 것이 되어가고 있다. 자아 표출에 대한 우리 세대의 이러한 열광은 미국의 대표적인 두 심리학자인 진 트웬지Jean Twenge 박사와 키스 캠벨Keith Campbell 박사가 묘사했듯이 "나르시시즘의 창궐"이다.[26] 다시 말해, 우리는 자신들의 명성을 세상에 끝없이 제조해 내놓고 싶어 하는 욕구로 인해 스스로를 열광적으로 홍보하고 있다. 실리콘밸리의 정신과 의사 엘리아스 아부자우데Elias Aboujaoude 박사는 트웬지와 캠벨의 비관적인 견해에 더해 그가 2011년에 출판한 저서 『가상의 당신Virtually You』에서 "자아도취에 빠진 온라인 나르시소스"라고 이름붙인 것의 부상을 지적했다. 아부자우데 박사는 인터넷이 "우리들 자신에게 끝없이 사랑에 빠지도록" 만들고 있다고 지적했으며, 그로 인해 온라인상의 무한한 "자가 홍보"와 "인터넷 기반의 얇은 인간관계"가 생성되고 있다고 주장했다.[27]

다른 많은 저술가들도 아부자우데의 의견에 동감을 표하고 있다. 문화사학자 닐 게이블러Neal Gabler는 우리 모두가 "우리 자신에 대한 것 외에는" 관심을 갖지 않는 "정보 나르시스트"가 되어가고 있다고 말한다.[28] 소셜네트워크 문화는 우리의 "자존감에 대한 욕구"를 손쉽게 치료해주고 있으며, 베스트셀러 작가 닐 스트라우스Neil Strauss의 표현을 빌리자면, "팔로어들로부터 정신승리를 거두기 위해 천박하게 영합하는" 행위를 계속하고 있다.[29] 저명한 소설가 조너선 프랜즌Jonathan Franzen은 그와 나의 블랙베리 핸드폰과 같은 물건들을 두고 "나르시시즘을 가능하게 하는 훌륭한 아군"이라고 명명하기도 했다. 프랜즌은 이러한 도구들이 우리가 타인에게서 "좋다"는 신호를 받고, "자신을 잘 반영하기를 원하는" 판타지를 따르도록 고안된 것이라고 생각한다. 따라서 프랜즌은 이러한 기술들이 "나르시시즘에 빠진 자아의 연장선"에 있으며, "스크린상에 서로를 공유하는 웹 2.0의 시대에서 우리는 스스로를 응시하고 있는 셈이며, 서로가 서로에게 거울인 것과 마찬가지이다. 이것은 커다란 무한 루프와 같다"라고 지적했다.[30] 프랜즌은 또한 "(웹상에서) 친구를 만든다는 것은 그저 자신이 실물보다 더 돋보이게 존재하는 개인적인 공간에 다른 사람을 추가하는 일에 불과하다"라고 덧붙였다.[31]

우리는 스스로를 방송한다. 고로 우리는 존재한다, 또는 존재하지 않는다.

트웬지, 캠벨, 아부자우데, 스트라우스, 프랜즌은 거대한 전시주의의 무한 루프에 대한 의견에서 모두 옳다. 이 무한 루프는 사회성에 대한 맹신과 무제한적인 개인의 자유를 주장하는 자유주의가 결합된 관심경제attention economy와 나르시 않다. 온라인상의 진열대에 전시된, 대중들의 자기애self-love 전시 행위를 두고 ≪뉴 애틀랜티스New Atlantis≫의 선임 편집자 크리스틴 로젠Christine Rosen은 "새로운 나르시시즘"이라고 명명했으며,[32] ≪뉴욕 타임스≫의 칼럼니스트 로스 도댓Ross Douthat은 "절박한 사춘기적 나르시시즘"이라고 불렀다.[33] 커뮤니케이션, 상거래, 문화에서부터 게임, 정부, 그리고 도박에 이르기까지 모든 것들이 소셜social이 되어가고 있다. 도댓과 함께 ≪뉴욕 타임스≫에서 칼럼을 쓰고 있는 데이비드 브룩스David Brooks는 "성과라는 단어의 뜻이 관심을 얼마나 끌 수 있는지의 여부로 재정의되고 있다"라고 덧붙였다.[34] 실로 개인으로서의 우리 모두는 우리들의 평판, 여행 경로, 싸움 계획, 전문가 자격, 질병, 고백, 저번 끼니에 먹은 음식의 사진, 성적인 취미, 심지어 우리들의 소재까지도 수천 명의 온라인 친구들과 공유하고 싶어 하는 것처럼 보일 정도이다. 네트워크 사회는 점점 더 지나친 정보 공유의 주지육림으로 인해 그 속이 투명하게 비쳐 보이는 사랑의 집회love-in이자, 무한히 이어지는 디지털 '사랑의 여름Summer of Love(1967년 여름에 세계 여러 도시, 특히 샌프란시스코에 모여든 히피들에 의한 대항문화 운동—옮긴이)'이 되어가고 있다.

네트워크 그 자체와 마찬가지로, 우리의 대규모 대중 고백 또한 글로벌하게 이루어진다. 전 세계 곳곳의 사람들이 자신의 가장 개인적인 생각들을 누구나 모두 접속할 수 있는 투명한 네트워크 공간에 드러내 놓는다. 2011년 5월, 중국의 재벌 투자가 왕공취안王功權은 그의 연인과 바람을 피우며 부인을 떠났는데, 그 고백을 중국의 트위터라고 할 수 있는 시나 웨이보Sina Weibo에 다음과 같이 올렸다. "나는 모든 것을 포기하고 나의 연인 왕친王琴과 함께 떠난다. 수치스럽기에 작별인사는 하지 않겠다. 나는 바닥에 무릎을 꿇고 용서를 빈다!"[35] 왕공취안의 고백은 엄청난 속도로 퍼져 나가 24시간 내에 6만 번이나 재인용되었으며, 다른 영향력 있는 억만장자 친구들은 대중 앞에서 그에게 다시 부인에게 돌아갈 것을 촉구하기도 했다.

네트워크상의 과잉공유를 지지하며 @stevenberlinjohnson이라는 트위터 계정으로 150만 명의 팔로어를 거느리고 있는 작가 스티븐 존슨Steven Johnson이 "우리 모두가 트루먼의 역할을 하고 있는 네트워크 버전의 〈트루먼 쇼The

Trueman Show)"라고 칭송했듯이 이는 엄청난 대중적 구경거리였다.[36] 그러나 과잉공유가 창궐하는 이 현상은 '트루먼 쇼'라기보다는, 그것이 불멸한다는 것을 감안할 때, '산 자와 죽은 자'라고 명명하는 것이 적합해 보인다.

비밀이 없다면 어떻게 될까

우리는 점점 우리 자신들의 개인화된 쇼의 네트워크 버전으로 트루먼의 역할을 수행하고 있다. 뉴욕시립대학교의 교수이자 투명성을 적극 옹호하는 제프 자비스Jeff Jarvis는 2010년 7월 "만약 비밀이 없다면 어떻게 될지"를 추정해보았다.[37] 자비스는 그해 있었던 "프라이버시, 공공성, 그리고 음경들Privacy, Publicness & Penises"이라는 제목의 강연에서 "공공성publicness"이라는 신조어를 유행시켰다.[38] 그는 2009년 4월 자신이 고환암을 앓고 있다는 것을 대중에게 알렸으며 그의 인생을 "열린 블로그"로 전환했다.[39] 2011년 사고뭉치 연예인 하워드 스턴Howard Stern의 〈프라이빗 파츠Private Parts〉[40]라는 음반에 대한 오마주의 뜻에서 "퍼블릭 파츠Public Parts"(국내에는 "공개하고 공유하라"라는 제목으로 번역·출간되었다—옮긴이)[41]라는 제목의 책을 출간해 정보의 공유와 투명성을 주장했던 자비스는,[42] 고환암 이후 "공공성은 불멸을 가져다준다"라는 벤담주의적인 주장을 적극적으로 개진했다.[43] 공공성에 대한 또 다른 사도로는 탁월한 사회이론학자 하워드 레인골드Howard Rheingold가 있다. 레인골드는 '웰Whole Earth Lectronic Link: WELL'이라는 선구적인 커뮤니티의 일원으로서 1993년 "가상의 커뮤니티"라는 용어를 처음으로 만들었는데,[44] 실제로 그는 2010년 초에 자신이 결장암으로 투병하고 있다는 사실을 온라인상에 공개했다. 세 번째 사도로는 영국의 기술저술가 가이 퀴니Guy Kewney를 들 수 있는데, 그는 자신이 대장암과 사투를 벌이고 있다는 것을 온라인상에 공개했으며, 심지어

2010년 4월에는 소셜미디어에 자신이 죽음을 향해 가는 과정을 기록하기까지 했다.

소셜미디어는 '벽'을 뚫고 모든 것을 투시할 수 있는 초인적인 능력을 갖고 있고, 따라서 비록 불멸성을 보장해주지는 않을지라도 그것의 영향력은 분명 역사적으로 큰 중요성을 갖는다. 제프 자비스는 지난 50년간 발명되었던 어떤 것에도 뒤지지 않을 만큼 소셜미디어가 중요하다고 판단하고, 이를 "새 시대적 변화의 상징"이라고 부르기도 했다.[45] 아마도 독자들은 리드 호프먼이 이러한 개인정보의 폭발적 증가를 두고는 "웹 3.0"이라고 지칭했던 것을 기억할 것이다. 그러나 아마존닷컴Amazon.com의 CEO인 제프 베저스Jeff Bezos가 언젠가 "인터넷 중력의 중심"이라고 불렀던, 세상에서 가장 부유한 벤처 투자가인 존 도어John Doerr는 그의 역사적 분석을 통해 @quixotic보다도 한술 더 뜬 발언을 했다.[46]

도어는 "소셜"이 곧 기술적인 혁신에서 개인용 컴퓨터와 인터넷의 발명에 이은 "제3의 물결"을 뜻하며, 이는 개인용 컴퓨터와 인터넷의 발달 직후에 이루어진 것임을 뜻한다고 주장한다.[47] 소셜, 로컬, 그리고 모바일 기술의 도래는 이제 도어가 전통적인 비즈니스를 완벽히 파괴할 "퍼펙트 스톰perfect storm"이라고 부른 것이 곧 닥치게 될 것임을 예고한다.[48] 따라서 도어와, 소셜 혁명에 대한 확신을 가진 클라이너 퍼킨Kleiner Perkin이 이끄는 벤처 투자회사는 2010년 10월 페이스북과 마크 핑커스의 징가와 함께, 소셜비즈니스에 집중적으로 자금을 투자하는 2억 5000만 달러 규모의 기금을 조성해 이를 '소셜펀드sFund'라고 이름 붙였다. 2011년 밸런타인데이에, 이 회사는 3800만 달러—《월스트리트 저널》의 표현에 의하면 "작은" 규모인—를 페이스북에 투자했고,[49] 실리콘밸리의 소셜미디어 기업들의 지분 중 0.073%를 매입해 상징적으로나마 자신들의 애착을 드러냈다.[50] 클라이너의 또 다른 파트너인 빙 고든Bing Gordon은 이러한 소셜펀드의 바탕은 "소셜미디어가 이제 막 시작했을 뿐인 블루오션이라는 데 도박을 건 것"이라고 말했다. 그는 또한 "소셜미디어의 사용습관은 앞으로 4~5년 동안 엄청나게 변화할 것"이라고 말하기도 했다.[51]

클라이너의 자비로운 밸런타인데이 선물을 받은 주인공이자 ≪타임 매거진Time Magazine≫이 뽑은 2010년의 인물이며, 2010년에 개봉한 데이비드 핀처David Fincher의 영화 〈소셜네트워크〉[52]에서 '벼락부자'의 상징으로 등장했던 페이스북의 창립자 마크 저커버그Mark Zuckerberg는 소셜미디어로부터 시작된 소셜 혁명이 이제 막 시작되었을 뿐이며, 그것이 앞으로 온라인 사용자들의 경험뿐만 아니라 전체적인 경제와 사회를 통째로 바꾸어놓을 것이라는 점에서 고든의 관점에 동의한다. 영국의 소설가 제이디 스미스Zadie Smith가 "종교를 믿는 자가 예수Jesus라는 표현을 입에 올리는 횟수만큼이나 연결connect이라는 단어를 자주 입에 올리는 자"[53]라고 묘사하기도 한 이 사업가는 "세상을 재설계한다"라고 주장하는, 우리가 살아가는 디지털 네트워크 세상의 제러미 벤담 2.0과 같은 인물이다.[54] 또한 벤담과 마찬가지로, 페이스북의 공동창업자들과 최고경영자들은 인간의 본성에 대한 경험과 지식이 전무하며 "소년과 같은" 경험을 가지고 있음에도 불구하고, 우리 누구도 다시는 홀로 있을 수 없는 디지털 '감시자의 집'을 지으려 하고 있다.

저커버그의 향후 5년에 대한 전망은 그야말로 유아적이다. 그는 "앞으로 5년이 지나면 모든 산업은 '소셜의 관점'으로 다시 조명될 것입니다. 당신은 모든 산업을 바꾸어버릴 수 있습니다. 그것이 엄청난 것이죠"라고 말한다.[55] 저커버그는 2010년 12월, 실리콘밸리의 소셜미디어 투자자인 로버트 스코블Robert Scoble에게 "당신이 어디로 가든지 간에 당신이 겪게 될 모든 경험은 소셜화될 것"이라고 말한 적도 있다.[56]

저커버그의 5개년계획은 외로움을 소거하기 위한 것이다. 그는 우리가 온라인상의 친구와 언제나 연결되어 무엇을 하든지 간에 혼자 있을 수 없는,

엄청난 개인정보들을 토해내는 그런 세상을 만들고 싶어 한다. ≪타임Time≫의 레브 그로스먼Lev Grossman은 저커버그가 왜 2010년에 올해의 인물로 꼽혔는가를 설명하면서 "페이스북은 외롭고 비사회적인 괴팍한 자들이 울부짖는 원생림과 같은 사회를 길들여, 친근하면서도 행운이 곳곳에 숨어 있는 세상으로 만들고 싶어 한다"라고 썼다. 그 기사는 앞으로의 전망을 두고, "당신은 이제 절대로 홀로 있지 않은 채로 사람들 사이의 네트워크 안에서 살아가며 일하게 될 것이다. 인터넷, 그리고 온 세상은 이제 더욱 가족, 대학 기숙사, 혹은 당신의 가장 친한 친구가 함께 일하고 있는 사무실과 같은 분위기를 갖게 될 것이다"라고 기술했다.[57]

그러나 저커버그의 '재설계' 사업 5개년계획의 초기 단계에 있는 현재 페이스북은 인간 군상 제각각의 '이미지'의 집합에 불과한 모습을 보이고 있다. 페이스북은 한 달에 1조 개에 가까운 페이지뷰를 생산하고 있으며,[58] 유럽과 러시아 인구를 합한 것보다도 많은 열혈 사용자들을 보유하고 있다.[59] 페이스북은 우리가 우리에 대해 모든 것을 드러내는 곳이다. 그것은 그다지 놀라운 일은 아니며, 따라서 줄리언 어산지가 페이스북을 두고 "가장 소름끼치는 스파이 도구"라고 강조했던 것을 상기시키기라도 하듯이, 풍자 웹사이트 '디 어니언The Onion'은 마크 저커버그의 페이스북 창립이 CIA의 음모라고 표현하기도 했다. 디 어니언은 풍자를 통해 가상의 CIA 수뇌부를 상정하고는 그들이 아마도 "페이스북이야말로 CIA의 꿈이 실현되는 곳"이라고 여길 것이며, "대중을 비밀스럽게 감시해야만 했던 과거에서 벗어나, 그렇게도 많은 사람들이 기꺼이 자신들의 주거지, 종교적 신념, 정치적 관점, 알파벳 순서로 정렬된 모든 친구 목록, 개인 이메일 주소, 핸드폰 번호, 수백 장의 사진들, 그리고 심지어 매순간 자신들이 무엇을 하고 있는지에 대한 정보를 꼬박꼬박 광고하고 싶어 한다는 점에 놀라워" 할 것이라고 비꼬았다.[60]

그러나 아마도 오히려 놀라운 점은 페이스북이 CIA의 끄나풀이 아니며,

마크 저커버그는 CIA의 첩보원이 아니라는 사실일 것이다. 아이러니하게도 저커버그의 5개년계획은 CIA를 쓸모없는 곳으로 만들거나 페이스북의 일부처럼 만들어버릴 것이다. 모든 사람이 서로가 무엇을 하며 무슨 생각을 하는지 알 수 있게 해주는 거대한 건축물이 존재한다면 별도의 수상쩍은 정보기관 따위는 필요 없게 될 것임이 분명하기 때문이다.

우리 모두는 오늘날과 같이 개인의 비밀이 없어진 사회에서 비밀경찰처럼 활동할 수 있으며, 이것이 바로 CIA가 정말로 버지니아에 오픈소스 센터Open Source Center를 만들어 "복수심에 불타는 도서관 사서vengeful librarian"라고 불리는 팀을 꾸리고는 수많은 트위터, 페이스북 계정을 추적해 각종 정보를 얻어내고 있는 이유이다.[61] 이러한 일은 아마도 산업사회의 틀 안에서 위에서부터 아래로의 방식으로 절대적인 첩보활동을 벌여왔던 CIA의 전통적인 의미의 '힘'에는 위험이 될 수 있을 것이다. 하지만 우리 모두에게 보다 더 위협적인 것은, 우리 모두가 "복수심에 불타는 도서관 사서"와 같이 활동할 수 있는, 투명한 전 세계적 전자 마을에서 절대로 빠져 나갈 수 없다는 점일 것이다.

21세기의 발신음

그렇다면 오늘날의 소셜미디어는 과연 누구에게 '꿈을 현실로' 이루어주는 것일까? 디지털 투명성을 옹호하는 설계자들, 개방성을 주창하는 기술자들, 벤처투자가들, 그리고 당연히 리드 호프먼, 비즈 스톤, 그리고 마크 핑커스와 같은 사업가들은 개인적인 정보를 엄청나게 생산해내는 '진짜 인격체'들로부터 어마어마한 수익을 거두어들이고 있다. 이들이 바로 유비쿼터스 소셜네트워크의 '꿈'을 현실로 만들고 있는 사람들이다.

마크 저커버그는 소셜미디어로 억만장자가 된 젊은이들 중 한 명에 불과하다. 공동 사회주의에 대한 이상과 금전적인 욕심이 맞물려, 그는 전 세계를 21세기 버전의 감시자의 집으로 만들 5개년계획을 추진했다. 소셜펀드의 개설에 맞추어, 징가의 CEO인 마크 핑커스는 세계가 소셜테크놀로지로 인해 완전히 재창조되고 있다고 한 저커버그의 견해에 동의를 표했다. 그는 "5년 안에 모든 것이 언제나 서로 연결되게 될 것"이라고 전망했다.[62] 징가, 페이스북, 링크드인, 트위터와 같은 기업들은 다음 세대의 유비쿼터스 소셜 경험—언제나 사람들과 함께 할 보이지 않는 모바일 기술을 통해 사람들을 연결하는—을 위한 "발신음"이라고 그가 부르는 핵심적인 배관시설로 거듭나고 있다. 접속 가능성connectivity은 소셜 시대에 전기와 같이 작용하게 될 것이라고 핑커스는 예측했다. 따라서 전기와 마찬가지로 그것은 보이지 않으면서도 강력한 힘을 갖게 될 것이며, 21세기의 모든 것에 대한 운영체제로 작용하게 될 것이다.

그러나 오늘날에도 이미 무자비하게 침략해오는 마크 핑커스의 소셜 발신음을 회피하는 것은 점점 더 어려워지고 있다. 세상이 디지털 네트워크로 연결되는 것은 우리의 모니터 안에서 트루먼 쇼가 발현되는 순간이 될 것이며, 이것은 무자비하며 동시에 피할 수 없는 미래가 되어가고 있다.[63] 2011년 중반에 퓨 리서치 센터Pew Research Center는 미국 성인 중 65%가 소셜네트워크서비스를 이용하고 있다고 집계했으며, 이는 2005년 5%에 불과했던 것에 비해 비약적으로 상승한 수치이다.[64] 2010년 6월의 집계에 의하면 미국인들은 온라인상에서 보내는 시간의 23%를 소셜미디어서비스를 이용하는 데 소모하고 있는데, 이것은 2009년 6월의 집계에 비해 43% 상승한 수치였다.[65] 또한 고령층(50~64세)의 사용량 증가가 두드러졌는데, 이 기간에 사용자 수가 두 배 이상 증가했으며 65세 이상의 연령층은 페이스북 전체에서도 가장 급격하게 사용자 수가 증가해 2009년 한 해 동안 124% 증가했다. 또한 2011년 여름에 퓨 리서치 센터는 이 수치가 또 극적으로 증가해 미국 내 50세에서 64세 사이의 인구 중 32%가 트위터, 링크드인, 페이스북과 같은 네트워크서비

스를 매일 사용하고 있다고 발표했다.[66]

그러나 역시나 성인 연령층에서의 페이스북의 폭발적인 성장에도 불구하고, 트위터나 페이스북을 가장 완벽하게 받아들인 계층은 십대와 고등학생들이라고 할 수 있다. 이들은 온라인상에서 자신을 표출할 수단으로 블로그 대신 소셜네트워크서비스를 사용하는 쪽으로 옮겨 갔다.[67] 마크 저커버그가 2010년 11월 소셜 문자서비스 플랫폼에 대해 소개하며 말했듯이, "고등학생들은 이메일을 사용하지 않는다". 불행히도 저커버그의 이 말은 옳다. 2010년 디지털 버전의 1 대 1 편지 보내기 서비스인 이메일은 컴스코어ComScore의 집계에 의하면 십대 사이에서 그 사용량이 59%나 줄어들었으며, 당연히 그 자리는 페이스북이나 트위터와 같은 소셜미디어가 차지했다.[68]

페이스북은 온라인상에서 매달 자신의 시간 중 7000억 분 이상을 투자하는 그 사용자들 덕분에,[69] 2010년 전 세계 온라인 트래픽의 9%를 차지해 가장 많이 방문된 웹페이지가 되는 기염을 토했다.[70] 2011년 초에 온라인에 접속하는 미국인의 57%가 적어도 매일 한 번 이상 페이스북에 방문했으며, 12세 이상의 인구 중 51%가 소셜네트워크서비스 계정을 소유하고 있었을 뿐만 아니라[71] 인터넷의 정보공유 트래픽의 38%가 저커버그의 '창조물'로부터 비롯된 것이었다.[72] 2011년 9월에는 5억 명 이상의 사람들이 매일 페이스북에 접속하고 있었으며[73] 활동적인 사용자의 수는 8억 명에 달해 2004년의 실질적인 전 세계 인터넷 사용 인구수보다도 절대수치가 높았다.[74] 페이스북은 인류의 고유한 이미지가 되어가고 있다. 그곳은 바로 우리의 오토아이콘이 지금 앉아 있는 공간이다.

아직 페이스북을 뛰어넘지는 못했지만, 실시간 소셜네트워크서비스 분야에서 페이스북의 가장 치열한 경쟁자이자 2010년 한 해에만 1억 명의 신규 사용자를 확보해 250억 개의 새로운 트윗 메시지를 탄생시킨[75] 비즈 스톤의 트위터는 2011년 10월 매일 2억 5000만 개의 트윗 메시지를 생산해내기까지

성장했으며(대략 매초 1만 개의 메시지가 생산되는 셈), 매일 실시간 동시 접속자 수가 5000만 명 이상이 될 정도에 이르렀다.[76] 또한 그루폰Groupon과 같은 사회적 e커머스ecommerce 기업이 나타나, 3500만 명의 사용자들을 확보하고 매년 20억 달러 이상의 수익을 거두며 미국 역사상 가장 빠른 속도로 성장하고 있다. 2010년 12월에 그루폰은 구글의 60억 달러에 이르는 인수합병 제의를 거절했으며, 그 대신에 개인 투자자들의 적극적인 투자로 인해 자산규모를 크게 늘려 2011년 11월 주식시장에 상장될 때 165억 달러의 가치로 평가받기도 했다.[77] 그루폰의 가장 직접적인 경쟁자인 리빙소셜LivingSocial은 약 60억 달러의 가치가 있다는 소문이 있으며 2011년 한 해 동안 10억 달러의 수익을 얻었다고 알려졌고, 마찬가지로 엄청난 기세로 성장할 것으로 예상된다.[78] 또한 핑커스의 소셜게임 신생기업인 징가 또한 전 세계를 정복하고 있다. 2007년 7월에 실리콘밸리에서 설립되었으며 페이스북의 유명한 앱인 시티빌CitiVille과 팜빌Farmville[79]을 개발한 이 기업은 2억 1500만 명 이상의 사용자들을 소셜게임으로 불러들이며 매주 1000개의 새로운 서버를 증축하고 있고 매일 10^{15}바이트의 데이터를 전송하고 있다.[80] 따라서 설립된 지 3년 반밖에 되지 않은 핑커스의 기업이 클라이너와 같은 벤처 투자자들로부터 5억 달러 이상의 투자를 끌어모으고 2011년 12월 공개 주식상장 시 100억 달러의 평가액을 기록한 것은 그다지 놀라운 일도 아닐 것이다.[81]

이들 기업보다도 더 새파랗게 젊은 소셜미디어 그룹의 성장률도 마찬가지로 경악할 만하다. 실리콘밸리의 가장 잘 나가는 신생기업인 포스퀘어는 2010년 한 해에만 3400% 성장했다. 2011년 8월에 고작 창업한 지 1년밖에 안 되는 이 사용자 위치추적 서비스 기업은 1000만 명 이상의 회원들이 매일 300만 회 이상의 조회수를 기록했고,[82] 2011년 12월에는 그 사용자 수가 1500만 명에 이르렀다.[83] 두 번째로, 블로그 서비스를 제공하는 텀블러Tumblr라는 기업은 2011년 초에 매주 2억 5000만 개의 새로운 블로그를 만들어냈으며,[84] 2011년 9월에 8500만 달러의 수익을 거두고는 매달 평균적으로 3000만 개의 블로그들로부터 130억 회의 페이지뷰를 이끌어냈다.[85] 또 다른 예로는 소셜 지식 네트워크인 쿼라Quora가 있는데, 페이스북의 기술자 출신인 애덤 디안젤로Adam D'Angelo와 찰리 치버Charlie Cheever[86]가 만든 이 기업은 투자자들로부터 8600만 달러의 가치가 있는 것으로 평가받았는데,[87] 새로운 수익 모델을 만들어내 10억 달러의 인수합병 제의도 코웃음 치며 거절했다는 소문이 무성하다.[88] 이것이 끝이 아니다. 소셜 사진 앱인 인스타그램Instagram의 사용자 수는 200만 명에 이르고 있으며, 이는 2010년 말에 창립된 이래 고작 4개월 만에 거두어들인 성과이다. 현재 이 기업은 포스퀘어가 기록했던 성장률보다도 세 배나 빠르게 성장하고 있으며, 심지어 트위터의 성장속도보다도 여섯 배나 빠르게 몸집을 불려나가고 있다.

한때 갖가지 정보를 그저 효과적으로 분포시키기 위한 수단으로 이용되었던 것에 불과했던 인터넷은 이제 기업을 잇는 네트워크이자 각종 소셜 제품, 플랫폼, 그리고 서비스를 제공하는 기술이 되었다. 이러한 변화는 인터넷을 비인간적인 정보의 데이터베이스에서 우리들 개개인의 관계, 의도, 그리고 개개인의 취향까지도 공개적으로 방영하는 전 세계적인 디지털 뇌로 거듭나게 하고 있다. 우리들의 개인적인 정보—소셜미디어마케팅에서는 "소셜그래프"라고 바꾸어 부르는—와 온라인컨텐츠 사이의 결합은 이제 리드 호프먼의 웹 3.0 시대에서 가장 핵심적인 인터넷 혁명의 동인이다. 우리의 수천 명의 '친구들'이 우리가 무엇을 하고 생각하고 읽고 보며 구입하는지를 정확하게 알게 함으로써, 오늘날의 인터넷 서비스는 과도한 가시성을 기반으로 하는 거대한 전시주의의 시대에 활력을 불어넣고 있다. 세계경제포럼World Economic Forum이 개인적 정보를 글로벌 경제에서의 "새로운 자산부문New Asset Class"이라고 표현한 것도 놀라운 일은 아니다.[89]

2011년 초에 구글의 공동 설립자 세르게이 브린Sergey Brin은 구글이 소셜 검색 영역의 가능성 중에서 단지 1%를 "건드려보았을 뿐"이라는 데 동의를 표했다.[90] 그러나 심지어 오늘날에도 이러한 혁명은 놀라울 정도로 인터넷뿐만 아니라 우리의 정체성과 인격을 바꾸어나가고 있다. 우리가 그것을 좋아하든 싫어하든 관계없이, 21세기의 삶은 점점 더 공개적인 삶으로 바뀌어나가고 있다. 예를 들면, 대학 입학처의 80%가 최종 합격 결정을 내리기 전에 지원자들의 페이스북 프로필을 찾아본다.[91] 2011년 2월 인적자원에 대한 한 통계조사 결과는, 절반 이상의 인적자원 매니저들이 잠재적 고용주가 사람들을 평가하는 가장 핵심적인 요소로서 이력서가 소셜네트워크서비스의 프로필로 대체되고 있다고 생각한다는 것을 보여준다.[92] ≪뉴욕 타임스≫는 몇몇 기업들이 소셜 지식 서비스를 이용해 고용 전까지 잠재적인 고용 대상자들의 소셜미디어 정보를 수집해 저장해왔다고 보도했다.[93] 2011년 6월에 ≪월스트리트 저널≫에서 한 직업 탐색 전문가는 "오늘날의 관리자 탐색 시장에서 만약 링크드인을 사용하지 않는다면 당신은 그저 존재하지 않는 것과 마찬가지"라고 말하기도 했다.[94] 링크드인은 이제 이용자들이 자신의 프로필을 이력서의 형식으로 입력해 넣을 수 있도록 하고 있으며, 어떤 이들은 1억 명 이상의 회원을 거느린 이 네트워크로 인해 "더 이상 구인/구직 게시판이 장사가 되지 않게 되었다"라고 평가하기도 한다.[95]

마크 저커버그는 "영화는 원래 사회적인 것"이라고 말한 적이 있다.[96] 아마도 그가 추가하기를 잊은 말은, 정보를 공유하는 이 멋진 신세계에서 이력서, 사진, 책, 여행, 음악, 비즈니스, 정치, 교육, 쇼핑, 위치, 금융, 그리고 지식 등 모든 것이 원래 사회적이라는 말일 것이다.

따라서 이미 12세 이상의 미국인 중 51%의 정보를 소유하고 있으며, 그 이하 나이의 아이들도 페이스북 계정을 가져야 한다고 주장하는[97] 저커버그에게 던지는 나의 질문은 아주 간단하다. 마크 당신의 미래에 대한 비전 안에서, 과연 사회적이지 않은 것은 무엇이 있는지 말해줄 수 있는가?

아무것도 없다고, 물론 그는 대답할 것이다. 모든 것이 사회적인 것이 되어가고 있다고 그는 대답할 것이다. 지나치게 많이 사용되는 비유를 빌리자면, '사회적'이라는 것은 우리의 모든 사회적, 교육적, 개인적, 그리고 사업적인 풍경을 바꿔버리고 있는 쓰나미다. 또한 나는 사회적인 것이 모든 것들을 휩쓸어버리는 거대한 물결이라고 생각하는 사람이 마크 저커버그뿐이 아닐 것이라는 점이 두렵기도 하다.

에메랄드 바다

실리콘밸리의 한 사무실 4층 벽에는 해변을 덮는 거대한 파도를 표현한 그림이 있다. 거대한 파도와 거품 속에서 작은 고깃배의 잔해를 볼 수 있다. 이 그림은 미국의 낭만주의 화가인 앨버트 비어슈타트Albert Bierstadt가 1878년에 캘리포니아 해안을 그린 〈에메랄드 바다Emerald Sea〉라는 작품의 복제본이다. 이 그림은 현재 웹 2.0 시대를 선도하고 있으며 이제는 웹 3.0의 소셜미디어 환경에 맞게 자신을 변화시키고 있는 구글 사 마운틴 뷰Mountain View 사무실의 한쪽 벽을 차지하고 있다.

물론 소셜 혁명을 표현하기 위한 방법으로 거대한 물결의 비유를 이용하는 것은 그다지 새로운 일은 아니다. 1세대 소셜미디어서비스였던 버즈Buzz와 웨이브Wave가 실패했음을 2010년 후반기에 인정하고 소셜미디어가 이제는 웹 2.0 시대의 선두주자들을 웹 3.0 시대의 구닥다리들로 전락시켜가고 있다는 것을 깨달은 구글은 엔지니어들과 경영 인력들로 구성된 특별 팀을 꾸렸다. 이 팀은 빅 군도트라Vic Gundotra와 브래들리 호로비츠Bradley Horowitz와 같은 소셜비즈니즈 담당 수석부사장들과 제품 담당 부사장, 18개의 구글 제품 팀, 그리고 30개에 달하는 전통적인 제품 팀이 동원된 것이었다. 군도트라는 나에게 "에메랄드 바다"로 불리는 '프로젝트'에 대해 소개해주었는데, 그것은 정확히 19세기에 비어슈타트가 표현했던, 해안선을 파괴하며 몰려오는 어마어마한 물결로 표현되는 19세기의 이상화된 풍경과 같은 것이었다. 군도트라는 "우리는 새로운 지평으로 나아갈 수 있는 어마어마한 기회가 있다는 사실과 동시에, 실패했을 경우 이 물결에 휩쓸려 뒤집힐 수도 있다는 점을 표현할 수 있는 프로젝트 이름이 필요했다"라고 설명했다. 그것은 약 1년 후 구글플러스 소셜네트워크의 형태로 실현되었다.[98]

브래들리 호로비츠는 구글을 100일 만에 소셜 기업으로 탈바꿈시키기 위한 이 에메랄드 바다 프로젝트를 "무모하고 비현실적인" 목표라고 표현했다. 그러나 그 선택은 현명한 것이어서 한때 독점적인 검색엔진 회사였던 구글이 페이스북, 징가, 그루폰, 리빙소셜, 트위터 등 웹 3.0 시대의 새로운 기업들의 꽁무니를 쫓아야 하던 처지에서 탈바꿈할 수 있었다. 당신은 오늘날 인터넷에서 모든 것, 정말로 모든 것이 소셜화되는 것을 볼 수 있을 것이다. 인터넷의 핵심적인 논리, 지배적인 알고리즘조차도 소셜의 원리로 재발명되었다. 또한 그것이 바로 몇몇 기술 전문가들이 조만간 페이스북이 광고 시장 수입 부분에서 구글을 뛰어넘을 것이라고 예측하는 이유이다.[99]

이러한 흐름의 결과로 인해 그룹미GroupMe, 소셜캐스트Socialcast, 리빙소셜LivingSocial, 소셜바이브SocialVibe, 픽유PeekYou, 비노운BeKnown, 투게더빌Together-ville, 소셜캠Socialcam, 소셜플로SocialFlow, 스프라우트소셜SproutSocial, 소셜아이즈SocialEyes, 그리고 하이퍼퍼블릭Hyperpublic 등 합성된 명칭을 지닌 새로운 소셜 비즈니스, 소셜 테크놀로지, 소셜네트워크들이 줄줄이 출현했다. 그리고 이러한 소셜 경제 분야에 수십억 달러를 쏟아붓는 기업은 클라이너퍼킨스Kleiner Perkins뿐만이 아니다. 실리콘밸리의 똑똑한 투자자들은 모두 이쪽 분야로 달려가고 있다. 예를 들면, 1995년 8월에 역사적인 주식 상장과 함께 웹 1.0 붐을 일으켰던 넷스케이프Netscape의 창립자 마크 앤드리슨Mark Andreessen이 이끄는 실리콘밸리의 벤처캐피털 회사 앤드리슨 호로비츠The Andreessen Horowitz는 2011년 상반기에 수억 달러의 자금을 페이스북, 트위터, 그루폰, 징가, 스카이프Skype에 투자했다.[100] 그리고 구글, 야후Yahoo!, 애플Apple, 유튜브 등에 투자했던 실리콘밸리의 전설적인 벤처 투자가 마이크 모리츠Mike Moritz는 2012년 현재 @quixotic이 이끄는 링크드인의 이사회에 소속되어 있다.[101] ≪월스트리트 저널≫이 "아마도 미국에서 가장 영향력 있는 사업가일 것"이라고 표현했던 크리스 사카는 JP모건J.P. Morgan 투자은행으로부터 끌어들인 수십억 달러의 자금 중 수억 달러를 트위터에 투자했다.[102]

도어, 앤드리슨, 모리츠, 사카, 그리고 나의 숙적 @quixotic 등은 모두 웹 2.0에서 웹 3.0의 경제로 변모하는 이 엄청난 변화를 감지했다. 구글의 인공지능 검색 알고리즘이 지배하던 구식 인터넷 시장은 구글의 "플러스원(+1)" 소셜 검색으로 상징되는 새로운 "좋아요" 시장으로 대체되고 있다. 테크크런치Techcrunch의 MG 지글러MG Siegler가 "거대한"[103] 기술적 이니셔티브라고 표현했던 +1은 2011년 6월에 탄생했으며[104] 단 3개월 만에 100만 개의 웹사이트를 통해 40억 개 이상의 일일 조회수를 기록하고 있다.[105] 이는 친구로부터 공개적으로 무엇인가를 추천받는 새로운 차원의 사회적 현상을 만들어내고 있으며, 이를 통해 주요 검색 엔진의 알고리즘을 통해 상위 검색 결과로 추출된 것들을 넘어 그 이상의 광고 플랫폼이 창출되고 있다. 지글러는 "그들이 인정하든지 안 하든지 간에 구글은 웹을 통제할 수 있는 주도권을 두고 페이스북과 전쟁 중"이라고 말한다.

+1은 그것을 통해 우리가 공개적으로 특정 검색 결과나 웹 사이트를 추천할 수 있기 때문에, 새로운 소셜 경제활동의 엔진으로서 구글의 인공지능 알고리즘을 대체하고 있다. +1의 세상에서, 우리는 투명하게 공개된 우리의 취향, 의견, 그리고 선호도를 중심으로 하는 웹 트래픽을 만들어내며 구글의 오래된 검색엔진의 인간화된 버전이 되어버린 것이다. 지글러가 옳다. 구글과

페이스북 사이의 새로운 전쟁은 인터넷의 통제권을 두고 벌어지는 전쟁이다. 구글의 새로운 CEO인 래리 페이지Larry Page가 구글 전 사원의 보너스의 25%를 회사의 소셜 전략 부서에 쏟아부었던 것은 놀라운 일이 아니다.[106]

군도트라와 호로비츠는 2011년 7월 구글의 두 번째 제품인 구글플러스 소셜네트워크의 비공식적인 출범에 대해 논의하기 위해 나의 테크크런치 TV쇼에 출연해 소셜 전략에 대한 회사의 막대한 관심을 인정했다.[107] 구글플러스는 베타 버전으로 공개된 지 3주 만에 2000만 명의 방문자 수를 기록했고,[108] 2011년 6월에 배포된 이래 7일 만에 구글의 시가 총액을 200억 달러나 끌어올렸다.[109] 호로비츠는 자사의 인공지능 알고리즘이 점점 덜 중요해지고 있다며 구글플러스가 "사람을 우선시"하고 있다고 추켜세웠고, 군도트라는 구글플러스가 구글의 검색 알고리즘, 유튜브, 지메일Gmail 등 구글이 내세우는 수많은 서비스와 상품을 묶어주는 "접착제"의 역할을 하고 있다고 표현했다.

나는 군도트라에게 "그렇다면 구글은 이제 소셜 기업입니까"라고 물었다.

2011년 6월에 베타버전을 내놓은 이후 단 100일 만에 4000만 명의 신규회원을 모집했고,[110] 그조차도 2012년 말에 2억 명에 달하게 되는 회원 수[111]의 전조에 불과했던 구글플러스 커뮤니티의 대표는 물론 "그렇다"라고 답했다.

소셜 기업으로서 구글이 구글플러스 네트워크를 내놓은 후 뒤이어 2012년 1월 SPYWSearch, plus Your World를 내놓은 것은 그다지 놀라운 일이 아니다. SPYW는 웹 3.0 기반의 서비스로, 『인 더 플렉스In The Plex』의 저자이자 구글 전문가인 스티븐 레비Steven Levy는 이를 두고 구글 검색엔진의 "놀랍고 선명한 대전환"이라고 불렀다.[112] SPYW를 통해 구글의 인공지능 검색 알고리즘은 구글플러스의 소셜네트워크로 대체되었다. 구글의 가장 중요한 심장과도 같았던 검색엔진은, 비록 웹 2.0 시대의 핵심이었지만, 레비의 말에 따르면 "소셜 콘텐츠에 대한 증폭기" 정도의 역할로만 남게 되었다.

조지 오웰의 『1984』에서 2+2는 5였다. 그러나 오늘날 우리가 우리 개인의 취향, 습관, 위치를 구글플러스와 같은 서비스를 통해 네트워크에 공공연히 공개하는 소셜 정보의 시대에 과연 +1과 +1의 합은 무엇이 될 것인가?

$$+1++1++1++1++1++1++1+1$$

아마도 답이 10^{100}(구골google)은 아니겠지만, +1을 중심으로 하는 소셜네트워크 시대의 경제에서는 수많은 새로운 웹사이트들과, 수십억 달러어치의 투자와 가치, 그리고 셀 수 없이 많은 새로운 앱들이 소셜네트워크상에 있는 수많은 사람들의 모든 개인정보들과 얽혀 있다.

구글의 브래들리 호로비츠가 좋게 에둘러서 "사람을 우선시"하는 것이라고 말했던 이 개인정보들은 웹 3.0 경제의 혁신적인 연료이자 핵심 영양분이다. 그러나 인터넷은 매우 빠른 속도로 변화하고 있기도 하다. 인터넷의 구조는 21세기의 새로운 사회의 발신음을 반영하는 것이기도 하다. 웹상에서는 그것의 인프라스트럭처, 지형도, 엔터테인먼트, 상거래, 그리고 커뮤니케이션에 이르기까지 모든 것이 소셜화되어가고 있다. 존 도어는 옳았다. "사람들의 인터넷"이라고 불리는 오늘날의 웹 3.0 혁명은 그러므로 기술혁명의 제3의 물결이며, 개인용 컴퓨터의 발명과 월드와이드웹Worldwide Web 그 자체의 발명과 견줄 수 있을 만큼이나 거대한 것이다.

인터넷비즈니스의 인프라스트럭처는 점점 거대한 소셜망이 되어가고 있고, 따라서 모든 기술 플랫폼들과 서비스는 이제 웹 2.0에서 웹 3.0 모델로 옮겨 가고 있다. 인터넷브라우저, 검색엔진, 이메일서비스로 대표되는, 우리들의 인터넷 생활을 구성하는 삼위일체 기술들이 모두 소셜화하고 있다. 실리콘밸리의 모든 사람들은 이제 외로움을 소거하는 사업으로 모여들고 있는 것처럼 보인다. 구글의 SPYW와 경쟁하기 위해 마이크로소프트Microsoft의 빙

Bing 검색엔진은 페이스북의 '좋아요' 결과를 반영하고 있으며,[113] 그레플린 Greplin과 블레코Blekko 검색엔진, 그리고 이미 2억 5000만 명의 개인에 대한 정보를 구축해 '사람'을 검색할 수 있도록 하는 픽유 검색엔진이 존재한다. 또한 록멜트Rockmelt와 파이어폭스Firefox 같은 소셜인터넷브라우저들이 탄생했으며, 점점 더 유비쿼터스화되고 있는 미보Meebo의 미니바MiniBar 메신저도 있다. 지메일의 피플위젯People Widget이나, 마이크로소프트 아웃룩의 소셜커넥터 Social Connector, 그리고 신생 서비스 업체인 조브니Xobni, 나와 같이 낡은 방식으로 이메일서비스를 사용하는 구닥다리들을 위한 래포티브Rapportive와 같은 이메일서비스들은 이제 소셜이메일로 변모하고 있다.[114]

이메일뿐만이 아니다. 비디오, 오디오, 문자 메시지, 그리고 마이크로 블로깅에 이르는 모든 온라인 커뮤니케이션 또한 소셜화하고 있다. 소셜캠Socialcam, 쇼유Showyou, 소셜아이즈SocialEyes, 타우트Tout와 같은 실시간 소셜비디오 플랫폼들이 있으며, 그중에는 숀 파커와 냅스터Napster의 공동창립자 숀 패닝Shawn Fanning이 만든 신생 서비스 에어타임Airtime과 같이, 파커의 말에 따르면, "외로움을 없애기 위해" 만들어진 것들도 있다.[115] 스카이프가 인수한 그룹미[116]와 같은 소셜 문자서비스 앱, 페이스북이 소유하고 있는 벨루가Beluga, 요봉고Yobongo, 킥Kik, 그리고 일일이 열거할 수도 없이 많은 새로운 서비스들이 있다. 소셜블로깅서비스 텀블러Tumblr, 소셜 '큐레이션' 서비스 핀터레스트 Pinterest, 소셜 '대화' 서비스 글로Glow,[117] 일 년 만에 100만여 명의 신규 회원들을 확보한 소그룹 소셜네트워크서비스 패스Path,[118] 각각 약 10만여 개의 기업들이 활용하고 있는 업무 현장 소셜커뮤니케이션서비스 야머Yammer와 채터 Chatter[119] 등도 거명할 수 있다. "내부 근로자 매니지먼트"를 위한 소셜툴인 리플Rypple은 회사 내의 모든 근로자들이 다른 모두를 평가할 수 있게 해 근무현장을 일종의 끝나지 않는 실시간 쇼로 만들어버린다.[120]

엔터테인먼트 분야도 소셜화하고 있다. 2011년 12월, 유튜브의 홈페이지가 소셜화하면서 구글플러스 및 페이스북 네트워크와의 연동을 강조했는데, 이는 "유튜브 역사상 가장 커다란 디자인 변화"였다.[121] 판도라Pandora, 아이튠즈 핑iTunes Ping, 사운드클라우드Soundcloud, 그리고 사운드트래킹Soundtracking은 소셜뮤직과 소셜사운드를 제공하고 있다.[122] 그뿐만 아니라 아메리칸아이돌 American Idol이나 엑스팩터X-Factor와 같은 소셜리얼리티 텔레비전 쇼도 생겼으며,[123] 지금 우리가 무슨 영화를 보고 있는지에 대한 정보를 제공하는 겟글루 GetGlue, 사용자의 시청 취향을 세상에 드러내도록 만드는 인투나우Into.Now와 필로Philo 같은 소셜 TV 네트워크, 사용자들의 의사 표시를 친구들과 공유할 수 있도록 페이스북과 훌루Hulu가 팀워크를 이루어 제공하는 서비스 등도 등장했다. 소셜 TV는 다시 말해 다른 모두가 무엇을 보고 있는지를 모두가 알게 된다는 것이다. ≪뉴욕 타임스≫는 헤드라인에서 이미 다이렉트TV 위성 수신자들의 시청습관을 자동적으로 인식할 수 있도록 만들어진 소셜 TV 앱인 미소Miso를 두고, "미소는 이제 당신이 무엇을 보는지 허가 없이도 알 수 있다"라고 경고한 바 있다.[124]

그중에서도 가장 큰 재앙은, 현재 미국 내 인터넷래픽의 30%를 차지하고 있는 온라인 영화시장의 공룡 넷플릭스Netflix 사가 자사의 서비스를 페이스북과 긴밀하게 연결시키려 하고 있다는 것이다.[125] 그것은 넷플릭스의 CEO인 리드 헤이스팅스Reed Hastings가 2011년 6월 마크 저커버그와 마찬가지로 "5개년 투자 경로"라는 이름으로 5개년계획을 세워 자사의 제품 개발에서 소셜 요소를 가장 중요한 것으로 두기로 했기 때문이었다.[126]

20세기 미디어의 또 다른 핵심적인 기둥이었던 뉴스 산업은 이제 스스로를 소셜 기술과 함께 변형시키고 있다. ≪뉴욕 타임스≫의 뉴스미News.me 서비스[127]와 2010년 모바일 기기를 위한 소셜 잡지 서비스 앱으로 만들어졌던 플립보드Flipboard 서비스에서는 뉴스 기사들이 소셜화된 방식으로 생산되고 있고, 플립보드의 경우 그 가치가 이미 2억 달러에 이르러 클라이너퍼킨스와 애슈턴 커처Ashton Kutcher와 같은 투자자들을 불러 모았으며 오프라 윈프리 Oprah Winfrey의 OWN 케이블네트워크를 파트너로 삼아 콘텐츠를 유통시키고 있다.[128]

20세기의 모든 미디어에서 가장 사적인 예술이었던 사진조차도 이제는 가장 급진적으로 웹 3.0 혁명 속에서 소셜화되고 있다. 수억 달러의 자금이 소셜포토그래피에 투자되고 있으며, 이제 우리는 우리의 친숙한 모습들이 담긴 사진들을 세상과 공유할 수 있게 되었다. 또한 데일리부스Dailybooth, 소셜게임 앱인 이미지소셜ImageSocial,[129] "근접성을 핵심"으로 하고 "프라이버시 설정이 없는" 점을 내세워 서비스가 개시되기도 전인 2011년 3월에 이미 4100만 달러의 수익을 거둔 컬러Color 등으로부터 각종 '소셜 사진'들이 만들어지고 있다.[130]

그러나 자신의 위치를 드러내는 것에 대한 현 시대의 열광은 웹의 새로운 집합적 구조의 가장 오싹한 측면이다. 포스퀘어, 룹트Loopt, 버즈드Buzzd, 페이스북 플레이시스, 리드 호프먼의 고왈라Gowalla, 그리고 미맵MeMap 등이 소셜 위치 서비스를 제공하고 있는데, 미맵을 통해 우리는 인터넷상의 친구들이 각종 숙소에 체크인한 정보를 모두 알 수 있으며,[131] 심지어 소나Sonar라는 프로그램은 다른 친구들이 우리와 인접해 있는지조차 알 수 있게 해준다.[132] 구글 맵스Google Maps는 소셜 지도 서비스를, 완더플라이Wanderfly는 소셜 여행지 추천 서비스를, KLM과 말레이시아 항공의 MH버디MHBuddy와 소셜 비행기 좌석 서비스를,[133] 트립잇TripIt은 소셜 여행 정보를, 클라이너가 투자한 웨이즈 Waze 앱은 소셜드라이빙서비스를,[134] 범프닷컴Bump.com은 자동차 번호판 기반 소셜네트워크서비스를,[135] 그리고 가장 괴상하게는 아이폰의 사이클로미터 Cyclometer 앱이 소셜사이클링서비스를 제공하고 있는데, 이것은 우리 친구들이 우리가 자전거를 타는 동안에 어디에 있으며 우리가 무엇을 하고 있는지 추적하고 듣고 공유할 수 있도록 하는 앱이다.

심지어 과거와 현재, 즉 시간 그 자체도 소셜화되어가고 있다. 아마도 동명의 프랑스 소설가의 이름을 따온 것으로 예상되는 프루스트Proust라는 이름의 소셜네트워크서비스는 우리의 기억을 저장하기 위해 만들어졌으며 과거를 소셜화하고자 한다.[136] 핫리스트와 플랜캐스트 같은 "소셜 발견" 엔진들은 1억 명에 달하는 인터넷 사용자들로부터 모은 정보들을 축적해 우리의 친구들이 어디에 있었으며 지금 어디에 있는지 알 수 있도록 해줄 뿐만 아니라 심지어 미래에 어디에 있을 것인지도 예측할 수 있게 해준다. 디토Ditto라는 앱은 심지어 소셜 "의도성" 앱이라고 불리는데, 당신이 할 일 그리고 해야 할 일을 네트워크상의 사람들과 공유하게 한다.[137] 웨어베리WhereBerry라는 소셜네트워크서비스는 친구들에게 우리가 무슨 영화가 보고 싶으며 어떤 식당에 가보고 싶어 하는지를 알게 해준다.

그러나 소셜미디어 혁명은, 그중 다수가 오늘날 디지털 지배권을 두고 벌어지는 다원주의적 투쟁에서 필연적으로 패배하게 될 수많은 신생기업들에 대한 것만은 아니다. 이전 세대의 기술 리더였으나 이제 소셜 경제 시스템 안에서 새로운 활로를 모색하고 있는 마이크로소프트를 떠올려보라. 마이크로소프트는 2011년 5월에 자사 역사상 가장 큰 규모인 85억 달러를 들여 스카이프를 인수하려 했는데, 그것은 자사의 인터넷비즈니스를 소셜화하기 위한 시도였다. 이러한 인수합병은 스카이프의 1억 4500만 명에 달하는 회원들을 마이크로소프트의 핵심적인 소셜네트워크에 편입시켜 마이크로소프트가 소셜미디어 시대에 걸맞도록 운영되는 데 도움을 줄 것이라고 믿었기 때문이다.[138]

마이크로소프트와 같이, 소셜 기술 이전 세대의 모든 기업들은 이제 에메랄드 바다의 파도를 타기 위해 시도하고 있다. 즉, 이제 아이비엠IBM, 몬스터닷컴Monster.com, 세일즈포스Salesforce와 같은 거대 기업들이 소셜비즈니스 제품에 뛰어들고 있으며, 한 분석가는 ≪월스트리트 저널≫과의 인터뷰에서 "소셜 소프트웨어를 판매하지 않는 기업을 생각하는 것은 어렵다"라고 표현했다.[139] 산업계는 빠르게 웹 3.0 기술을 받아들이고 있다. "계몽된 기업"으로 꼽히는 게토레이드Gatorade, 파머스 인슈어런스Farmer's Insurance, 도미노 피자Domino's Pizza, 포드Ford와 같은 기업들은 소셜미디어 마케팅캠페인에 어마어마한 돈을 쏟아붓고 있다. 포드 사의 한 소셜미디어 전도사는 왜 회사가 전 미국에 트위팅 자동차를 보급해야 하는지 설명하며 "만약 백만장자가 되고 싶다면 돈이 존재하는 곳으로 가야 한다. 그곳은 바로 온라인"이라고 말했다.[140]

그렇다. 영화 〈소셜네트워크〉에서 숀 파커가 옳았다. 인류는 최초에는 마을을 이루고 살았으나 곧 도시를 이루어 살게 되었으며, 이제 우리는 온라인 상에 살고 있는 것이다. 또한 오늘날에는 제품이나 서비스가 웹의 새로운 소셜 구조를 반영하고 있지 않은 신생기업을 상상하기 어려운 것이 사실이다. 이러한 혁명은 우리가 상상할 수 있는 모든 온라인과 오프라인 구석구석의 개인정보를 공유함으로써 가능한 것이다. 극히 일부의 목록만 살펴보아도 머리가 빙빙 도는 것을 느낄 정도다. 따라서 다음 몇 문단은 좀 앉아서 읽는 것이 좋을 것이다.

소셜미디어의 연간 광고수입이 2011년 55억 달러에서 2013년에는 100억 달러까지 상승하고 있는 상황에서[141] 소셜미디어들의 온라인 광고사업 또한 점점 소셜화하고 있다. 예를 들면, 소셜네트워크서비스상의 친구들이 "좋아요"를 누른 게시물을 바탕으로 광고를 제공하는 레이디엄원RadiumOne이나[142] 징가 네트워크에 광고를 제공하는 소셜바이브 등이 성장하고 있다.[143] 또한 수백 개의 협동 소셜커머스 사업이 새로이 성장하고 있다. 바이위드미BuyWithMe나 숍소셜리ShopSocially 등의 기업이 그루폰이나 리빙소셜과 마찬가지의 사업을 단행하고 있다. 소셜 기업가들을 위한 소셜네트워크서비스가 라이크마인디드Like Minded와 크레이그 커넥트Craig Connect에 의해 제공되고 있으며, 캡링크드CapLinked는 소셜 투자 서비스를,[144] 주모Jumo는 소셜 방식으로 형성되는 기부 서비스를, 펀들리Fundly는 소셜펀드 조성 서비스를 제공하고 있다. 식도락가들을 위한 소셜네트워크로는 마이 패브 푸드My Fav Food, 치피즘Cheapism,[145] 그럽위더스Grubwithus[146]가 있으며, 일종의 해독제로 소셜다이어트 앱[147]인 데일리 번Daily Burn, 게인 피트니스Gain Fitness, 루즈잇LoseIt, 소셜 워크아웃Social Workout, 그리고 사용자의 성 생활을 전 세계로 중계하는 피빗Fibit이 있다.[148]

지역 사회의 이웃들과 실제 세계의 활동을 연결해주는 야타운Yatown,[149] 헤이네이버!Hey, Neighbor!, 넥스트도어닷컴Nextdoor.com, 제너고Zenergo[150] 등의 앱도 있다. 구글플러스와 트위터를 쏙 빼닮은, "타인의 일부를" 팔로우할 수 있는 기능을 가진 차임인Chime.in이라는 이상한 앱도 있다.[151] 주위에 있는 "관련된" 특정 사람을 찾을 수 있는 "마술적인" 프로그램이라고 자신을 소개하는 샤우트플로ShoutFlow라는 소셜 발견 프로그램도 만들어졌다.[152] "세계를 하나의 커다란 스터디 그룹으로 만들고 싶다"라는 포부를 밝힌 소셜 교육 프로그램인 오픈스터디OpenStudy와,[153] 매니문Manymoon과 아사나Asana 같은 소셜 생산성 툴,[154] 비노운BeKnown과 같은 전문 소셜네트워크 앱, 밍글버드MingleBird 같은 소셜이벤트네트워크, 소셜미디어 분석을 제공하는 소셜 베이커스Social Bakers, 소셜 투자 앱 에인절리스트AngelList, 그리고 소셜스맥SocialSmack과 "소셜 거래를 위한 장터"라고 불리는 지그Jig와 같은 소셜 소비자 정보 제공 프로그램도 있다.[155] 그런가 하면 하이퍼퍼블릭은 소셜 위치 정보를 제공하고, 엔도몬도Endomondo는 소셜 심근강화 훈련 프로그램을 제공하며,[156] 어린이들을 위한 소셜네트워크서비스인 클럽 펭귄Club Penguin, 자이언트헬로giantHello, 그리고 디즈니Disney가 2011년 2월에 인수한 어린이들의 네트워크인 투게더빌Togetherville은 어린이들을 빠른 속도로 소셜네트워크에 빠져들게 하고 있다.[157] 아마도 가장 괴상망측한 앱은 셰이커Shaker일 텐데, 이스라엘의 신생기업이 만든 이 프로그램은 테크크런치의 2011년 '방해를 일으키는 프로그램' 선발에서 1위를 차지하기도 했는데, 페이스북을 일종의 가상의 술집처럼 사용해 낯선 사

람을 만나도록 주선해준다.[158]

아! 그러나 소셜네트워크의 현기증 나는 물결은 이것이 끝이 아니다. 심지어 도서 애호가들에게 어디서나 한꺼번에 안부인사를 보내는 소셜 독서 프로그램도 있다. 현대인들에게 가장 사적인 활동인 독서가 이제 귀찮게도 사회적인 구경거리로 전락해버린 것이다. 어쩌면 이 책을 읽고 있는 독자들 중에서도 이 책을 소셜화된 접근을 통해 읽고 있는 사람이 있을지 모르겠다. 다시 말해 홀로 자리에 앉아 책을 읽는 것이 아니라, 아마존의 전자책 킨들Kindle의 프로필을 통해 추출한 지금까지의 자신의 독서 경험을 당신의 수천 명에 달하는 페이스북 및 트위터 친구들과 공유하며 독서를 즐기고 있을지 모른다는 말이다.[159] 실제로 "문어文語, written word를 해방시켜 사람들 사이를 정보와 아이디어로 연결"[160]하는 것을 기업의 사명으로 삼는 스크리브드Scribd라는 소셜 독서 회사는 2011년 1월 모든 모바일네트워크 기기에 "소셜 요소"를 추가하기 위해 1300만 달러를 투자했다.[161] 협동 독서 회사인 리싱크 북스Rethink Books는 책의 "저자"와 독자들 사이의 직접적인 소셜 창구를 만들기 위한 목적이라며 성경책을 소셜 제품의 형태로 출시하기도 했다.[162]

아마도 리싱크 북스는 소셜 심근 훈련 네트워크인 엔도몬도('흥분되는 세상'이라는 의미가 담긴 조어―옮긴이)를 인수해 그 이름을 바꾸어야 할지도 모르겠다. 당신은 소셜 독서가 정말로 '말세'를 표상한다는 것을 똑똑히 볼 수 있을 것이다. 그것은 홀로 분리되어 있는 독자들의 세상이 끝난다는 것을 뜻하며, 홀로 고독하게 사고하는 시대의 끝을 뜻하고, 순수하고도 개인적인 문학적 성찰의 끝, 그리고 오직 책 한 권만으로도 기나긴 오후를 보내던 시기의 끝을 뜻한다.

소셜 독재가 다가오는 것에 흥분되는가? 누군가와 같이 잠시 담배를 피우며 마음을 진정시킬 시간이 필요한가? 걱정하지 마시라. 이미 흡연자들을 위한 소셜네트워크 기기도 출시되어 있다. 블루Blu라고 불리는 이 회사는 2011

년 6월에 만들어졌는데, 다섯 갑을 80달러에 판매하는 이들의 전자 e-담배는 사용자들의 개인용 컴퓨터로부터 정보를 다운로드해 다른 흡연자들과 연결시켜준다.[163]

정말이지 흥분되는 세상이 아닌가!

섬뜩한 소셜아이즈

밍글버드, 픽유, 핫리스트, 리플, 스크리브드, 쿼라, 투게더빌, 그리고 다른 수천 개의 웹 3.0 기업들은 우리 모두가 서로를 항상 관찰할 수 있는 21세기 버전의 감시자의 집을 만들기 위한 벽돌들을 차곡차곡 쌓아 나가고 있다. 마이크로소프트의 임원과 리얼네트웍스RealNetworks의 CEO를 역임한 롭 글레이저Rob Glaser가 창업했고 미국 서부의 유망한 벤처캐피탈 회사들로부터 적극적으로 도움을 받은 소셜아이즈SocialEyes(정확한 발음은 소셜라이즈socialize와 같다)라는 소셜비디오 신생기업을 예로 들어보자. 2011년 3월에 베타 버전을 배포한 이 기업은 의도치 않게도 우리 시대의 거대한 전시 매트릭스를 포착하고 우리의 집단적 미래에 대한 비유적인 그림을 제시한 바 있다.

글레이저는 소셜아이즈의 인터페이스를 두고 "마치 〈할리우드 스퀘어스 Hollywood Squares〉(미국의 퀴즈 프로그램—옮긴이)의 세트와 같이 비디오 큐브 상자로 이루어진 분할화면이 있는 것"이라며, "당신은 자기 자신이 그 네모 상자 중 하나에 있는 것을 볼 수 있을 것이며, 사람들은 각자 자신의 네트워크 상에 있는 누군가에게 계속해서 전화하는 시작점에 위치하게 될 것"이라고 묘사했다.[164] 이것이 소셜 웹의 진짜 모습이다. 우리가 소셜아이즈를 통해 소셜화되면 이 사회는 통째로 거대하고 투명한 할리우드 스퀘어스 세트장이 되며, 우리는 그 분할화면 속에 있는 한 칸의 큐브 안에 갇히게 되는 것이다.

아마도 독자들은 @quixotic이 개인으로나 사회의 일원으로나 우리가 누구이며 어떠한 존재여야 하는지를 보여주는 렌즈를 사회에 제공하는 것이 그의 목표라고 말했던 것을 기억할 것이다. 공포스럽게도, 그것이 바로 소셜아이즈와 같은 새로운 네트워크들이 하고 있는 작업들이다. 이러한 소셜 경제의 출현은, 소셜을 지향하는 강력한 렌즈들과 수십억 달러에 이르는 금전적 투자를 발판으로 하여 이제는 좋든 싫든 간에 멈출 수 없는 것이 되어버렸다.

그렇다면 우리는 롭 글레이저의 소셜아이즈와 같은 네트워크들을 사용함으로써 정확히 어떤 화두를 세상에 던지고 있는 것일까? 셰이커, 또는 숀 파커의 에어타임 같은 소셜네트워크들은, 파커의 표현에 따르면 "외로움을 소거하기 위해" 만들어진 것들이다.

우리는 "나를 찾아다녀 주세요Snoop on me"라고 말하고 있는 셈이다. 다시 말해, 우리가 소셜아이즈, 에어타임, 셰이커, 포스퀘어, 인투나우, 또는 우리의 행동과 사고를 세상에 드러내 보이는 수백 개의 다른 오웰적인 서비스와 플랫폼을 이용할 때마다 우리는 그렇게 말하고 있는 것과 다름없다. 심지어 말 그대로 우리의 온라인 팔로어들이 우리가 개인용 컴퓨터로 하는 모든 것을 지켜볼 수 있도록 하는 스눕온미SnoopOn.me라는 웹사이트가 존재할 정도로, 자신을 감시해달라는 목소리는 인터넷 작동 구조의 핵심이 되고 있다. 브레이크업 노티파이어Breakup Notifier라는 앱의 사례는 마찬가지로 섬뜩한데, 그것은 페이스북상의 사람들의 연애 관계를 추적해서 그들의 연애관계가 바뀔 때마다 모두에게 알람을 울려 싱글이 되거나 이혼을 한 사람들에게 환영의 메시지를 보낼 수 있도록 한다.[165]

그러나 스눕온미나 브레이크업 노티파이어보다도 더욱 끔찍한 것은 크리피Creepy라는, 페이스북이나 트위터 친구들의 정확한 위치를 지도상에서 추적할 수 있게 해주는 앱의 존재이다.[166] 이 앱을 이용하면 우리는 다른 모든 친구들이 어디에 있는지 실시간으로 알 수 있게 된다.

디지털 시대 감시자의 집은 이제 우리 주위 어디에나 있다. 우리 눈앞에 정말로 조지 오웰의『1984』가 실현된 것일까?

제2장

함께 옷을 벗자

@ericgrant: 임신중절 수술을 받고 있는 친구를 기다리고 있는 친구가 나에게 문자를 보내고 있다. 왜 내 마음이 불편하지?[1]

자기삶

그렇다. 모든 것이 섬뜩하게도 조지 오웰의 소설과 유사하다. 오웰은 아마도 미래는 언제나 우리 생각보다 더 빠르게, 더 낯설게 다가온다고 말하는 @quixotic의 견해에 동의할 것이다. 1948년에 글을 쓰면서 오웰은 스눕온미와 크리피 앱이 법이 되어버린 미래를 상상했다. 오웰은 그의 책 『1984』에서 "당원은 원칙적으로 여유 시간이 없었고, 침대에서를 제외하고는 절대로 홀로 있지 못했다"라고 표현했다. 또한 "당원은 일하거나 먹거나 잘 때 그것이 바로 공동체의 여가활동recreation에 참여하고 있는 것으로 전제되었다. 그래서 고독을 맛보는 어떤 일을 한다든가 심지어는 혼자 산책하는 것조차도 늘 약간 위험스러웠다. 신어Newspeak(당이 통제를 위해 만든 새로운 말—옮긴이)에는 이런 행위에 대한 신조어가 있었다. 그 단어는 '자기삶Ownlife'인데, 이는 개인주의와 제멋대로 함을 뜻했다".[2]

신어에는 오웰이 만들어낸 얼굴범죄facecrime라는 또 다른 신조어가 있었다. "공공장소에 있거나 감시 스크린에 노출되어 있을 때, 산만하게 딴 생각을 하는 것은 끔찍하게 위험하다"라고 그는 썼다. "가장 소소한 것이 당신 속마음을 노출시킬 수 있다. 안면 근육의 경련이나, 무의식적으로 나타나는 불안한 표정이나, 혼잣말을 중얼거리는 습관 등 비정상적인 것, 즉 뭔가 숨기는 것이 있는 것처럼 보이는 어떠한 것도 그러하다. 어떤 경우라도 얼굴에 적절하지 않은 표현이 노출되면(예를 들면, 승리가 선포되었을 때 의심하는 표정을 짓는다든지) 그 자체로 처벌의 대상이 되었다. 그것을 위한 단어도 신어에 있었다. 그 단어는 '얼굴범죄'였다."

그렇다. 크리스토퍼 히친스Christopher Hitchins가 되새겨 주듯이, 오웰은 여전히 "중요하다".[3] 1984년 1월 22일, 진정한 의미에서 세계 최초의 개인용 컴퓨터인 애플 매킨토시의 탄생을 축하하기 위해 애플이 미국 제18회 슈퍼볼 게임 도중에 내보냈던 리들리 스콧Ridley Scott 감독의 상징적인 광고는 "왜 1984년이 소설 『1984』와 같지 않을 것인가"라고 말했다.[4] 그러나 그럴 수 있었던 이유는 그저 소설 『1984』의 모습이 사반세기 정도 뒤로 늦추어졌기 때문이었을 수도 있다. 불행히도 오늘날 소셜미디어 혁명의 와중에 '자기삶'은 다시 한 번 위기에 봉착했다. 신어 '얼굴범죄'가 끝없이 트윗을 주고받고 자기 상태를 업데이트하는 우리 세상에서 서서히 고개를 들고 있다. 소설 『1984』에서는 자기 자신을 표현하는 것이 범죄였다면, 지금은 자신을 네트워크에서 표현하지 않는 행위가 시대에 뒤떨어지고 어쩌면 사회적으로 용납할 수조차 없는 시대가 되어가고 있다.

대단한 노출증을 가진 우리 시대에 빅브러더Big Brother 대신 존재하는 것이 무엇인지 미국 소설가 월터 컨Walter Kirn이 말해준다. 그것은 "오웰이 60년 전에 소설을 쓰면서 전혀 상상하지 못했던 기계장치를 갖추고 시시덕거리는 리틀브러더들의 거대한 군집群集인데, 그들은 조직된 권위에 전혀 충성심이 없다".[5] 컨이 "리틀브러더들Little Brothers"이라고 부른 것은 바로 우리를 가리킨다. 말하자면 우리는 형태로나 기능으로나 핍스peeps(사람들people을 나타내는 영어 채팅 약어―옮긴이)이며, 우리가 가지고 있는 스마트폰, 태블릿, 그리고 소위 '차세대 PC' 같은 수만 가지의 기계장치들은 오웰이 소설 『1984』에서 빅브러더의 전체 체제에 주었던 만큼의 감시 테크놀로지를 우리 각자의 손에 쥐어준다.

당신과 나, 우리가 21세기 힘의 중심지가 된다. 우리의 개인적인 인상과 느낌이, 영국의 영화 제작자 애덤 커티스Adam Curtis의 말을 빌리자면 "우리의 시대를 밀고 가는 신념"이다. 따라서 개인화된 소셜네트워크가 커티스에 의하면 "자연스럽게 세계의 중심"이 되며, 트위터나 페이스북의 업데이트는 "이것이 자연스러운 길이라는 느낌을 강화한다".[6]

소셜아이즈, 셰이커, 에어타임과 같은 21세기 초의 네트워크들은 빅브러더가 감시하는 감시 스크린과는 반대로 모든 사람이 벽 속의 네모난 상자가 되어 다른 모든 상자들을 시청하고 다른 모든 상자들에게 시청당하게 한다. "프라이버시를 침해하는 행위 자체가 민주화되었다. 다른 사람의 프라이버시를 침범하면서, 동시에 우리가 어떤 식으로든 관심을 받기 위해 우리 자신에게 우리의 렌즈를 돌리기 때문이다"라고 컨은 주장한다.[7] 그가 옳다. 산업 시대에는 프라이버시가 지배적인 문화 규범으로 당연시되었으나 오늘날 핍스인 우리는 모든 사람이 우리를 시청할 수 있게끔 감시 스크린을 우리 자신에게로 돌리고 있으며, 이로 인해 제프 자비스가 말하는 공공성의 불협화음적인 이상理想이 존재의 기본양식이 되고 있다.

서던캘리포니아 대학교의 소셜미디어 연구원인 줄리 올브라이트Julie Albright 박사는 "우리의 모든 생각, 행동, 또는 욕구가 공론화되어야 한다는 개념에 의해 프라이버시는 뒷전으로 밀려나 있다"는 것을 확인해준다. "우리의 사회적 삶은 더욱 투명하고 공개적인 것이 되어가고 있지만, 실제로 많은 사람들이 한번 노출되면 영원히 노출된다는 사실을 고려하지 않는다."[8]

네트워크화된 지성의 시대

그러나 인간의 조건을 '재부팅'하고자 하는 지식인들에게 @quixotic의 웹 3.0과 존 도어가 말한 기술혁신의 제3의 물결 등 점점 투명해지고 있는 네트워크는 분명 인류의 진화가 긍정적인 방향으로 발전하고 있다는 것을 표상한다. 소셜미디어의 선구자 우메어 헤이크Umair Haque는 《하버드 비즈니스 리뷰 Harvard Business Review》에서 "인터넷의 장래성은 …… 근본적으로 인류, 집단, 시민사회, 비즈니스, 그리고 국가를 더욱 두텁고 강력하며 더 의미 있는 관계를 통해 재결합시키는 일이다. 그곳에 바로 미래의 미디어가 있다"라고 말한 바 있다.[9]

그러나 자신이 거느린 10만 명의 트위터 팔로어들에게 자신을 "혁명의 조언자"[10]라고 말하며 《런던 인디펜던트London Independent》 지에서 러셀 브랜드 Russel Brand와 스티븐 프라이Stephen Fry 두 코미디언 사이에 끼어 영국에서 다섯 번째로 영향력이 있는 트위터 "엘리트"로 뽑힌 바 있는[11] 헤이크조차도 플랜캐스트, 에어타임, 힛리스트Hitlist, 소셜아이즈, 포스퀘어 등 오늘날의 소셜네트워크 혁명의 침략성의 중요성을 제대로 이해하고 있지 못하다. 21세기의 전자통신 네트워크는 단지 미래의 미디어에 대한 것뿐 아니라 산업시대 이후 모든 것의 미래를 표상한다.

가장 잘나가는 디지털 전도사 돈 탭스콧Don Tapscott[12]과 앤서니 D. 윌리엄스 Anthony D. Williams가 2010년에 출판한 책 『매크로위키노믹스Macrowikinomics』[13]에서 주장했듯이, 오늘날의 인터넷은 "역사적인 전환점"이다. 우리는 "네트워크화된 지성"의 시대에 들어서고 있으며 "근대국가의 형성"이나 "르네상스"와 맞먹을 만한 "거대한" 역사적 전환기에 살고 있는 것이다.[14] 마크 핑커스의 소셜 발신음은 탭스콧과 윌리엄스에 따르면 "네트워크로 연결된 인간의 마음의 플랫폼"을 의미하며, 그것은 우리가 "함께 협력하고 집단적으로 학습

하는 것"을 가능하게 한다. 더 광범위한 경제에 지대한 영향을 끼치기 위한 마크 저커버그의 소셜미디어 5개년계획에 대한 호응으로, 탭스콧과 윌리엄스는 정치, 교육, 에너지, 금융거래, 건강관리, 협동적인 생활 등 모든 것들이 바로 이 소셜 유토피아주의자들이 받아들이는 네트워크 지성의 시대의 "개방성"과 "나눔"에 의해 전환점을 맞을 것이라고 예측했다.

리드 호프먼 또한 새로운 소셜 경제의 출현에 대한 탭스콧과 윌리엄스의 견해에 동의한다. 옥스퍼드에서 나와 아침 식사를 함께 하면서 그는 네트워크로 연결된 투명성이 도덕성을 가져다준다고 주장했다. 모든 것이 발견 가능할 때, 타인이 우리에 대해 어떻게 생각하는지에 의해 우리의 평판이 결정되는 평판 경제가 형성된다는 것이다. @quixotic은 링크드인과 같은 네트워크가 평판이 나쁜 사람은 노출시키고 도덕성이 입증된 사람에게는 보상을 함으로써 더욱 진정한 의미의 실력사회를 구현할 것이라고 예측했다. 그렇다면 20세기의 커뮤니케이션의 대가 마셜 매클루언Marshall McLuhan의 예측과는 다르게 우리의 세계는 '지구촌'이 되는 것이 아니라 전근대 사회의 마을과 같이 축소되어버릴 것이다. 즉, 모두가 서로가 무엇을 하며 무엇을 숨기고 있는지, 그리고 내가 가장 염려하듯이 무엇을 상상하고 있는지조차 서로 알게 되는 보편적인 디지털 닭장이 되고야 말 것이다.

이 '보편적인 디지털 닭장'은 이미 존재한다. 오늘날의 인터넷에서 이미 익명성은 죽어버린 것과 마찬가지다. ≪뉴욕 타임스≫는 2011년 6월 머리기사에서 "오늘날 인터넷은 모두의 가면을 벗긴다"라고 꼬집었다. ≪타임스The Times≫의 소셜미디어 전문가 브라이언 스텔터Brian Stelter는 "20억 인터넷 사용자들의 집단지성과 수많은 유저들이 웹상에 남기는 디지털 지문들은 모든 당혹스러운 비디오들, 모든 성적인 사진들, 그리고 모든 상스러운 이메일들의 원인을 생산자들이 의도하든 의도하지 않은 오로지 생산자들의 탓으로만 돌리고 있다. 이러한 집단지성은 공론장을 이전의 어떤 시기보다도 더 공적인

곳으로 만들며, 가끔씩 개인이 공공의 시선 안에서 살도록 강요한다"라고 설명했다.[15]

이토록 점점 투명해지고 네트워크로 연결되는 세계의 중심에는 사회 이데올로기 연구자들이 '평판 은행'이라고 부르는 것이 존재하고 있다. 레이첼 보츠먼Rachel Botsman과 루 로저스Roo Rogers는 공동으로 저술한 책『내 것은 네 것이다: 협동 소비는 어떻게 우리의 삶을 바꾸는가What's Mine Is Yours: How Collaborative Consumption Is Changing the Way We Live』에서 "웹상에서 우리는 평판의 발자국을 남긴다"라고 썼다. 즉, "우리가 평가하는 모든 판매자들, 신고하는 스팸메일 전송자들, 남기는 코멘트들, 우리가 게시하는 생각, 댓글, 비디오, 사진 등을 통해 우리는 우리 스스로가 얼마나 믿을 만한지, 그리고 얼마나 잘 서로 협력하는지에 대한 영구적인 기록을 남긴다"라는 것이다.[16]

그러나 보츠먼, 로저스, 탭스콧, 윌리엄스, 그리고 다른 나머지 소셜미디어의 @quixotic들은 인터넷이 새로운 시대의 '네트워크 지성'을 만들고 있다고 주장했다는 점에서 틀렸다. 사실, 그 반대가 사실에 가까울 것이다. 저커버그의 페이스북, 호프먼의 링크드인, 스톤의 페이스북부터 소셜아이즈, 소셜캠, 포스퀘어, 이미지소셜, 인스타그램, 리빙소셜, 그리고 그 외 존 도어가 제3의 물결이라고 부른 것의 셀 수 없이 많은 다른 동력들은 오히려 사회적 순응과 군중심리를 조장하고 있다. 벤담주의적 공리주의를 비판한 19세기의 철학자 존 스튜어트 밀은 1859년『자유론』에서 "인간은 양이 아니다"라고 주장했다.[17] 그러나 소셜네트워크상에서 우리는 점점 더 양떼처럼 생각하고 행동하며, 문화비평가 닐 스트라우스Neil Strauss는 이를 "복속되고자 하는 욕구"라고 표현했다.[18]

잡지 ≪와이어드Wired≫의 기고자이자 가장 각광받는 신경과학 및 심리학 저술가이기도 한 조너스 레러Jonas Lehrer는 "웹은 새로운 종류의 집단적인 행동을 가능하게 하지만, 동시에 새로운 종류의 집단적인 아둔함을 가능하게 한다"라고 주장한다. 그는 "집단적 사고는 점점 더 널리 퍼지고 있는데, 그것은 우리가 넘쳐나는 정보들과 맞서기 위한 수단으로 우리의 믿음을 셀러브리티, 유식한 사람들, 그리고 페이스북 친구들에 기대기 때문이다. 우리 스스로 생각하기도 전에 우리는 남들이 이미 인용한 것을 재인용한다"라고 썼다.[19]

"똑똑한 집단"이 레러의 표현대로 "멍청한 군중"으로 퇴화하는 것은 웹 3.0 네트워크상에서 점점 더 자주 일어나고 있다. 실리콘밸리의 에인절리스트 AngelList 네트워크를 예로 들어 생각해보도록 하자. 그것은 기술 경영자들과 선의의 투자자들을 위해 '소셜 검증'을 해준다는 목적으로 만들어졌다. 그러나 오라일리 알파테크 벤처O'Reilly AlphaTech Venture의 공동 창업자인 브라이스 로버츠Bryce Roberts는 그가 에인절리스트 계정을 없애버린 핵심적인 이유를 다음과 같이 설명했다.[20] 즉, "소셜 검증은 투자자들에게 모두가 타고 있는 배를 놓칠 것에 대한 두려움으로 투자를 하도록 강요하는 동업자들 사이의 압력으로 작용"했다는 것이다. 소셜 검증 과정에 대한 회의적인 시각은 로버츠만 갖고 있는 것이 아니다. GRP 파트너의 벤처 투자가 마크 서스터Mark Suster 또한 이러한 의견에 동감한다. 그는 한발 더 나아가 "다른 유망한 투자가들이 에인절리스트에 대해 하는 '소셜 검증'을 두고 사람들이 진짜 통찰력이라고 생각하는 것이 가장 두렵다"라고까지 했다.[21]

조너스 레러는 진짜 통찰력이란 "스스로 생각하는 것"이라고 정의했다. 하지만 네트워크화된 집단지성의 메시아적인 희망에 부푼 오늘날의 사회에서 소셜 웹상의 '진짜 통찰력'은 점점 사라지고 있다.

그렇다. 집단적인 사고에 지배되고 있는 소셜미디어상에서 "스스로 생각하는 것"은 점점 희귀한 일이 되어가고 있다. 아랍의 봄에서 나타난 집단행동, 런던의 궐기, 월가 시위 등이 일어났던 2011년을 정리하면서 ≪파이낸셜 타임스Financial Times≫는 "군중은 2011년의 가장 기억할 만한 사건의 심장에 있었다. 그들은 공통된 정체성과 의사결정에 대한 능력을 바탕으로 집단의 힘을 증명해냈다"라고 보도했다. 그리고 ≪파이낸셜 타임스≫는 "그들은 군중심리의 전형적인 예시이다. 그 군중심리는 집단 내에서 공유되고 자기검열된 개인들의 사고이다"라고 진단했다.[22]

또한 @carr2n이라는 트위터 아이디를 사용하는 ≪뉴욕 타임스≫의 미디어비평가 데이비드 카David Carr는 "트위터는 자기 마음속에 손해 분산 보험을 들어놓은 전시가들의 박람회장과 같으며 사고의 집단적인 외재화는 하이브 마인드hive mind(종족 내의 동일한 집단의식―옮긴이)를 만들어낸다"라고 쓰기도 했다.

함께 옷을 벗자

2011년 3월에 제프 자비스는 한 학회에서 "함께 옷을 벗자: 공공성과 프라이버시의 장점 비교"라는 제목의 발표를 했다. 자비스는 소셜미디어 혁명이 우리 자신에 대한 정보를 점점 더 많이 공유하도록 하는 산업사회 이전의 "구전 문화"로 우리를 돌려놓고 있다고 주장했다. 자비스는 바로 이 '공공성'이 더욱 관대한 사회를 만들 것이라고 주장했는데, 서로가 서로에 대해 더 많이 알게 됨으로써 동성애와 같은 전통적인 사회적 터부가 줄어들 것이라고 보았기 때문이다. 자비스는 동성애자들이 소셜미디어 시대에 이르러 자신의 성적인 취향을 공개적으로 드러냄으로써 사실상 "나도 바로 당신과 같은 대중이다"라고 말하고 있는 셈이라고 주장했다.[23] 같은 맥락에서 자비스는 자신의 블로그에 "가장 좋은 해결책은 당신 자신이 되는 것"이라는 포스팅을 올렸다. 그는 우리의 평판이라는 것이 우리가 세상과 우리의 정체성을 얼마나 많이 공유하는지에 달려 있다고 말했다. 즉, 자비스는 하버드 대학교의 철학자 데이비드 와인버거David Weinberger를 인용하며 "투명해지기 위한 노력이야말로

용서를 행하는 것"이라고 말했다.[24]

제프 자비스는 독일의 사회사상가 위르겐 하버마스Jürgen Habermas의 공동체주의 이론을 가져다 붙이며, 소셜미디어가 우리에게 "공론장public sphere"이라 불리는 18세기의 커피하우스와 같은 것을 재건할 기회를 주고 있다고 주장했다. 그러나 하버마스의 깊은 함의를 따라가기 전에, 산업화 시대 이전의 '공론의' 영역을 살펴보기 위해 19세기 미국의 소설가 너새니얼 호손Nathaniel Hawthorne의 글부터 읽어보는 것이 어떨까. 호손은 그의 소설 『주홍글씨The Scarlet Letter』에서 그저 자신에게 솔직해지고 싶었던 자들이 청교도들이 사는 뉴잉글랜드의 위선적인 작은 마을에서 어떻게 되는지를, 즉 편협한 집단의 시선에 노출된 프라이버시가 어떤 것인지를 오싹하게 묘사했다.

주홍글씨에서 벌어졌던 일들을 목도하기 위해 17세기의 보스턴까지 갈 필요도 없다. 오늘날 우리는 토픽스Topix와 같은 인터넷 포럼에서 비슷한 광경을 목격할 수 있다. 거기서 사람들은 아직 죄가 다 밝혀지지도 않은 다른 개인에게 공공연하게 린치를 가한다. ≪뉴욕 타임스≫는 미국의 교외지역에서 사는 사람들의 소셜미디어 이용 패턴을 두고 "근거 없는 가십, 저마다 억울함을 호소하며 단결하는 사람들, 오래도록 지워지지 않는 기억들, 그리고 익명성이란 찾아볼 수도 없는 그런 구심점"이라고 표현한 바 있다.[25] 예를 들면, 미주리의 작은 마을 마운틴그로브Mountain Grove에 사는 두 아이의 어머니가 "괴물"이며 "에이즈에 걸린 창녀"라는 글이 토픽스에 게시되기도 했다.[26] 미국의 교외 지역과 인터넷 사용 패턴의 문제는 어제오늘의 일이 아니다. 마운틴그로브의 온라인 가십 피해자 중 한 명은 "작은 마을에서 루머는 영원히 간다"라고 털어놓았다.[27]

또는 ≪타임스≫가 "세기의 소셜미디어 재판"으로 꼽았던 일을 살펴보자. 플로리다 주의 올랜도 시에 사는 젊은 엄마 케이시 앤서니Casey Anthony는 그녀의 두 살배기 딸 케일리Cayley를 살해했다는 명목으로 기소되었다. ≪타임스≫

는 이 사건을 두고 법적으로 "매우 불충분한" 상황이라고 진단했으나, 온라인 소셜미디어상의 "살인마에 대한 집단적이고 유혈 낭자한 공개재판"은 급속도로 확산되었다. 대부분의 페이스북 코멘트가 "무죄를 선고하고자 하는 자들에게 토가 나오려 한다. 케일리를 위한 정의의 심판으로 그녀에게 유죄! 유죄! 유죄!!!를 선고한다!"와 같은 식이었다.[28]

비극적이게도 "모두 함께 알몸이 되자"는 자비스 식의 아이디어는 디지털 네트워크 시대의 삶에 대한 바보 같은 비유 그 이상이다. 웹 3.0 세상에서 투명성은 도덕적인 원칙을 결코 보장하지 않는다. 사실 그 반대로 소셜미디어의 공개적인 특성은 종종 선량한 사람들의 평판을 깎아내리려 하는, 도덕성이라고는 찾아볼 수 없는 자들의 활동을 종용하는 측면이 있다. 즉, 너무 많은 것들을 너무나도 잘 볼 수 있는 우리 시대에 한 사람의 삶을 파괴하기 위해서 필요한 것이라고는 캠코더 한 대와 스카이프 계정 하나면 족한 것이다.

2010년 9월 19일, 러트거스 대학교의 학생 다런 라비Dharan Ravi는 그의 18살짜리 기숙사 룸메이트 타일러 클레멘티Tyler Clementi에 대해 다음과 같이 트위터에 글을 올렸다. "룸메이트가 밤 열두 시까지는 공동으로 사용하는 기숙사 방을 비워주었으면 좋겠다고 말했다. 나는 같은 층에 있는 몰리Molly라는 친구 방에 들어가 내 컴퓨터 웹캠을 켰다. 룸메이트인 타일러가 그의 남자친구와 서로 애무하는 것을 보았다. 와우!" 며칠 후 라비는 스카이프로 촬영한 동영상을 "남자친구랑 애무하는 영상"이라는 제목으로 인터넷에 올렸고, 곧이어 "조지 워싱턴 다리에서 떨어져 죽겠다"는 글이 타일러의 페이스북에 올라왔다. 그렇게, 유망한 바이올린 연주자였던 타일러의 시신은 29일 실제로 조지 워싱턴 다리 밑에서 경찰에 의해 발견되었다.[29]

이것이 바로 우메어 헤이크가 우리의 과잉가시성 시대의 "더 두텁고 강력하며 의미 있는 관계"라고 표현했던 것의 현실이다. 헤이크, 탭스콧, 자비스와 같은 소셜 이상주의자들은 당연히 틀렸다. 네트워크화된 지성의 시대는 그다지 지혜롭지 않다. 비극적인 사실은, 디지털네트워크의 완전히 공개적인 시선 속에서 발가벗는 것, 즉 자신에게 솔직해지는 행위가 언제나 오래된 터부를 깨트리는 결과를 가져다주지만은 않는다는 것이다. 페이스북, 스카이프, 트위터와 같은 네트워크들이 우리를 더 관대하게 만들어준다는 근거는 없다. 오히려 대규모로 노출될 것을 종용하는 이러한 네트워크들은 우리 사회를 더욱 관음증적이게 만들 뿐 아니라, 무자비하고 복수심에 불타며 타인의 불행에 손가락질하는 패거리 문화에 기름을 붓는다.

불가피하게도 이러한 관음증적인 관심은 정말로 물리적으로 '발가벗는 것'에 집중적으로 몰리고 있다. 뉴욕의 민주당 정치인 앤서니 와이너Anthony Weiner는 자신의 벗은 몸을 드러낸 사진을 트위터에 올렸고, 페이스북과 트위터에서 여성들과 외설적인 대화를 나누었다. 물론 이 계정 중 일부는 그의 정적들인 공화당원들이 가짜로 만든 것이었다.[30] 이 사건을 두고 평소 신중한 접근으로 정평이 나 있는 《뉴욕 타임스》조차 "발가벗은 오만함"이라고 특필했다.[31] 또 다른 뉴욕의 공화당 정치인 크리스토퍼 리Christopher Lee는 중고물품 거래 사이트인 크레이그리스트Craiglist에서 만난 여성에게 사진을 전송하며 추파를 던졌다. 이 두 정치인들의 부적절하지만 불법은 아닌 사진들이 소셜미디어에 널리 퍼지자 이들의 평판은 땅으로 추락했으며, 각각의 진영은 서로 반사이익을 얻으며 자축하는 촌극을 벌였다. 그런가 하면 잘나가는 축구선수 라이언 긱스Ryan Giggs의 사례도 있다. 긱스는 인기 스타 이모젠 토마스Imogen Thomas와 내연의 관계에 있었는데, 영국 고등법원이 이 사실이 언론에 노출되는 것을 금지했음에도 불구하고 7만 5000명에 달하는 사람들이 긱스의 상황을 트위터에 올렸다. 이들은 자신에게 아무런 해도 가하지 않은 한 재능 있는 스포츠 스타에게 굴욕을 주려는 의도를 가진 자들이었을 것이다.

이러한 문제들은 기술적인 것이라기보다는 문화적인 것이다. 내셔널 퍼블릭 라디오National Public Radio의 딕 메이어Dick Meyer 주필은 그의 책 『왜 우리는 우리를 미워하나Why We Hate Us』에서 우리 시대가 "자기혐오의 시대"이며, 그 것은 "모두가 반문화의 일부인" 시대를 뜻한다고 주장했다.[32] 오늘날의 시대 정신은 크리스토퍼 리, 앤서니 와이너와 같은 정치인부터 라이언 긱스 같은 스포츠 스타, 그의 내연녀였던 리얼리티 쇼의 인기 연예인 이모젠 토마스에 이르기까지 모든 종류의 권위에 대해서 반감을 갖는 것이다.[33] 따라서 제프 자비스의 꿈처럼 관대한 소셜네트워크는 존재하지 않으며, 오히려 그것은 오 늘날 서로 비난하고 트집 잡는 사람들을 부추기는 역할을 하고 있다.

이러한 호전적인 냉소주의는 추할 뿐 아니라 스스로를 파괴하는 속성을 갖고 있기까지 하다. 모두가 트위터나 페이스북 계정을 가지고 있는 위키리 크스의 세상에서 많은 사람들은 마치 자신이 줄리언 어산지인 것처럼 행동하 게 되는데, 그 폭로의 대상은 우리의 상사, 회사, 또는 고객이나 제자들이 되 기도 한다. 그러나 문제는 우리 누구도 진짜 줄리언 어산지가 아니며, 국제사 회의 정의를 무시하거나 자신의 행동의 결과에 책임지지 않아도 되는 힘을 가지지 못했다는 것이다.

≪타임스≫의 칼럼니스트 제임스 포니워직James Poniewozik은 "트위터는 위 험한 공간"이라며 "특히 익숙하게 사용해온 사용자들에게 더욱 위험하다"라 고 주장했다.[34] 캐나다의 몇몇 차량정비공들은 2010년 8월 페이스북에 그들 이 상대해온 딜러들의 차량 안전상태 점검서에 대해 비판적인 코멘트를 올렸 다가 해고당했고,[35] 영국의 십대 학생들은 2009년 2월 페이스북에 학교 선생 님이 "지루하다"라고 올렸다가 퇴학당했으며,[36] 뉴욕 시의 한 수학교사는 마 찬가지로 페이스북에 자기 학생들의 당돌한 행동을 증오하며 그들이 모두 물 에 빠져 죽었으면 좋겠다고 올렸다가 2010년 2월에 해고되었다.[37] 그런가 하 면 보험회사 애플랙Aflac의 대변인은 트위터에 2011년 일본의 대지진에 대해 농담을 올렸다가 해고되었으며,[38] 이 외에도 별 증거도 없이 아내의 외도에 대한 트위터 글을 남긴 영국의 한 배관공,[39] 열 살인 친구에게 성적으로 경멸

하는 글을 페이스북에 올린 열한 살 소녀,[40] 메릴랜드 주의 불교 지도자들에 대해 1만 1000개에 달하는 악성 메시지를 보낸 어떤 불교 신자[41] 등 제프 자비스의 요구대로 "벌거벗고" 자신의 의견을 솔직하게 네트워크상에 올렸다가 개인 차원의 용서와 내적인 도덕성의 문제를 넘어서 실직, 범죄, 대중 증오의 차원으로 물의를 겪고 있는 경우들을 쉽게 찾을 수 있다.

1940년, 즉 조지 오웰의 소설 『1984』가 쓰이기 8년 전에 오웰은 「고래의 뱃속Inside the Wale」이라는 제목의 짧은 글을 썼는데, 여기서 그는 "일반적인 사람들은 수동적"이기 때문에 전문 저술가들이 사회 문제에 대해 적극적으로 발언해야 한다고 주장했다. 그는 "고래의 뱃속은 사람 크기만 한 자궁과 같다"며 "당신은 바로 이 어둡고 푹신푹신한 곳에서 현실과 약간 떨어져 편안히 보호받으며 무슨 일이 일어나더라도 완벽히 모른 척할 수 있는 환경에 처해 있다"라고 썼다.[42]

그러나 21세기의 네트워크화된 환경에서 우리들 개개인은 스몰브러더small brother(서로를 감시하는 다수의 감시자―옮긴이)가 되어 20세기 조지 오웰의 고독한 빅브러더의 역할을 대체했다. 고래 뱃속에서 수동적으로 행동하는 패턴은 이제 소셜미디어 시대에서 소위 공공담론이라고 불리는 조악한 무분별함으로 대체되었다. 1940년에는 고래의 뱃속에서 안락하게 숨어 있는 사람들을 비판한 오웰이 옳았지만, 오늘날 약 7만 5000명의 사람들이 트위터상에서 알지도 못하는 사람의 세세한 성생활을 불법적으로 방송하며 수만 명의 사람들이 아직 범죄의 혐의가 다 밝혀지지도 않은 젊은 여인의 사형을 촉구하고 있는 이런 광경을 오웰이 본다면 그 후에도 그가 자신이 "현실"이라고 부른 것과 떨어져 보호받는 이 "어둡고 푹신푹신한" 공간의 존재를 비판적으로 생각했을지는 알 수 없는 일이다.

저커버그의 법칙

2011년 1월, 즉 타일러 클레멘티가 조지 워싱턴 다리에서 떨어져 죽은 지 4개월 후에 실리콘밸리의 사업가들은 남성들이 포스퀘어의 정보를 이용해 여성들에게 인기 있는 지역의 술집이나 클럽들을 검색할 수 있게 해주는 웨어더레이디스앳WhereTheLadies.at이라는 이름의 앱을 만들었다. 또 몇 달이 지난 후, 다른 사업가들은 링크드인의 정보를 이용하는 후웍스앳Whoworks.at이라는 앱을 만들어 우리가 어디서 일하는지 알아낼 수 있게 했다.

그러나 저커버그의 5개년계획이 진정으로 주시하고 있는 것은 웨어더레이디스앳이나 후웍스앳과 같은 프로그램들이 아니라 웨어아임앳WhereI'm.at, 즉 우리가 지금 어디에 있느냐 하는 것으로 바로 그것이 인터넷의 오웰적인 미래다. 웨어아임앳은 '자기삶'이 이미 역사 속의 쓰레기 취급을 받고 있는 실리콘밸리에서 탄생했다. 프라이버시가 죽었다고 선고한 사람들은 @quixotic뿐만이 아니다. "보다 공개된 사회로의 진보는 매우 명확하게 일어나고 있으며 피할 수 없다"라고 제프 자비스는 우리 시대에 대해 단정적인 예언을 내놓았다.[43] 또한 구글의 최고 경영자 에릭 슈밋Eric Schmidt, 오라클Oracle의 CEO 래리 엘리슨Larry Ellison, 선마이크로시스템즈Sun Microsystems의 전 CEO 스콧 맥닐리Scott McNealy, 테크런치의 창립자 마이크 애링턴Mike Arrington, 소셜미디어의 전도사 로버트 스코블 등의 주요 인물들도 프라이버시를 마치 시체인 양 여기고 있다. "외로움을 없애"고자 했던 숀 파커는 프라이버시는 "문제가 되지 않는다"라고 말한 바 있다.[44] 이들은 모두 21세기에는 모든 정보가 공유되어야 한다는 것에 동의한다. 개인의 프라이버시는 유물에 불과하다고 그들은 말할 것이다. 그것은 과거에는 있었지만, 미래에는 존재하지 않을 것이다.

이들에게 프라이버시의 죽음은 마치 도시에서 말과 마차가, 그리고 가스 등이 없어지는 것과 다르지 않다. 숀 파커는 따라서 "오늘날 끔찍하다고 여겨지는 것들은, 내일이 되면 필수품이 된다"라고 주장한다. 말하자면 프라이버시는 진보를 위한 희생양인 것이며, 파커나 그의 동료 기업가들의 약속에 따르면 기술 발전으로 인해 일어나는 변화들 중 하나에 불과한 것이다. 그러나 이 기업가들과 미래학자들은 눈을 가리고 오직 5년, 10년, 혹은 50년 앞만 바라보고 있다. 그들은 개인의 자유와 개인의 자주성 사이의 미묘한 연결고리도 알지 못할뿐더러 프라이버시의 역사에도 무관심하다. 물론 오늘날의 디지털 닭장에서의 자기삶이 어떤 결과를 초래할지에도 관심이 없다.

2012년 페이스북의 최고 운영 책임자 셰릴 샌드버그Sheryl Sandberg는 프라이버시가 줄어들고 있다는 의견에 대해, 오히려 "자신의 고유한 개성을 표현하는 행위는 앞으로 점점 더 늘어날 것"이라고 전망했다. 그들에게 이는 돈줄이 걸린 문제일 것이다. 그러나 이들은 도리어 "개인의 프로필은 이제 더 이상 몇 줄의 요약이 아니다. 이제 그것은 우리가 진정 누구인지에 대한 종합적인 초상화가 될 것이다. 우리가 어떤 책을 읽고, 어떤 음악을 듣고, 얼마나 되는 거리를 뛰며, 어디를 여행하는지, 어떤 동기들을 지지하는지, 무슨 동영상을 보며 웃는지, 무엇에 '좋아요'를 누르고 누구와 연결되어 있는지 등 모든 것이 프로필이 될 것이다. 개개인의 고유성에 대한 정의가 이렇게 바뀜으로 인해 프라이버시의 위기는 점점 익숙해짐에 따라 해소될 것"이라고 말한다.[45]

프라이버시의 소멸에 대한 이런 냉정한 태도는 이미 1999년에 스콧 맥닐리가 한 "당신에게는 더 이상 프라이버시란 없다. 그냥 극복해내라"라는 말로 요약된다.[46] 회사의 소셜네트워크 전략을 "말아먹었다"라고 스스로 고백한 바 있는 구글의 전 CEO 에릭 슈밋조차도 회사가 개인들의 정보를 보유하고 있을 권리가 있느냐는 질문에 대해 대담하게도 "만약 당신이 다른 사람이 알지 않았으면 하는 일이 있다면 그냥 그 일을 하지 않으면 된다"라고 딱 잘라 말했다.[47] 이것이야말로 인간의 삶의 복잡성에 대해 완벽하게 무지한, 고전적인 벤담주의적인 발상이라고 할 수 있다. 2010년 8월에 슈밋은 ≪월스트리트 저널≫과의 인터뷰에서 미래의 젊은 세대들은 그들을 범죄자가 되게 하는 온라인 정보 때문에 "성인이 되면 자동적으로 이름을 바꿀 수 있는 권리를 가지도록 해야 한다"라고 주장하기도 했다.[48]

가장 끔찍한 것은, 국제사회의 심리를 수치적으로 표현하는 공리주의적인 총 행복 지수Gross Happiness Index를 개발하고 있는[49] 페이스북의 공동창립자 마크 저커버그가 프라이버시 시대의 종말을 선고했을 뿐 아니라[50] 사회생활에서 이러한 드라마틱한 변화를 설명할 수 있는 그만의 역사적인 법칙까지도 만들어냈다는 것이다. 그는 "내년이면 사람들은 올해보다 두 배 더 많은 정보를 공유하게 될 것이다. 그리고 그다음 해에는 다시 그 두 배로 증가한다"라고 단언하며 자신의 이름을 딴 법칙을 설명했다.[51]

바로 이 "저커버그의 법칙"은 사실 이 법칙을 고안한 한 젊은이가 바라는 희망사항이기도 하다. 2010년 4월 페이스북 F8 컨퍼런스에서 저커버그는 페이스북의 여러 기술들을 통해 웹을 점차적으로 "즉각적인 소셜 경험"의 장으로 변화시키겠다는 비전을 내비쳤다. 저커버그는 컨퍼런스에서 "우리는 기본적으로 소셜의 성질을 갖고 있는 새로운 환경의 웹을 만들고 있다"라고 발표했다.[52]

1년 후인 2011년 9월의 f8 컨퍼런스에서 마크 저커버그는 전문가들이 "엄청난 압력"이라고 평한 그의 "법칙"을 발표하게 된다.[53] 페이스북의 오픈그래프Open-Graph 기능에 "마찰 없는 공유"라고 불리는 기능을 추가한 저커버그는 새로운 "소셜 운영체제"을 만듦으로써 "웹 세상을 과감하게 정복해나가고 있다"라고 평가받았다. 이제 페이스북은 "비디오 감상, 레시피 평가, 논문 구독, 그리고 더 많은 사용자들이 하는 행위의 허브"가 된 것이다.[54]

2011년 f8 컨퍼런스에서 소개된 페이스북의 새로운 소셜 운영체제는 포인터Poynter에 의하면, "우리가 읽고 보고 듣는 것들이 자동으로 친구들과 공유되는, 생각할 필요도 없이 공유가 가능해지는 것"에 가깝다.[55] "마찰 없는 공유"를 통한 저커버그의 목표는 수억 명의 회원들이 ≪가디언The Guardian≫이나 ≪월스트리트 저널≫ 따위에 실린 글들을 읽거나 음악을 들을 때, 그리고 유튜브나 훌루Hulu에 올라온 동영상들을 재생할 때, 심지어 정확히 어디로 운전해서 가고 있는지, 비행기를 타고 있는지, 먹고 있는지, 혹은 자고 있는지까지도 자동적으로 공유하도록 하는 것이다.

예를 들면, "만약 당신이 ≪뉴욕 타임스≫에 실린 글을 읽는다면 페이스북은 당신이 무엇에 관심 있어 하는지, 어떤 관점을 가지고 있으며 어떤 독서 습관을 가지고 있는지, 그리고 얼마나 다양한 관점을 가지고 있는지, 심지어 당신 열정과 가치가 무엇인지와 그러한 것들을 당신과 공유하고 있는 친구들에 대해서도 알게 될 것이다. 즉, 당신이 어떠한 것들을 마주하며 살아가는지, 그리고 어떠한 것들을 마주하고 싶어 하는지 알게 된다는 것이다"라고 실리콘밸리의 사업가 벤 엘로위츠Ben Elowitz는 말한다. 즉 그것은 "현 상태로부터의 엄청난 규모의 변화"이다.[56]

저커버그의 이 새로운 오픈그래프 프로그램에 대해 ≪파이낸셜 타임스≫의 머리기사는 "당신이 무엇을 어떻게 공유하는지 조심하라"라고 경고했으며,[57] 마찬가지로 IT 전문매체 올싱스디AllThingsD는 "과공유의 폭발을 대비하라"라고 주의를 주었다.[58] 물론 포인터가 "온라인상의 프라이버시"의 과공유 현상이 불러올 "오싹한 결과"에 대해 걱정하는 것이나,[59] 비디오스트리밍서비스 분야의 신생 주자인 라타쿠Latakoo의 CTO인 벤 워드Ben Werd가 "두말할 나위 없이 끔찍하며, 아직 인류 사회가 받아들일 준비가 되어 있지 않은 수준의 일"이라고 한 것도 그리 놀라운 일은 아니다.[60]

페이스북은 2011년 12월 다시 한 번 끔찍하게도 "타임라인Timeline"이라고 하는 것을 내놓았는데, 이를 두고 ≪뉴욕 타임스≫의 제나 워섬Jenna Wortham은 "사용자가 페이스북에 올린 모든 사진들, 링크들, 그리고 그 외 많은 것들의 기록이 단 한 번의 클릭으로 열리게 하는 것"이라고 평했다. 워섬이 말했듯이, 타임라인은 "과거에 있었던 일을 숨기기 어렵게" 만든다. 즉, 개인이 과거에서 벗어나 그것을 잊고 새롭게 거듭나는 것을 힘들게 하는 것이다. 하버드 로스쿨의 조너선 지트레인Jonathan Zittrain 교수는 이 현상이 갖는 의미에 대해 "당신이 웹을 돌아다니며 내뱉은 말들이 모두 저장되는 것"이라고 평했다. 마크 저커버그는 우리의 삶에서 가장 소중한 것, 즉 우리들의 삶의 이야기들을 소유한 사람이 된 것이다.[61] 어쩌면 2011년 ≪포브스≫에서 저커버그를 세계에서 아홉 번째로 강력한 힘을 가진 인물로 꼽은 것은 그다지 놀랄 만한 일이 아닌지도 모른다. 저커버그의 순위는 영국의 총리, 브라질, 프랑스, 인도의 대통령, 그리고 교황보다도 높았다.[62]

페이스북의 오픈그래프 통합과 타임라인 기능은 실리콘밸리에서 "플랫폼 놀이"라고 불린다. 모든 웹 사이트에 페이스북으로 통하는 버튼을 연결해놓고, "마찰 없는 공유"를 통해 우리의 온라인미디어 소비행태를 자동적으로 중계하고, 우리의 삶에 단 한 번의 클릭으로 접근할 수 있도록 함으로써 페이스북은 소셜웹 세상을 소유하려 하고 있는 것이다. 게다가 소셜웹을 소유한다는 것은 '우리'를 소유하게 된다는 것과 마찬가지다. 벤 엘로위츠는 이러한 새로운 소셜 운영체제를 두고 "우리가 누구이며 무엇을 하며 무엇에 흥미를 느끼는지 어렴풋이 아는 것만으로도, 페이스북은 우리의 모든 욕구에 답할 만한 위치에 서는 것"이라고 말했다.[63] 바로 이것이 골드만삭스Goldman Sachs가 2011년 1월 페이스북의 가치를 500억 달러로 감정한 이유일 것이다.[64] 이것은 아프리카의 모든 국가들의 연간 GDP를 합친 것의 80%에 달하는 금액이며,[65] 금융 전문 저술가 윌리엄 코핸William D. Cohan이 "현기증이 날 정도의 액수"라고 평할 만한 금액이다.[66] 그러나 그럼에도 저명한 경제지인 ≪파이낸셜 타임스≫와 ≪월스트리트 저널≫은 이 액수조차도 장차 "헐값"으로 드러날 수도 있다고 평했는데, 소셜미디어에 대한 접근성이 하루가 다르게 향상되고 있기 때문이다.[67] 어쩌면 이들이 옳을 수도 있다. 2011년 5월 말, 페이스북은 850억 달러로 재감정되었다.[68] 그리고 결국 2012년에 주식상장을 한 후에는 그 가치가 1000억 달러 이상으로 치솟을 수도 있다는 전망이 나오고 있다(실제 주식상장 당시 페이스북의 시가총액은 1000억 달러를 넘어섰으며 2015년 7월에는 2500억 달러를 돌파했다—옮긴이).

페이스북의 역사를 연구한 저술가 데이비드 커크패트릭David Kirkpatrick은 "페이스북은 급진적인 사회상을 바탕으로 성장하고 있다. 즉, 아무것도 감출 수 없는 투명화는 막을 수 없으며, 급기야 근대적인 삶의 양식을 정복해버릴 것이라는 믿음이 기저에 있다"라고 말한다.[69] 이러한 과격한 투명성에 대한 정열을 바탕으로 저커버그, 샌드버그, 그리고 다른 실리콘밸리의 소셜미디어 업체들과 그 투자자들은 오늘날 공리주의적인 사회개혁가의 역할을 하고 있는 셈이다. 제러미 벤담과 마찬가지로, 이들은 서로 다른 점처럼 떨어져 있는 사람들을 마디마디 연결시켜 집단적인 네트워크를 만들어냄으로써 디지털 기술이 사회 전체뿐만 아니라 개인에게도 이득을 가져다줄 수 있으리라고 믿는다. 마치 벤담의 감시자의 집처럼, 이는 서로가 바라다 보이는 원형의 집과 같으며, 개인의 자유와 사회적 조화가 동시에 가능해지는 놀라운 미래로 우리를 인도해줄 것이라는 발상이다. 오픈그래프나 타임라인과 같은 기능으로 개인의 투명성이 커져갈수록, 소셜미디어의 신봉자들은 "더 건강한 사회"가 될 것이라고 약속한다.[70] 즉, 더욱 진실이 통하는 사회, 함께 하는 사회, 그리고 그들에 의하면 '더 나은' 사회가 된다는 것이다.

그러나 인간을 행복과 불행의 주판알로 환원해버리는 벤담의 끔찍한 최대 행복의 원칙과 마찬가지로, 개인의 정체성에 대한 저커버그의 구상은 인간의 조건의 복잡성에 대해서는 간과하고 있다. 이 젊은 억만장자에게 성체성이란 모든 인간의 마음에 있는 신비로운 것이 아니라 컴퓨터 프로그램 몇 줄로 수치화할 수 있는 것일까? 벤담과 마찬가지로 저커버그는 인간의 정체성을

영영 어린아이의 경험적 의미로만 이해하려고 하는 "대규모 비용편익분석의 대가"에 불과하다.[71]

저커버그는 2009년 "당신에게는 오직 한 가지의 정체성이 있을 뿐이다. 만약 두 개의 정체성을 가지고 있다면, 그것은 도덕적으로 온전하지 않다는 뜻"이라고 말했는데, 그것이 바로 인간의 정체성을 바탕으로 돈을 벌고 싶어 하는 저커버그가 그것에 대해 이해하고 있는 수준을 말해준다.[72] 그러나 정체성에 대한 저커버그의 공리주의적 표현은 셰릴 샌드버그의 "진짜 정체성"이라는 표현과 마찬가지로, 인간의 조건에서 수치화할 수 없는 미묘함과 애매함을 분리시켜버린다.

2011년 2월에 출시된 신생 네트워크 기업 밍글버드MingleBird의 서비스를 예로 들어보자.[73] 이는 컨퍼런스에서의 사교활동을 덜 어색하게 만들기 위한 목적으로 만들어졌으며, "밍글워즈MingleWords"라는 것을 사용자들에게 전송하는데, 사용자들은 이것을 바탕으로 어떤 상황에서건 낯선 사람들을 만날 수 있게 된다. 이것은 참으로 유치한 발상이 아닐 수 없는데, 사회적으로 낯설고 어색한 관계를 맺는 것은 원래 모든 인간이 겪어야 할 당연한 일임에도 불구하고 이것을 네트워크 도구를 이용해 대체하려 하며 심지어 자동적으로 사람들 사이를 엮어주고 사진을 교환하도록 만들기 때문이다.

나쁜 소식은, 오늘날 디지털 네트워크에서 친구관계가 재산의 일부로 간주되기 때문에, 점점 더 노골적으로 그것이 새로운 소셜 경제에서의 통화로 거래되고는 한다는 것이다. 클라우트Klout, 피어인덱스PeerIndex, 크레드Kred, 그리고 해셔블Hashable과 같은 온라인 서비스들은 우리의 사회적 영향력을 수치화한다.[74] 클라이너가 소셜펀드를 통해 처음으로 투자한 카페봇Cafebot, 플레이버미Flavor.me, 어바웃미About.me와 같은 프로그램들은 다양한 인맥의 중심이 되는 지점에 있는 사용자들이 자신들의 인적 자산들을 활용할 수 있도록 해준다.[75] 심지어 엠파이어 애비뉴Empire Avenue라는 "소셜미디어 거래소"에서는 개인의 평판을 사고파는 일종의 주식시장이 만들어지기도 했다.

웹 3.0의 세계에서 얼마나 많은 사람들과 연결되어 있는가는 부로 직결된다. 당신이 트위터나 페이스북에서 더 많은 '친구들'을 거느릴수록, 당신은 친구들에게 무엇인가를 구입하거나 실행하게 할 수 있는 힘이 있다는 점에서 권력을 갖고 있는 것이 된다. 우리는 금융시장에서 우리의 자산을 '관리'하는 것과 정확히 같은 방법으로 소셜네트워크상에서의 친구관계를 '관리'한다. 명민한 필자로 알려진 크리스틴 로젠은 이를 두고 "친구 관계의 위계화"라고 명명했다.[76]

그렇다. 조지 오웰의 걱정은 아직 유효한 것이다. 오웰은 1946년에 발표한 「정치와 영어Politics and the English Language」라는 글에서 "이 문제를 조금이라도 신경 쓰는 사람이라면 영어가 중병에 걸려 있음을 인정할 것이다"라고 말하며 언어가 정치적, 경제적으로 타락하는 것에 대한 걱정을 표했다.[77] 그러나 신어와 진실부를 상상해낸 그조차도 페이스북에서 만들어지고 있는 새로운 언어들은 상상하지 못했다. ≪애틀랜틱The Atlantic≫의 벤 지머Ben Zimmer는 이를 두고 "저커버그식 동사Zuckerverb의 탄생"이라고 비꼬기도 했다. 2011년 f8 컨퍼런스에서 마크 저커버그는 "마찰 없는 공유"를 주장하며 동사를 포함하는 새로운 언어 시스템이 만들어졌다고 말했다. 즉, "페이스북이 처음 만들어졌을 때에는 소셜네트워킹 상의 어휘가 제한되어 있었다. 다시 말해, 당신이 누구와 친구인가 등 아주 제한적인 행위의 표현만이 가능했던 것이다. 그리고 작년에 우리는 오픈그래프라는 새로운 서비스를 도입해 이러한 네트워킹 행위 내에 '명사'를 추가했다. 이제 사용자들은 자신이 '무엇을' 원하는지 표현할 수 있게 된 것이다. 올해 우리는 '동사'를 추가하게 된다. 우리는 당신이 무엇을 원하든지 원하는 방식으로 그것에 연결될 수 있게 만들 것이다"라고 아무런 거리낌도 없이 발표했던 것이다.[78]

저커버그가 2012년의 f8 컨퍼런스에서 당신의 '연결성'을 증가시키기 위한 어떤 새로운 사회적인 언어를 소개할 것인지는 별로 궁금할 것도 없다. 아마도 "저커버그식 접속사Zuckerconjunction" 같은 것을 만들지 않을까?

≪애틀랜틱≫의 벤 지머는 저커버그의 연설을 비판하며 "매우 심원한 방식으로 재창조되는 언어가 아주 조악한 방식으로 대상과의 관계를 '표현'하기 위한 공리주의적인 도구로 전락해버렸다"라고 지적했다.[79] 오웰적인 맥락에서 이런 타락은 당연히 더욱 심각한 정치적, 경제적 타락을 표상하는 것이다. 앨티미터 그룹Altimeter Group의 소셜미디어 분석가 제러마이아 오우양Jeremiah Owyang은 클라우트나 크레드 같은 공리주의적인 네트워크프로그램과 "저커버그식 동사"의 문제를 지적하며 그것들이 "감성적인 분석을 결여"하고 있다고 비판했다.[80] 이와 같은 형식의 경제 시스템에서 친구관계란 금전적인 가치를 포함하지 않는 고전적이며 개인적인 차원에서 경제적인 의미로 재해석된다. 예를 들면, 최근 새로 출시된 e이벤트eEvent라는 프로그램은 특정 이벤트에 참가하도록 친구들에게 권한 회원들에게 금전적인 보상을 준다.[81] 그러나 우리는 진정으로 우리가 특정 이벤트에 참여하거나 비행기 티켓을 예약하거나 식당에서 식사를 할 때 경제적인 이득을 챙기는 종류의 '친구'를 원하는가?

20세기 미국의 철학자 존 듀이John Dewey가 지적했듯이, 우리의 개성은 자신의 이득만을 위해 계산적으로 형성되는 것도 아니며 저커버그나 다른 소셜미디어 투자가들이 믿는 것처럼 수치화되거나 고정불변한 것도 아니다. 오히려 듀이는 우리 개인의 정체성이 "완성되고 완벽하며 종결된, 총체적인 모습으로 통합된 부분들의 조직적 결합"이 아니라, 사실 "계속 움직이고 변화하며 불완전한, 무엇보다도 최종 상태가 아니라 언제나 새로 시작하는 어떤 것"이라고 말했다.[82] 아마도 이것이 듀이가 "다른 모든 것보다도 커뮤니케이션이야말로 가장 놀라운 행위"라고 생각하는 이유일 것이다.[83]

이것은 또한 아마도 ≪월스트리트 저널≫의 칼럼니스트인 페기 누넌Peggy

Noonan이 미국이 "두 번째 기회"의 땅이며, 기존의 인격을 버리고 마치 새로운 사람이 된 듯 자신을 새로이 발명할 수 있는 자유를 기반으로 하고 있는 곳이라고 우리에게 주지시켜주는 이유이기도 하다. 누넌은 미국의 문화적 경험이 갖는 복잡성에 대해 "노름꾼, 망나니, 아무짝에도 쓸모없는 놈, 장자 상속 사회에서의 셋째 아들과 같은 존재였던 우리 모두는 무엇인가를 피해서 이 땅에 왔다"라고 말한다. 그는 "우리는 새로운 기회를 위해서뿐만 아니라 도망치고 숨고 상처를 치유하고 에너지를 얻어 금의환향하고자 이 땅에 왔다"라고 덧붙인다.[84]

영화 〈소셜네트워크〉에 나온 대로 저커버그 자신이 매사추세츠에서 캘리포니아의 팔로알토Palo Alto로 가서 초창기 페이스북 공동창업자와의 불화를 극복하기 위해 새로운 시작을 시도한 젊은 미국인의 상징이었음에도 불구하고, 그는 개인의 투명성과 네트워크적인 개방성이 가져다주는 '용서받지 못하는' 개인의 굴레에 대해 아무런 문제될 것이 없다는 듯이 행동하고 있다.

저커버그는 "더 많은 개방성을 갖는 사회로 나아가기 위해서는 엄청난 모험이 필요하다"라며 인간의 조건을 재설계하고자 하는 자신의 거대한 역사적 프로젝트에 대해 마치 진실부의 대변인처럼 주장하기도 했다. 그는 "하지만 우리는 해낼 것이다. 나는 그저 그것이 시간문제라고 생각한다. 더 많이 공유할수록 더 좋은 사회가 된다는 것은 대부분의 사람들에게 생소한 이야기일 것이고, 프라이버시 문제가 그 속도를 저해할 것이다"라고 말하기도 했다.[85]

프라이버시 문제? 나도 할 말 있다!

제3장

가시성, 그것은 함정이다

브록 안톤Brock Anton: 얼굴에 최루 가스가 뿌려지고, 몽둥이로 두드려 패고, 가스 때문에 눈물을 줄줄 흘리고, 손가락 여섯 개가 부러지고, 피는 여기저기 튀고, 빌어먹을 돼지 같은 경찰들을 때려눕히고, 불타는 경찰차를 뒤집어엎어 버리고…… 내가 뉴스에 나오고 있다.…… 한마디로 역사다.…… :) :) :)

애슐리 페호타Ashley Pehota: 브록!!!! 당장 이 글 내려!! 증거물이란 말이야![1]

(브록 안톤은 2011년 밴쿠버에서 아이스하키 시합 때문에 벌어진 폭동에 참가했다. 그는 자신이 저지른 범법 행위들을 페이스북에 올렸는데, 이로 인해 경찰의 조사 대상이 되었고 전 세계적인 비웃음거리가 되었다—옮긴이)

프라이버시 우려

네트워크화된 지성의 시대에 개인의 프라이버시와 자율성에 대한 나의 세 가지 깊은 고민으로부터 이야기를 시작해보자. 첫째, 어떠한 고독과 비밀도 없이 당신과 나, 그리고 모두가 "마찰 없이 공유"하게 되는 세상에서 프라이버시의 운명은 어떻게 될 것인가? 둘째, 지능형 자동차, 지능형 텔레비전, 지능형 전화기, 그리고 수십억 개의 지능형 기기들로 모두가 연결되는 2020년의 세상에서는 도대체 무슨 일이 벌어질 것인가? 그리고 셋째, 돈 탭스콧과 앤서니 D. 윌리엄스 같은 사람들이 르네상스에 버금갈 만한 역사적인 전환점이라고 평하는 '소셜'에 대한 숭배가 인간이라는 존재에 어떤 함의를 던져 줄 것인가?

우리는 이미 저커버그가 제1차 5개년계획을 통해 세상을 소셜 경험이 가득 찬 곳으로 만들겠다고 선포한 것에 대해 논했다. 그러나 제2차 5개년계획도 존재한다. 그것은 제1차 계획보다 더 오싹한 것이다. 10년의 세월에 걸쳐, 저커버그는 "각각의 개인에 대해 천 배 이상의 정보가 페이스북에 올라올 것"이라고 예언했다. 이것이 바로 저커버그의 법칙이다. 그리고 이것은, 저커버그의 예측에 따르면, "다가오는 개인정보의 천국에서" "사람들이 저마다 [자

동으로 모든 것을 공유하는 기기들을 갖게 될 것"임을 뜻한다.[2]

다시 말해, 미래에는 소셜아이즈, 핫리스트, 페이스북의 오픈그래프와 타임라인, 소셜캠, 웨이즈, 트립잇, 플랜캐스트, 인투나우 등의 투명한 온라인 네트워크를 통해 모두가 우리가 무엇을 하고 보고 읽고 사고 먹는지를, 그리고 가장 불길하게는 무엇을 생각하는지까지 알게 된다는 것을 의미한다. 이것은 무슨 뜻이냐 하면, 10년 안에 우리가 고독함이 무엇인지를 잊게 될 것이며, 박물관 구석에서 렘브란트와 베르메르 같은 오래된 거장들의 그림 옆에서 한때 인간의 필수적인 조건에 프라이버시라는 것이 있었음을 회고하게 될 것임을 의미한다.

하지만 마크 저커버그는 제러미 벤담과 마찬가지로 틀렸다. 그는 저커버그의 법칙이 개인과 사회 모두에게 보탬이 될 것이라고 예견했다는 점에서, "자동적으로 모든 것이 **공유되는 세상**"이 더 나은 세상이라고 생각한다는 점에서, 그리고 그러한 세상이 우리를 더 인간적인 존재로 이끌 것이라고 본다는 점에서 완전히 잘못 짚었다. 이러한 소셜미디어 혁명은 개인과 사회의 행복의 선순환을 불러일으키기보다는, 개인의 자유가 더 적은 사회, 커뮤니티에 대한 소속감이 더 희미해지는 사회, 그리고 더 행복하지 못한 사회로의 악순환으로 우리를 이끌 것이다.

이러한 미래는 새로운 르네상스라기보다는 새로운 암흑시대에 가깝다. 아마도 존 발리올의 시대에 비견할 만한 경제적, 문화적 불평등의 세상, 무수한 단절과 국제적인 엘리트 집단들만의 위계적인 네트워크 등의 실사판일 가능성이 높다. 우리를 더 행복하게 하고 더 연결시키는 대신 소셜미디어의 유혹, 즉 디지털상의 연결을 촉구하고 투명성과 개방성에 대한 문화적 압박을 가하고 모두에게 자신의 모든 것을 공유하도록 끝없이 요구하는 이러한 유혹은 사실 21세기의 삶이 점점 더 현기증 나는 것이 되어가는 것의 원인이자 결과이다.

불편한 진실은, 소셜미디어가 공동체주의적인 삶을 만들어나가기보다는 월터 컨이 말하는 "사회의 파편화"를 조장하고 있다는 것이다.[3] 디지털 시대에 우리는 아이러니하게도 단결하기보다는 분열하며, 평등하기보다는 불평등하며, 행복하기보다는 분노에 가득 차 있고, 사회적으로 연결되어 있기보다는 외롭기 마련이다. 2009년 11월 퓨 리서치Pew Research의 보고서는 "사회적 고립과 새로운 기술"에 대해 분석했는데,[4] 페이스북, 트위터, 마이스페이스MySpace, 링크드인의 가입자들은 그들의 이웃들과 보내는 시간이 26%가량 적었다(따라서 이들은 아이러니하게도 넥스트도어닷컴이나 야타운Yatown과 같은 다른 소셜네트워크를 이용해 그들의 이웃들과 소통할 필요성을 갖게 된다). 2007년, 브리검영 대학교의 연구팀은 184명의 소셜미디어 사용자들을 연구한 결과 소셜네트워크의 주 이용자들이 "그들 주위의 커뮤니티에 사회적으로 덜 참여하고 있다고 느낀다"라는 결론을 내렸다.[5] 미시간 대학교의 사회과학조사 연구소는 1979년과 2009년 사이에 단행된 72개의 개별적인 연구에 대한 메타분석을 통해 오늘날의 미국 대학생들이 1980년대와 1990년대의 학생들에 비해 40%나 공감능력이 떨어진다는 것을 밝혀냈다.[6] 버몬트 대학교의 연구팀은 2009년에서 2011년까지 6300만 개에 달하는 트윗을 분석한 결과 그 내용이 점점 더 슬퍼지고 있으며 "행복도가 추락하고 있다"는 결론을 얻어냈다.[7]

가장 심각한 연구는 MIT의 '기술과 자아에 대한 연구팀'의 단장인 셰리 터클Sherry Turkle 교수가 15년에 걸쳐 300여 개의 소셜미디어 주제들을 분석해 내놓은 결과일 것이다.[8] 이 연구에서 그녀는 부모들이 지속적으로 네트워크상에서 활동할 경우 자녀들과의 관계가 악화된다는 것을 밝혀냈다.[9] 터클 교수는 우리가 몸담고 있는 디지털 구조에 대해 "기술이 우리의 친밀감을 구성하는 요소이기를 자청"하고 있지만, 현실에서는 반대로 기술이 "환각"의 역할을 한다고 밝혔다.[10] 그녀는 소셜네트워크상에서 하루에 6000개 이상의 메시지를 발송하는 젊은이들이 사실 현실 세계에서는 단 한 통의 손편지도 보내거나 받아본 적이 없는 사람들이라는 것에 주목했다. 이들은 이메일을 사용하는 것도 그만두었으며 전화도 사용하지 않았다. "문자메시지"를 자신의 "감정"을 방어하는 용도로 사용하는 이들에게 이러한 통신수단은 너무 친밀하고 너무 개인적이었던 것이다.[11]

온라인 "탈가족의 가족post-familial family" 사회에 대한 터클의 결론은 매우 충격적이다. 특히 우리 모두가 작은 영화관에 홀로 갇혀 있는 것과 같은 오늘날의 인터넷 구조를 생각하면 더욱 그렇다. 그녀는 인터넷 습관에 대한 이 우울한 연구에서 "인터넷 세상의 개인들은 제각각 자신의 방에 홀로 앉아 네트워크와 연결된 컴퓨터나 모바일 기기를 사용하는 사람들"이라고 진단하며, "우리는 바쁘다는 이유로 온라인상에 모여들지만, 결국 서로에게는 더 적은 시간을 사용하고 기술에만 많은 시간을 들이는 것으로 귀결된다"라고 결론 내렸다.[12] 따라서 한 미국 로펌 회사가 새로운 이혼의 20%가량이 페이스북상의 부적절한 성적인 대화로 인해 벌어진다고 발표한 것도 크게 놀랄 일은 아닐 것이다.[13] 슬프게도 우리는, 터클 교수가 기술이 "친밀감의 구성 요소"이기를 자청한다고 진단한 것이 선견지명임을 받아들일 수밖에 없다. 페이스북의 문제는, 이 마크 저커버그의 창조물이 개인의 침실이라기보다는 공동의 기숙사 방에 가깝다는 사실이다. 이것이 바로 배우자 이외의 이성과 페이스북을 매개로 맺는 친밀한 관계가 이혼 법정에서 그토록 많이 끝을 맺는 이유일 것이다.

소셜미디어의 세상에서 과도하게 노출되는 고독한 삶에 대해 걱정하는 것은 비단 셰리 터클과 같은 노련한 학자들만이 아니다. 프라이버시가 사회적인 투명성보다 중요한 가치라는 전제하에 대학생들 간의 만남을 주선하는 프로그램인 데이트마이스쿨닷컴DateMySchool.com의 스물여덟 살짜리 젊은 창립자 진 메이어Jean Meyer는 서로 간의 연결이 가져다주는 친밀감을 만드는 데 실패한 오늘날의 소셜미디어에 대한 비판적인 견해에서 터클 교수와 맥락을 같이한다. 메이어는 2011년 2월 ≪뉴욕 타임스≫와의 인터뷰에서 "21세기의 사람들은 외롭다"라고 진단하며 "우리는 서로 소통할 수단을 너무나도 많이 가졌지만, 그럼에도 불구하고 외롭다"라고 말했다.[14]

네트워크 기술은 우리 자신과 타인을 분리할 뿐만 아니라 우리 자신을 분열시키기도 한다. 마크 저커버그는 "당신에게는 오로지 단 하나의 정체성만 존재한다"라고 단언했다. 그러나 '소셜'은 모든 산업을 재편해나가듯이, '정체성'에 대한 저커버그의 유치하고 이기적인 관점은 물론이고 전통적인 의미의 개인의 정체성에 대한 관념들을 부수고 있다. 터클 교수는 이를 두고 "변화무쌍한 자아의 행동"이라며[15] "우리는 다중작업multitasking에서 다중삶multi-lifing으로 변모하고 있다고 주장했다.[16] 그러나 우리가 집단적으로 구성된 자아를 계속해서 발전시켜나가기 위해 노력하는 와중에도, 터클 교수가 보기에는, 우리의 감정을 반추하는 고독과 프라이버시는 결여되어 있다. 그 결과 터클 교수의 설명에 의하면, 영원히 사춘기를 벗어나지 못하는 "밧줄에 묶인 아이"가 탄생하게 되며[17] 이러한 종류의 사람들은 터클 교수의 연구에서 나타나듯이 "만약 페이스북이 지워진다면 나 자신도 지워진다"라고 여긴다.[18]

뉴욕 대학교에서 사회과학을 가르치는 돌턴 콘리Dalton Conley 교수는 오늘날의 네트워크화된 변화무쌍한 자아에 대해 터클 교수와 유사한 비판적 견해를 내놓았다. 그는 오늘날 디지털 시대의 사람들을 "인트라비주얼intravidual(내부intra와 개인individual을 합친 조어—옮긴이)"이라고 지칭했는데, 그것은 "마치 외부에서 주어지는 다중적인 자극에 혼란스러워하듯이, 주도권을 잡으려 하는 다중적인 자아들 사이에서 고민하는" 수많은 조각난 영혼의 소유자를 뜻한다.[19] 인트라비주얼의 유연한 '자아'는 고전적인 의미의 견고하고 일관성 있는 아날로그 인간보다는 수많은 정보와 셀 수 없이 많은 소셜미디어의 영속적인 흐름 그 자체를 표상한다. 전자문명에 대한 콘리의 저서 『스펙터클의 사회Society of Spectacle』"에서는 "지리적 거리가 무의미해지는 사회는 대신 내적으로는 스펙터클한 분열을 일으키며 엄청난 거리를 재생산해낸다"라고 비판했던 20세기 전자문명 비평가 기 드보르Guy Debord의 통찰이 반복되고 있다.[20]

터클과 콘리가 영구적으로 단절된 채로 정처 없이 방황하는 자아에 대해 내놓은 사회학적인 관찰은 옥스퍼드 대학교의 신경과학자 수전 그린필드 Baroness Susan Greenfield[여성 과학자로는 흔치 않게 영국 왕실로부터 작위를 수여받았으며, 그녀의 이름 앞에는'Baroness(남작 부인)'라는 호칭이 붙는다―옮긴이]에 의해 뒷받침된다. "실리콘밸리, 옥스퍼드에 오다"에서 세컨드라이프의 창립자 필립 로즈데일과 가상현실의 현실성에 대해 논쟁했던 그린필드는 페이스북과 140자로 포스팅이 제한되는 트위터와 같은 매체가 우리 뇌의 인지과정을 조각 내 집중력의 주기를 짧게 만들며, 지속적으로 온라인상의 빠른 업데이트를 갈구하게 만든다는 것을 알아냈다.

그린필드 교수는 "우리가 잘 알다시피 아기들에게는 그들이 존재한다는 것을 지속적으로 주지시켜줄 필요가 있다"라고 설명하며, 제러미 벤담의 "영원히 소년과 같이 유치했던" 사고에 대한 과학적인 설명을 제공해주는 것 같다. 그린필드 교수는 "나는 기술이 우리의 뇌를 유아적으로 만들어 시끄러운 소음이나 번쩍거리는 불빛에 정신을 빼앗기고 집중력의 주기가 짧은 어린아이처럼 사람들을 변화시킬 것 같아 두렵다"라고 말한다.[21]

디지털 아리스토크라치아

소셜미디어는 전혀 사회적social이지 않다. 셰리 터클 교수는 "우리가 인터넷으로 맺은 관계는 결코 우리를 끈끈하게 묶어주지 않는다"라고 경고한다. 베스트셀러 작가 맬컴 글래드웰Malcolm Gladwell이 ≪뉴요커New Yorker≫에 기고

한 글에서 비판한 것처럼, "소셜미디어 플랫폼은 아주 약한 연결고리만을 제공할 뿐"이다.[22] 따라서 소셜미디어는 알렉시스 드 토크빌Alexis de Tocqueville이 성공적인 민주주의의 필수적인 영양분이라고 보았던 '자발적인 참여'가 이루어지는 공간이라기보다는 우리를 영속적인 가입자 신분으로 만들어놓는 것 정도에 불과하다. 따라서 소셜미디어 네트워크는 지금까지도 만난 적이 없으며, 앞으로도 만날 일이 없을 사람들을 연결해 '공동체'의 정의를 바꾸어놓는다. 이들에게 '공동체'란 자신의 정체성마저도 끊임없이 바꾸어나가는 자발적인 인트라비주얼들이 마우스 클릭 한 번만으로 가입했다 탈퇴했다가를 반복할 수 있는 자유로운 집합체 정도에 불과하다.

우리는 2011년 영국에서 일어났던 집단 봉기로부터 이러한 디스토피아적인 미래의 조짐을 볼 수 있었다. 그해의 봉기에서 '네트워크화된 지성'은 영화 〈시계태엽 오렌지A Clockwork Orange〉의 분산되고 퍼져 나가는 형태로 변화되었다. 트위터, 페이스북, 그리고 블랙베리의 BBM 메신저 시스템을 사용하는 개개인 시위자들은 '소셜' 미디어를 이용해 경찰보다 한발 앞서 조직을 재편하며 이웃과 상점들을 파괴할 수 있었다. 구글의 에릭 슈밋은 이 봉기에서 소셜미디어가 사용되었다는 것 자체가 사회의 '거울'이라며 시민들의 무질서가 "인터넷의 책임은 아니다"라고 주장했다.[23] 슈밋의 주장이 옳은 측면은 있다. 나 또한 시위에서 영국 경찰이 트위터와 페이스북의 '차단'을 주장하며[24] 시위자들이 소셜미디어를 사용하는 것을 '금지'시키려고 했던 것에 대해서는 강력한 반대의사를 갖고 있다.[25] 그러나 슈밋은 그 시위의 진정한 의미를 잊어버리고 있다. 인터넷은 단지 일면적인 거울이 아니라 우리가 실제로 사는 공간이다. 따라서 우리는 인터넷을 통해 단순히 우리 자신뿐 아니라 사회의 가장 핵심적인 가치들이 무엇인지 또한 바라보게 된다. 극도로 개인화되어 있었던 2011년의 봉기는 따라서 여러모로 소셜미디어와 떼어놓고 생각할 수 없다. 이것은 우리가 전부 홀로 살고 있는 네트워크로 연결된 세상의 거울이다. 이것이야말로 콘리가 "인트라비주얼"이라고 지칭한 새로운 인류가 월터 컨의 표현대로 "파편화된 사회"를 형성해가며 살아가는 공간이 아닌가. ≪타임≫의 전 편집장 조슈아 쿠퍼 라모Joshua Cooper Ramo가 끝없는 무질서와 그것이 실시간으로 사회 속에 퍼져 나가는 시대, 즉 "상상도 할 수 없는 시대"라고 불렀던 것이 현실화되고 있는 것이다.[26]

블랙베리는 2011년의 봉기를 촉진했지만, 그것은 우리의 소셜미디어 시대를 보여주는 한 예시에 불과하다. 부분적으로 페이스북과 트위터와 같은 소셜미디어에 의해 주도된 월가를 점령하라Occupy Wall Street: OWS와 같은 경제적 비정의에 대한 대중의 투쟁은 정치적으로 일부 긍정적인 측면을 보여주고 있다. 인터넷을 비추는 거울로서, 월가 시위는 느슨하게 조직되었고 텀블러 블로그 '우리는 99%다WeArethe99Percent'와 같은 네트워크에 자신의 사연을 이야기하도록 서로에게 권장하는 방식으로 이루어지는 초민주적인 운동이었다. 따라서 한 시간에 1만 개에서 1만 5000개가량의 트위터 메시지가 나타나고, 900개의 '월가를 점령하라' 시위들이 미트업닷컴Meetup.com과 같은 홈페이지에서 조직되고, 수천 개의 페이스북 그룹들이 국가적 항거에 기여하는 것들은 모두 개인화된 그리고 종종 나르시스적인 방송 플랫폼으로서 소셜미디어를 사용하는 단절주의적인 사회를 보여준 것이다.[27] 그러므로 정치적으로 진보적인 ≪가디언≫의 칼럼니스트 사이먼 젠킨스Simon Jenkins가 진단했듯이, 월가 시위는 "리더도, 정책도, 현실에 대항하자는 것 이상의 구호도 없이" 벌어졌으며 마치 페이스북이나 트위터 그 자체처럼 주변의 소음, 끊임없는 대화, 그리고 "단지 풍경에 불과"했다.[28]

물론 소셜미디어로 조직되는 모든 정치적인 운동이 단지 풍경에 불과한 것은 아니다. 나는 2011년 12월 블라디미르 푸틴Vladimir Putin의 정권에 대항하는 움직임을 촉발시켰던 선거가 일어났던 그 주에 모스크바에 있었는데, CNN의 기사를 통해 라이브저널LiveJournal이나 브콘탁테Vkontakte와 같은 러시아의 소셜미디어뿐만 아니라 트위터나 페이스북이 대규모의 규탄 시위를 조직하는 것에 분명히 결정적이었다는 것을 알 수 있었다.[29] 실제로 모스크바에서 뉴욕, 이집트의 카이로에 이르기까지 2011년 한 해 동안 소셜미디어는 경제적 불평등과 정치적 부정에 조직적으로 대응하기 위한 중요한 도구였다. ≪타임≫은 심지어 2011년 올해의 인물로 "시위자들"을 뽑았으며,[30] 이에 대한 표지기사를 작성한 커트 앤더슨Kurt Andersen은 내가 운영하는 테크크런치 TV쇼에 출연해 소셜미디어가 없었다면 아랍의 봄을 불러일으킨 시위 또한 불가능했을 것이라고 말하기도 했다.[31]

그러나 중동 사회에서 소셜미디어가 민주주의 정부의 수립에 얼마나 중심적인 역할을 할 것인지는 아직도 분명하지 않다. 아랍의 봄에 이은 정치적인 낙관주의가 순식간에 증발해버리고 있는 속도를 고려해보건대, 트위터나 페이스북이 이집트, 팔레스타인, 튀니지의 민주주의 정부 수립에 도움을 줄 징조는 딱히 보이지 않는다. 문제는 정치적인 민주주의가 변덕스러운 페이스북에서 불분명한 정치적인 동기를 바탕으로 한 가지 가치에 몰려드는 '피플파워people power' 그 이상의 차원의 일이라는 것이다. 예를 들면, 팔레스타인의 소셜미디어 '3월 15일 운동March 15 movement'의 한 회원은 그 조직이 이제 막 뭉치기 시작한 정도의, 리더조차 없는 "거품"과 같은 조직이라고 고백했다.[32] 다른 팔레스타인 활동가들은 마치 월가 시위에서 그랬던 것처럼 그러한 운동의 목적을 "사람들의 마음을 자유롭게 해방시키는 것"이라고 말한다. 그러나 '3월 15일 운동'과 같은 조직들을 **뭉쳐야 하는** 민주주의 사회에서 이들 조직의 리더들은 소셜미디어의 가능성을 적절한 금전적 지원, 책임 있는 리더십과 분명하게 조직된 행동으로 보여주고, "사람들의 마음을 해방시킨다"라는 애매모호한 구호 이상의 충분히 가시적인 정치적인 의세로 발현시키고 진환시켜야 할 것이다.

이 외에도, 커트 앤더슨이 이 시위자들을 굳게 믿고 있음에도 불구하고, 소셜미디어가 중동에 불어닥친 시위에서 얼마나 핵심적인 역할을 했는지는 분명하지 않다. 이는 특히 이집트 인구 중 오직 5%만이 페이스북을 하며 단 1%만이 트위터를 이용한다는 점에서 그러하다.[33] 2011년도 베스트셀러 『10년 후The Next Decade』의 작가이자 전술지정학 분야의 미래학자인 조지 프리드먼George Friedman은 내가 진행하는 테크크런치 TV에 2011년 4월에 출현해 "트위터 전에도 혁명은 많았다"라고 일깨워주었다.[34] 2011년 이집트에서 대다수의 이집트인들은 무바라크Mubarak 정권에 대한 시위를 회의적인 시선으로 바라보았다고 그는 말한다. 프리드먼은 2011년 초에 일어난 일련의 시위에 대해 서구의 언론이 너무나도 심각할 정도로 무지했다고 평하면서, 특히 현재진행형인 일련의 정치적 혁명에서 소셜미디어의 역할에 대해 지나치게 과장하고 있다고 비판했다. 그는 이러한 현상이 벌어지는 이유로, 독재정권 치하의 사람들이 소셜미디어를 사용하는 현상을 서구의 자유주의적 가치에 대한 확신으로 사람들이 받아들이기 때문이라고 지적했다. 프리드먼은 서구 중심적 관점의 언론들의 태도를 꼬집으며 "그들이 트위터를 한다면 분명 우리와 같을 것이다"라는 식의 태도를 갖고 있다고 비판했다.

그리고 가끔 나는 그들이 트위터를 한다고 해서 진짜로 우리와 같은 것인지 걱정이 되고는 한다. 예를 들면, 옥살이 중인 시리아의 레즈비언 블로거 아미나 아라프Amina Araf를 보자. 시리아의 시위 기간 동안 1만 4000명이 넘는 페이스북 사용자들이 그녀의 석방을 지지하는 서명을 했다. 그러나 문제는 그녀의 존재 자체가 거짓이었다는 것이다. '그녀'의 정체는 사실 스코틀랜드에서 살아가고 있는 실패한 미국인 작가이자, 시리아의 감옥생활에 대해서라고는 우리와 다를 바 없이 아무런 경험조차 없던 톰 맥마스터Tom MacMaster라는 자였다.[35]

그렇다면 억압적인 정권 치하에서 소셜미디어의 진짜 가치는 무엇인가? 프리드먼은 "트위터는 비밀경찰이 혁명분자들을 색출해내기 위한 매우 효과적인 수단"이라고 말했다. 이러한 현상은 "모로조프의 법칙"이라고 불리는데,[36] 스탠퍼드 대학교의 학자 에브게니 모로조프Evgeny Morozov가 2010년 그의 책 『넷의 기만: 인터넷 자유의 어두운 면The Net Delusion: The Dark Side of Internet Freedom』에서 소셜미디어가 민주화되지 않은 이란, 시리아, 중국과 같은 국가들에서 비밀경찰들을 위한 도구로 사용되고 있다고 주장한 것에 기반을 둔 것이다.[37] 실제로 모로조프 또한 내가 진행하는 테크크런치 TV에 2011년 1월에 출연하여 독재정권들이 전형적이고 고전적인 벤담주의적 방식으로 소셜네트워크를 활용해 시민들의 생각, 활동, 행위들을 감시하고 있다고 주장했다.[38] 따라서 중국, 타이, 그리고 이란에서 페이스북을 사용하는 것은 그 자체로 '얼굴범죄'가 되는 셈이며, 인터넷의 구조는 점점 더 거대한 감시자의 집과 같이 변해 비밀경찰을 위한 환상적인 도구로 변모해가고 있다. 이제 그들은 더 이상 불순분자 색출을 위해 책상에서 일어나 돌아다닐 필요조차 없어진 것이다. 2011년 11월에 실제로 타이 정부는 군주제에 반대하는 집단에 '좋아요'를 누른 페이스북 사용자들에게 기소될 수도 있다는 경고를 보냈다.[39] 몇 달 후, 중국 정부는 자국민들이 시나Sina나 텐센트Tencent와 같은 자국의 소셜네트워크서비스를 사용할 때 실명을 반드시 등록하게 하는 새로운 법안을 만들었다.[40] 그리고 2012년 1월에 이란은 자국의 소셜미디어 사용자들을 감시하기 위해 사이버카페들에 마찬가지로 '가혹한' 제한을 부과했다.[41]

이렇게 가시성이라는 것은 비극적인 함정이기도 하다. 모로조프의 법칙은 심지어 범죄조직으로까지 확장되는데, 이들은 온라인상에서 자신들에 대해 비판적인 목소리를 내는 이들을 협박하거나 암살하기까지 한다. 예를 들면, 일부 반동적인 정치인들이 트위터의 사용을 법적으로 금지시키고자 한 멕시코에서는 마약을 둘러싼 카르텔을 비판하는 소셜네트워크 사용자에게 갱단이 복수를 가한 일도 일어났다.[42] CNN은 멕시코에서 일어난 이 살인사건을 두고, "한 여성이 두 손이 묶인 채로 복부에 깊은 세 개의 자상을 입고 사망했다. 옷이 벗겨진 채로 내장이 끄집어내진 이 시체는 누에보 라레도 시 외곽의 다리에 묶인 채로 발견되었다. 피투성이의 남자 또한 그 옆에서 손이 묶인 채 발견되었는데, 오른쪽 어깨에 심한 상처를 입어 뼈가 드러나 보일 정도였다" 라고 보도했다. 시체가 발견된 곳에서는 "인터넷에 웃긴 것들을 올리는 자들 모두에게 일어날 일이다. 주목하는 것이 좋을 것이다. 우리가 다 찾아낼 것 이다"라는 글귀가 함께 발견되었다.[43]

새로운 뉴머러티

소셜미디어를 이용해 자신들의 권력을 강화하는 것은 억압적인 정권이나 조직만 하고 있는 일이 아니다. 소셜미디어상에서 강력한 영향력을 행사하는 자들과 새로운 디지털 대중들 사이의 불평등도 점점 더 심각해지고 있다. 개인들의 정보와 명성이 소셜미디어 시대의 새로운 부로 간주되면서 오늘날의 과잉가시적인 디지털 엘리트들이 전체 인구에 대비하여 차지하는 비율은 점점 더 줄어들고 있다. 리드 호프먼은 그가 "개인의 유동성(현금이라는 뜻의 경제용어―옮긴이)"이라고 지칭한 개인의 세력화가 인터넷에 의해 증가된다고 믿고 있다.[44] 다시 말하면 20만 명 이상의 팔로어들을 거느린 로버트 스코블(@scobleizer)이나, 10만 명에 달하는 팔로어들을 지닌 제프 자비스(@JeffJarvis) 등은 오늘날의 인터넷네트워크상에서 적어도 조지 오웰의 표현에 따르면 "다른 사람들 이상의" 개인인 셈이다.[45] 예를 들면, 트위터상에서 0.05%의 사용자만이 만 명 이상의 팔로어를 갖고 있으며, 총 가입자의 22.5%가 전체 활동의 90% 이상을 차지한다.[46] 이는 무수한 잡음 속에서 자신의 소리가 들리게 할 수 있는 역량을 가장 가치 있는 재화로 하는 관심경제에서 불평등한 권력구조가 점점 심화되고 있음을 보여준다.

≪와이어드≫의 편집장 크리스 앤더슨Chris Anderson은 "독점은 온라인 세상과 같이 고도로 네트워크화되어 있는 곳에서 오히려 더 뚜렷하게 나타날 수 있다"라고 썼다. 그는 "네트워크의 어두운 면은 더 많은 연결점을 소유한 자들이 더더욱 많은 연결점을 만들어나갈 수 있다는 것"이라고 지적한다.[47] 이러한 어두운 면은 클라우트, 크레드, 피어 인덱스와 같은 평판의 네트워크로 인해 더욱 강화된다. 어떤 분석가는 이러한 네트워크가 "소셜미디어의 카스트 제도"를 만든다고 비판하기도 했는데, 이는 이 시스템들이 슈퍼노드들에게 우선적인 혜택을 주어 그렇지 않은 사용자들을 소외시키기 때문이다.[48]

네트워크상의 영향력의 불평등은 2009년의 심각한 경기침체와 함께 더욱 심화되었다. ≪타임≫의 비즈니스 칼럼니스트인 재커리 카라벨Zachary Karabell은 "현재 소셜미디어를 사용하고 있는 자들은 고등교육의 혜택을 본 일부의 사람들이지, 현실 세계에서 그 입지가 크게 흔들리고 있는 수천만의 보통 사람들이 아니다"라고 분석했다.[49] 그는 "소셜미디어가 경제적 양극화를 부추기고 있다. 아이러니한 것은 소셜미디어가 사회적 양극화를 심화시켜 갖지 못한 자들이 참여할 수 없게 만들고 있다는 점이다. 소셜미디어는 직업을 갖고 있는 자들이 그 일을 더 잘할 수 있도록, 수익을 내고 있는 기업이 수익을 더 잘 낼 수 있도록 만들어주기는 하지만, 현재까지 관찰된 바로는 남겨지고 뒤처진 자들에 대해서는 배려하지 않는다. 언제나 그렇듯이, 소셜미디어도 비즈니스의 일부일 뿐이다"라고 지적한다.

카라벨의 관찰은 매우 정확하다. 특히 "언제나 그렇듯이 비즈니스의 일부"라는 그의 결론은 정치권력과 경제권력에 대한 불편한 진실을 역사적으로 조망할 수 있게 해준다. 20세기 초 이탈리아의 사회학자 빌프레도 파레토Vilfredo Pareto는 그의 책 『엘리트의 흥망The Rise and Fall of Elites』에서 "몇몇 잠깐의 시기들을 제외하고는 인간은 언제나 엘리트에 의해 통치되어왔다. 나는 엘리트(이탈리아어로 아리스토크라치아aristocrazia)라는 표현을 그 어원에 기대어 사용하고 있다. 즉, 엘리트란 가장 강력하고 가장 정력적이며 좋은 일에서든 나쁜 일에서든 가장 유능한 자들을 일컫는다"라고 썼다.[50] 후에 파레토의 "80대 20 법칙", 혹은 "핵심 소수의 법칙"이라고 알려지게 된 이 주장은 19세기 산업혁명기의 소수 공장 소유자들이 토지를 소유한 귀족들을 대체하고 자신들의 새로운 부와 권력을 자유 경쟁시장의 미명 아래 옹호했을 때와 마찬가지로 오늘날의 디지털 시대에서도 되풀이되고 있다.

오늘날 21세기의 새로운 엘리트들은 수십억 명에 달하는 개인에 대한 정보를 쥐고 있는, **선하면서도 동시에 악한 자들**이다. 즉, 리드 호프먼과 같은 철학자나 하버드 출신의 컴퓨터 공학자인 마크 저커버그와 같이 기업을 통해 타인의 어마어마한 개인정보를 소유하고 있는 자들이 새로운 디지털 권력자들이다. 개개인의 네트워크를 통째로 소유하고 있는 이 엘리트들은 소셜미디어 세상에서의 새로운 전 지구적 아리스토크라치아이자 21세기의 뉴머러티Numerati(숫자number와 지식계급literati을 합친 조어로, 숫자로 세상을 지배하는 새로운 지배계급을 뜻한다—옮긴이)들이다.[51] 정보를 소유한 이들 권력자들과 개인정보를 생산해내는 우리 같은 보통 사람들 사이에는 지식경제의 심대한 불평등으로 가득한 깊은 골이 지나고 있다.

과잉가시성은 지나친 함정이다

미셸 푸코는 옳았다. 가시성은 실제로 함정이다. 어쩌면 프란츠 카프카야말로 소셜에 대한 숭배와 공유에 대한 기괴한 집착으로 가득한 오늘날의 거대한 디지털 전시주의를 처음으로 그려낸 인물일 수도 있다. 『소송』에서 요제프 케이Joseph K의 모든 정보가 자신도 모르게 당국자들에게 **공유되었듯이** 우리도 우리의 경제적, 의학적 정보부터 가장 진솔하고 영적인 정보에 이르기까지 모든 것을 @quixotic의 링크드인과 같이 '공짜로 이용할 수 있는' 온 갖 종류의 소셜미디어, 소셜 제품, 소셜플랫폼을 통해 **공유**하고 있다. 이러한 소셜미디어의 주된 그리고 아마도 유일한 이익창출수단이 광고수입이라는 점을 감안할 때, 이런 모든 **공유된** 정보들은 기업을 광고하는 '친구'인 페이스 북이나 트위터 등의 손아귀로 넘어가고 말 것이다.

유럽 소비자 위원회 커미셔너인 메그넬라 쿠네바Megnela Kuneva는 2009년 3 월 "개인정보는 이제 인터넷의 연료이자 디지털 세상의 새로운 통화"와 같다 고 말했다.[52] 그렇다. 그것은 연료일 뿐만 아니라 그 무엇이든 될 수 있다. 정 보 사학자 제임스 글리크James Gleick는 "우리 세계의 동력은 바로 정보"라고 말 하며 "정보야말로 이 시대의 연료이자 혈액이며 활력소"라고 덧붙였다.[53]

그렇다. 소셜 정보는 글로벌 지식경제의 핵심 원칙이 되고 있다. 그리고 이것이 오늘날 소셜미디어 기업들의 현기증 나는 기업 가치들을 설명해주는 개인 데이터의 생성의 혁명이라고 할 수 있다. 20세기의 산업 경제가 석유를 둘러싼 피비린내 나는 전쟁에 의해 형성된 것이라면, 오늘날의 디지털 경제 는 개인정보를 둘러싼 첨예한 대립을 점점 더 뚜렷한 특징으로 드러내고 있 다. 페이스북의 오픈그래프부터 구글의 스트리트뷰Street view에 이르기까지 인 터넷상의 거대권력에 의해 우리의 정보가 새어나갔다는 기사는 매주 쉬지 않 고 터져 나오고 있다. 광고를 중심으로 운영되는 소셜미디어 경제에서는 우 리들 개개인에 대한 정보가 가장 높은 가치를 가질 수밖에 없다. ≪월스트리 트 저널≫에서 한 기업 CEO가 밝혔듯이, "광고회사는 사람들에 대한 접근성 을 구입하는 것이지 웹 페이지에 돈을 내는 것이 아니다".[54] 따라서 "인터넷 에서 가장 **빠르게** 성장하고 있는 분야는 인터넷 사용자들을 감시하는 사업" 인 것이다.[55]

만약 가시성이 함정이라면, 과잉가시성은 엄청난 함정인 셈이다.

문제는 페이스북, 트위터, 포스퀘어, 힛리스트, 플랜캐스트와 같이 '무료'

로 제공되는 온갖 유비쿼터스 소셜미디어 프로그램들이 수익창출을 위해 광고에 절대적으로 의존하고 있다는 점이다. 이러한 회사들이 소유하고 있는 우리들에 대한 정보가, 제임스 글리크의 말처럼 이 광고 경제를 결정적으로 움직여 나간다.[56] 무브온MoveOn.org의 회장 일라이 페리저Eli Pariser는 2011년 그의 책 『필터 버블The Filter Bubble』에서 "구글, 페이스북, 애플, 그리고 마이크로소프트와 같은 인터넷 공룡들에게 이 시대의 가장 핵심적인 전투는 당신에 대해 최대한 많이 알아내는 것"이라고 썼다.[57]

온라인상에서 개인의 프라이버시를 지켜주는 레퓨테이션닷컴Reputation.com의 CEO인 마이클 퍼틱Michael Fertik은 "디지털 광고업계에서 개인의 프라이버시를 지키는 것은 근본적으로 불가능하다. 왜냐하면 사용자의 정보는 단순히 판매해야 할 재화에 불과하기 때문이다. 기업의 창립자와 경영자들이 프라이버시를 보호하기를 원한다 하더라도 종국에는 그렇게 하지 못한다. 경제적인 이득이 너무나도 크기 때문이다"라고 밝힌 바 있다. 퍼틱의 주장은 CNN의 칼럼니스트 더글러스 러시코프Douglas Rushkoff가 "우리는 페이스북을 이용하고 있는 것이 아니라 그들의 상품이 되고 있는 셈"이라고 말한 것과 일맥상통한다.[58]

뉴욕 시립대학교의 사회학 교수 샤론 주킨Sharon Zukin은 퍼틱과 러시코프의 주장에서 한발 더 나아간다. 그녀는 "우리에게 물건을 팔고 싶어 하는 자들에게 우리의 몸과 역사 그 자체가 통째로 공개되고 이식되고 저장되고 있다"라고 주장한다. 덧붙여서 그녀는 "온라인 쇼핑은 강요와 유혹을 동시에 수행하는 이러한 테크놀로지에 점점 더 숙달해가고 있다"라고 말한다.[59]

그렇다. 나와 당신을 포함한 8억 명 이상의 '무료' 페이스북 이용자들은 압박과 유혹에 동시에 노출되는 하나의 상품들인 셈이다. 우리는 페이스북과 다른 소셜미디어 업체들이 광고회사에 판매하는 개인정보 덩어리일 뿐이다. 문제는 웹 3.0 기반의 기업들이 우리를 효과적으로 추적하면 할수록 광고의 효과와 가치는 점점 더 좋아진다는 점이다. MIT 슬론 경영대학원Sloan School of Management의 캐서린 터커Catherine Tucker 교수는 온라인 사용자들에 대한 추적이 규제되면 온라인 마케팅의 효과가 65%나 줄어든다는 것을 밝혀냈다. 터커 교수는 의회 증언에서 웹 추적 기술이 기업에게 "엄청난 정확도로 온라인 광고를 할 수 있도록" 하고 있다고 말했다. 그녀의 표현을 빌리자면, 그러한 정확도는 소비자들의 입장에서 보자면 "끔찍한" 일이다.[60]

연간 260억 달러에 달하는 온라인 광고수익의 경제 규모는 결과적으로 실리콘밸리의 개인정보 추적 기업들에 대한 대규모 투자 열기로 이어졌다. 2007년에서 2011년 초까지 벤처 투자가들은 엑셀레이트eXelate, 미디어6디그리스Media6Degrees, 33어크로스33Across, 미디어매스MediaMath 등 356개의 '끔찍한' 온라인 추적 회사들에게 47억 달러에 달하는 금액을 투자했다. ≪월스트리트 저널≫에 의하면 이러한 추적기술 전문 기업들은 모두 "개개인의 정보를 정교하게 추적해낸다". "광고주들이 구입하고 싶어 하는 것은 웹페이지가 아니라 바로 이러한 개인들이다."[61]

조지 오웰의 소설 속에 등장하는 자기삶의 적 빅브러더가 컴퓨터 스크린 안에서 강림한 것이다. 빅브러더는 엑셀레이트, 미디어6디그리스, 33어크로스, 미디어매스와 같은 각종 온라인 추적 회사들의 이름으로 실존해 있다. 이 회사들은 우리를 구입하고 싶어 하며, 따라서 우리를 혼자 있도록 내버려 두지 않을 것이다.

러시코프에 따르면 '상품'에 불과한 우리들과 우리에 대해 모든 것을 알고 싶어 하는 광고회사들, 혹은 개인정보의 생산자인 우리들과 그 정보의 소비자인 광고회사들 사이의 커다란 간극은 영국의 소설가 제이디 스미스에 의해 잘 표현된 바 있다. 그녀는 ≪뉴욕리뷰오브북스New York Review of Books≫에 기고한 글에서 "우리는 사진을 보며 우리 모두가 특별한 존재라는 감상을 느끼지만, 광고회사들에게는 그저 소비를 통해 그들에게 부를 가져다줄 수 있으

며 다른 소비자들과 사진을 통해 연결되어 있는 존재일 뿐"이라고 썼다.[62]

≪월스트리트 저널≫은 2010년 다섯 번에 걸쳐서 "그들이 아는 것"이라는 제목의 탐사기사를 통해 이 사태의 심각함을 경고한 바 있다.[63] 카프카도 오웰도 자신의 가장 초현실적인 작품에서조차 모바일 앱이 하루 종일 우리들을 감시하는 그런 미래 세상을 상상해내지는 못했다. 그러나 '영원한 소년' 제러미 벤담은 '감시자의 집'이라는 구조를 고안함으로써 이런 미래를 어느 정도 예견했던 셈이다.

≪월스트리트 저널≫의 2010년 12월 기사에 따르면 텍스트플러스TextPlus, 판도라Pandora, 그린더Grindr와 같은 아이폰, 안드로이드 앱들은 우리의 정보를 제3의 조직에 넘기는 것으로 밝혀졌다. 모바일 마케팅 협회Mobile Marketing Association 운영책임자의 말을 빌리자면, "모바일의 세상에는 익명성이 없다. 휴대폰은 언제나 기업의 감시하에 있으며 언제나 켜져 있기까지 하다."[64] 이것은 1984년이 왜 조지 오웰의 『1984』와 같지 않은지에 대한 TV 광고를 냈던 애플이 판도라와 날씨 채널Weather Channel 같은 앱들이 수집한 '개인적이지 않은' 정보들을 이용해 우리를 분별해내고, 인터넷상에서 어떤 행동을 하는지 추적해낸다는 혐의로 대대적인 고소를 당한 이유이기도 하다.

우리를 지켜보고 있는 것은 휴대폰 앱뿐만이 아니다. '링크'가 아닌 '좋아요'를 통해 추동되는 온라인 경제에서 페이스북의 '좋아요', 구글의 '+1', 혹은 트위터의 '트윗하기' 장치 모두가 우리를 감시하고 있다. 2011년 5월 ≪월스트리트 저널≫의 기사에 의하면, 상위 1000개의 웹사이트 중에서도 최소한 20~25%가 부가 장치들을 통해 페이스북, 구글, 트위터가 방문자들의 인터넷 사용 습성을 추적할 수 있게 해준다. 한 달 안에 한 번만이라도 이들 소셜네트워크서비스에 접속한 적이 있다면 그들의 정보는 추적된다.[65] 이들 페이지에 접속하기만 하면 우리가 어떤 버튼을 눌렀든 혹은 누르지 않았든 간에 이들 장치는 소셜네트워크 기업들에게 우리의 방문 기록을 모두 전송해 우리의 온라인상의 모든 행동들을 마치 감시자의 집처럼 감시할 수 있게 한다.

레퓨테이션닷컴의 퍼틱은 "프라이버시 문제는 점점 더 심각해지는 형국" 이라고 말한다. 왜냐하면 오래된 기업들은 자세한 개인정보를 적극적으로 판매하는 것에 대해서는 꺼리는 문화가 있지만, 시간이 지날수록 윤리나 규제에 전혀 신경 쓰지 않는 젊은 기업들이 올리는 수익을 보면서 어쩔 수 없이 프라이버시를 침해하는 방침을 세우게 되기 때문이다.

이들 신생 기업 중에서도 페이스북은 가장 과격하게 개인정보를 끌어모으는 기업이다. ≪월스트리트 저널≫의 줄리아 앵윈Julia Angwin은, 페이스북이 우리가 우리의 가장 친한 친구들에 대해 아는 것만큼이나 넷 상의 지인들의 개인적 용무에 대해서도 잘 알게 함으로써 '친구'라는 개념 자체를 도태시키고 있다고 주장한다. 2011년 6월, 페이스북은 사용자들이 사진을 올리면 그들의 얼굴을 자동으로 인식하고 사용자들의 친구를 인지할 수 있는 아주 오싹한 페이스북 태그 시스템을 만들어냈다.[66] 앵윈은 "페이스북은 친구라는 개념을 재화의 개념으로 둔갑시켜 우리의 최신 정보, 아기 사진, 생일 노트 등 우리의 개인정보를 수집한 뒤 어마어마한 양의 데이터를 꾸러미로 묶어 팔아넘길 준비가 되어 있다"라고 말한다.[67]

얼굴 감지 기술은 당연히 매우 공포스러운 기술이다. 카네기 멜론 대학교의 연구팀은 이 기술이 심지어 우리들의 사회보장번호를 정확히 추적해내는 데도 사용될 수 있음을 밝혔다.[68] 2011년 초, ≪뉴욕 타임스≫는 "컴퓨터가 당신을 감시한다"라는 제목의 기사로 얼굴 감지 기술에 대해 더 엄중한 경고를 내놓은 바 있다.[69] 소셜네트워크서비스와 제러미 벤담의 감시자의 집은 이상하리만큼 혹은 우연하게도 닮아 있다.[70] ≪타임스≫가 보도했듯이, 얼굴 감지 기술을 사용하는 이들 기업의 영업 방식은 원래 감옥에서 사용된 것이었으나 최근에는 병원, 쇼핑몰, 학교, 그리고 사무실로까지 퍼져 나가고 있다. 이것은 우리 모두가 이미 익숙한, 아키텍처에 대한 벤담의 간단한 아이디어로 귀결된다. 《뉴욕 타임스》는 "직장에서나 학교에서나 기술은 자동화된 감시자들에게 모든 문을 활짝 열어놓아 우리를 감시하게 하는 것"이라며 오늘날의 과잉가시성 시대에 대한 경고를 하고 있다. "당신은 주의를 기울이고 있는가, 아무 생각이 없는가 아니면 백일몽을 꾸고 있는가. 가게에서나 쇼핑몰에서나, 스마트 감시 시스템은 현실 세계에서의 행동에 대해 작동한다."[71]

이 자동화된 감시자들은 당신의 주머니 안에 이미 존재한다. 예를 들면, 애플이나 구글의 스마트폰에는 위치정보 전송 장치가 기본적으로 포함되어 있다. 온라인 보안전문가 로버트 바모시Robert Vamosi는 우리의 도구들이 이미 우리를 배신한 것과 마찬가지라고 지적한다. 몇몇 연구자들은 애플의 아이폰이 우리의 위치와 모든 사용내역을 저장해서는 우리가 기기를 컴퓨터에 연동시킬 때 그 기록을 복사한다는 것을 밝혀냈다. 2011년 4월에 있었던 "웹 2.0, 어디로 향하는가"라는 학회에서 한 연구자는 "애플은 질투심 넘치는 부인이나 사설탐정을 비롯해 사실상 누구든지 당신의 스마트폰과 컴퓨터에 접근해 당신이 한 모든 일에 대한 정보를 알아낼 수 있도록 만들고 있다"라고 경고했다.[72]

당연히 이러한 우려는 안드로이드 스마트폰 사용자들에게도 동일하게 적용된다. 2011년 4월 말, 《월스트리트 저널》은 안드로이드 스마트폰들이 "초 단위로 위치정보를 저장하며 이 정보를 한 시간에도 몇 번씩 구글로 전송한다"라는 사실을 보도했다.[73] 구글은 니컬러스 카의 말처럼 아마도 우리를 바보로 만들고 있을지는 모르지만,[74] 수익을 얻기 위해서는 아주 똑똑하게 경영을 하고 있음이 분명하다. 구글의 제품관리자인 스티브 리Steve Lee는 2010년 대중에게 공개된 이메일을 통해 이 위치정보가 검색엔진에게 "엄청나게 가치 있는 재화"임을 고백했다. 스티브는 구글의 CEO이자 공동창업자인 래리 페이지에게도 보낸 이 이메일에서 "와이파이WiFi 위치추적 데이터베이스가 안드로이드 시스템이나 모바일 기기 전략에 얼마나 중요한지는 이루 말할 수조차 없다"라고 강조했다.[75]

그러나 정보를 강탈당하는 것은 스마트폰 사용자들뿐만이 아니다. 2011년 12월, 킨들 태블릿 기기를 생산하는 아마존은 모바일 기기를 통해 사용자들의 현재 위치를 알아내는 것을 넘어, 앞으로 어디로 갈 것인지까지도 알아내는 기술에 대해 특허를 출원했다. 애플이나 구글과 마찬가지로 아마존 또한 우리를 소유하고 싶어 한다. 이 "빅브러더 특허는 우리가 어디에 있고 어디로 갈지를 알려줌으로써 강요하고 유혹하는 디지털 침입 알고리즘이 될 것이 확실하다".[76] 사실상 아마존 또한 이들 기업과 함께 위치기반 정보경제에 뛰어든 셈이다. 이 시장의 규모는 2011년 4월 기준으로 29억 달러에 달했으며, 2014년에는 그 세 배인 83억 달러까지 치솟을 것으로 예측되고 있다. "엄청난 데이터를 생산해내는 진짜 정체성"의 쇄도라는 리드 호프먼의 웹 3.0에 대한 비전은 현실로 이루어지고 있으며, 이것이 아마존, 구글, 애플 등 너나 없이 모두가 우리의 위치를 자동으로 파악해 거대한 데이터베이스를 구축할 수 있게 해줄 위치정보를 획득하기 위해 몰려오고 있는 이유이다.

특히 무서운 것은 유명한 소셜미디어 대가가 신용경제의 핵심이라고 기술한 만능 장치들이 실은 근본적으로 믿을 만한 것이 못 된다는 점이다.[77] 『우리가 미디어다We the Media』의 저자 댄 길모Dan Gillmor와 ≪월스트리트 저널≫이 입을 모아 지적하듯이, 스마트폰은 "개인식별정보와 웹브라우징 정보를 사용자의 동의 없이 타인과 연결"하고 있다.[78] 그렇다. 우리의 도구들과 몇몇 미디어들은 이미 우리를 배신한 것이다.[79] 그렇다면 도대체 '신용경제' 사회에서 누구를 신용할 수 있다는 말인가?

아마도 그 답은 아무도 믿을 수 없다는 것이 되어야 마땅해 보인다. ≪뉴 사이언티스트New Scientist≫는 중국과 미국의 연구진들이 우리의 인터넷 연결만 보고서도 우리가 어디에 있는지를 불과 수백 미터의 오차 범위에서 알아낼 수 있는 기술을 개발 중이라고 보도했다. 노스웨스턴 대학교의 컴퓨터 공학자들과 중국 청두의 중국전자과학기술대학University of Electronic Science and Technology of China: UESTC의 연구진이 공동으로 개발하고 있는 이 기술은 광고업체, 범죄자들, 보안업체, 그리고 심지어 우리의 친구들과 가족들조차도 누구든지 네트워크 기기를 이용해 실제로 타인을 스토킹할 수 있도록 만들 것이다.[80]

빅데이터

거대 정유회사, 거대 식품회사, 거대 제약회사. ≪뉴욕 타임스≫의 나타샤 싱어Natasha Singer는 2011년 4월 말에 우리를 작고 무력하게 만드는 이러한 거대 기업군 목록에 '빅데이터' 회사를 추가해야 한다라고 썼다.[81] 아직도 걱정이 되지 않는가?

미국 인구의 4분의 1에 달하는 사람들이 이미 이러한 현상에 우려를 표하고 있다. 2011년 1월의 설문조사에 따르면, 미국인들은 실직상태에 처하거나 파산선고를 받게 될 위험보다도 온라인상의 프라이버시 문제를 더 걱정하고 있다. 시장조사기업 유거브YouGov의 이 연구 결과에 의하면, 온라인상에서 불가항력적으로 관찰당하는 것을 두려워하는 미국인은 25%인 데 반해 실직에 대한 두려움은 22%, 파산에 대한 두려움은 23%에 불과했다.[82] 그러나 우리가 두려워하는 것은 빅데이터이지 빅브러더가 아니다. 2011년 6월에 서던캘리포니아 대학교의 연구팀은 50%에 달하는 미국인들이 기업에 의한 감시에 두려움을 느끼고 있는 데 반해 정부의 감시를 두려워하고 있는 인구는 38%에 불과하다고 발표하기도 했다.[83]

그렇다면 어떻게 @scobleizer나 @quixotic과 같은 0.05%에 불과한 극소수의 슈퍼노드 뉴머러티들, 외롭고 분노에 가득 찬 인트라비주얼로 구성된 하충민들, 개방성과 투명성에 대한 맹목적인 숭배로 이루어진 복합적인 암흑시대가 우리 모두로부터 혼자 있을 수 있는 권리를 점점 앗아가는가? 21세기 네트워크로 연결된 지성 시대, 즉 MIT의 셰리 터클 교수의 말대로 우리 모두가 홀로 함께하는 세대의 지적, 기술적, 정치적 근원은 무엇인가? 어떻게 빅토리아 시대의 대박람회 문화가 우리 시대로 건너와 이 거대한 전시주의를 낳게 되었을까?

다음 장은 제러미 벤담의 감시자의 집이 어떻게 마크 저커버그의 오픈그래프로 이어졌는지에 대해, 즉 소셜미디어의 현기증 나는 역사를 다룰 것이다. 이 이야기를 시작하기 위해서는 먼저 당신이 아마 본 적이 있을지도 모르는, 그 이면에 세 구의 시체가 있는 그림에 대한 이야기부터 시작해야겠다.

제4장

디지털 현기증

모든 훌륭한 영화들과 마찬가지로, 정말 훌륭한 영화들은 여태껏 아무리 많이 그것에 대해 말해지고 쓰였더라도 끝없이 회자될 것이다. 〈현기증〉만큼 위대한 영화들은 경외감 이상의 반응을, 즉 개인적인 반응을 불러일으키기 때문이다.[1]

_ 마틴 스코세이지|Martin Scorsese

세 개의 거짓말과 세 구의 시체들

그림의 제목은 〈1849년 7월의 샌프란시스코San Francisco in July 1849〉이다. 그것은 바람이 몰아치는 샌프란시스코만 주변에 지어진 농가들의 풍경화인데, 앨버트 비어슈타트의 〈에메랄드 파도〉같은 19세기 낭만주의 스타일로 그려졌다. 전경에는 말을 탄 두 사람이 있고 멀리 희미하게 민둥산들이 보인다. 이 매력적이고 목가적인 19세기 풍경은 북쪽을 향하고 그려졌다. 화가는 남쪽의 반도로부터 샌프란시스코를 상상하면서 그린 것으로, 이는 디아블로Diablo와 산타크루스Santa Cruz 산악지대 사이에 있는 30제곱마일의 골짜기로 20세기 대부분은 산타클라라 밸리Santa Clara Valley로 불렸으나 지금은 실리콘밸리로 불리는 곳이다.

이제 시간을 백 년 정도 빠르게 돌려보자. 샌프란시스코만 옆의 바람 부는 작은 마을은 20세기 중반 샌프란시스코에서 번성하는 기술 및 산업의 중심지로 성장하여 조선, 국방, 전자산업의 제조 중심지가 되었다. 철도 재벌이었던 릴런드 스탠퍼드Leland Stanford가 19세기에 반도 아래쪽에 세운 스탠퍼드 대학교 출신의 두 친구가 이 그림을 보고 있다. 추레하게 늙어가고 있는 전직 샌프란시스코 형사 존 '스코티' 퍼거슨John 'Scottie' Ferguson은 그림 근처에 서 있고, 말쑥하게 콧수염을 손질한 조선업계의 거물 개빈 엘스터Gavin Elster는 자신의 사무실 책상 뒤에서 그림에 대해서 이야기하고 있다.

단순한 그림과 엘스터의 화려한 샌프란시스코 사무실이 강렬한 대조를 이룬다. 젊은 아내 쪽 가족들을 대신하여 조선소를 경영하는 중년의 사업가가 화려한 가구들로 꾸며진 사무실에서 호화로운 마호가니 책상 앞에 앉아 있다. 나무판자들을 댄 사무실 벽에는 희귀한 그림들과 이국적인 해양 관련 수집품들이 늘어서 있다. 엘스터의 책상 뒤쪽으로 움푹 들어간 창문이 있는데 이 창을 통해 그의 작업장을 한꺼번에 볼 수 있어 마치 제러미 벤담의 감시자의 집의 실제 모형 같기도 하다. 이 창문으로부터 사업가는 회전하는 크레인과 반쯤 완성된 선체에서부터 이 거대하고 노동집약적인 기업에 고용된 조선공 부대까지 조선소 전체를 살필 수 있다.

두 남자는 샌프란시스코의 19세기 중반의 전원적인 모습과 20세기 중반의 산업화된 모습을 비교한다. "글쎄, 샌프란시스코는 변했어." 엘스터가 그가 입고 있는 어두운 정장처럼 잘 정제된 목소리로 말한다. "내가 샌프란시스코 하면 떠올렸던 것들은 빠르게 사라져가고 있어."

"이것들 모두처럼?" 스코티가 〈1849년 7월의 샌프란시스코〉 그림으로 다가가며 팔을 펼친다.

"그래. 나는 그때 그곳에 살았더라면 좋았을 거야." 엘스터가 고백할 때 그의 사교적인 목소리는 바깥의 조선소에서 들려오는 크레인 소리와 맞물린다. 그는 가죽의자에 다시 몸을 파묻는 동시에 천장으로 눈을 돌리며 덧붙인다. "색조, 흥분, 강인함, 그리고 자유."

이 부유한 기업가와 평범한 전직 경찰 사이의 대화는 언뜻 보기에는 서로 매우 다른 운명을 마주하게 된 두 오랜 대학 친구 사이의 사적인 사회적 상호작용처럼 보인다. 하지만 사실은 정반대다. 완전히 공개된 이 대화는 실상은 모두 거짓이다. 그 속에는 단 하나의 진실한 말도 없다.

첫 번째 거짓은 우리가 현실이 아닌 허구를 보고 있다는 점이다. 개빈 엘스터와 스코티 퍼거슨의 이 만남은 사실 앨프리드 히치콕Alfred Hitchcock 감독의 1958년 영화 〈현기증〉의 한 부분이다. 호화롭게 제작되고 세심하게 무대에 올려진 20세기 중반의 할리우드 드라마, 전문배우들이 허구 인물의 사적인 삶을 연기하는 것을 보기 위해 우리 일반 대중들이 값을 지불하는 그 할리우드 드라마 중 하나 말이다. 투자사가 세운 파라마운트 스튜디오Paramount Studio 에서 찍은 이 영화 속 장면은 모두 만들어진 것이다. 가짜 그림부터 가짜 사무실,[2] 두 남자 사이의 가짜 대화,[3] 제임스 스튜어트James Stewart가 연기한 가짜 스코티 퍼거슨, 톰 헬모어Tom Helmore가 연기한 가짜 개빈 엘스터까지 모두가 말이다. 〈현기증〉 속 이 장면에는 어떠한 명백한 사실도 없다. 그것은 거짓들의 소용돌이다.[4]

전원적인 풍경을 그린 그 그림 자체도 거짓이다. 1849년 7월의 샌프란시스코는 사실 전원적인 천국이 아니라 초기 산업화 도시가 만들어내는 지옥에 가까웠다. 18개월 전, 유럽의 혁명들이 실패한 운명적인 해였던 1848년 초 캘리포니아에는 정착민이 1만 2000명뿐이어서 도시는 엘스터의 벽에 걸린 그림 속에서처럼 목가적인 자연에 더 가까웠다. 그런데 1848년 1월 24일 샌프란시스코만 북동쪽의 시에라Sierra 산기슭에 있는 작은 언덕 위의 제재소 서터스밀Sutters Mill 주변의 아메리칸 강에서 괴짜 목수인 제임스 마셜James Marshall 이 금을 발견했다. 1848년 12월에 제임스 K. 포크James K. Polk 대통령이 의회에 보내는 메시지에서 소문을 확인하면서 역사상 가장 어지러운 골드러시가 시작되었다. 그 열기가 너무나 대단해서 산업화와 도시화가 진행 중이던 1849년 샌프란시스코의 인구는 열흘 만에 두 배가 되기도 했다. 이것은 150년도 더 지난 오늘날 페이스북 커뮤니티의 팽창 속도에 필적할 만한 엄청난 사회적 성장 속도였다. 1849년에만 500척이 넘는 선박들이 동부의 항구를 떠나 샌프란시스코만으로 향했다. 페기 누넌이 말한 "노름꾼, 망나니, 아무짝에도 쓸모없는 인간들, 장자 상속 사회의 셋째 아들들"과 같은 사람들 수만 명이 성공을 꿈꾸며 이 배에 타고 있었는데, 이들 모두는 과거에서 벗어나 인생의 두 번째 막을 올리기를 간절히 바랐다.

그러나 엘스터가 1849년의 샌프란시스코에 대해 낭만적으로 묘사하는 "색조, 흥분, 강인함 그리고 자유"조차도 거짓이다. 이후 비이성적으로 과열되었던 샌프란시스코의 번성기를 기록한 F. 스콧 피츠제럴드F. Scott Fitzgerald가 이야기한바 있듯이 "미국인들의 삶에 두 번째 막이란 없다".[5] 이는 페기 누넌의 역사 해석과는 뚜렷하게 대조되지만 불행하게도 대부분의 "포티나이너 Forty-niner(1849년에 금광을 찾아 샌프란시스코로 몰려들었던 사람들을 지칭—옮긴이)"들에게 사실이었다. 미국 역사상 존재했던 모든 다른 열기에 뛰어들었던 사람들도 마찬가지였는데, 피츠제럴드가 『위대한 개츠비The Great Gatsby』에서 직접 기록했던 1920년대 월스트리트 주식시장의 호황에서부터 1960년대 비이성적인 반체제적 사회운동의 과열, 1990년대 후반의 닷컴 히스테리까지 모두 그러했다.

"이것은 『일리아드Iliad』 같은, 낯선 해안을 찾아 떠난 참담한 탐험과 같은 골드러시였다."[6] 캘리포니아 역사에 관해 호평받는 여러 권의 책을 쓴 케빈 스타Kevin Starr는 1849년의 샌프란시스코를 이렇게 묘사했다. 진실은 이러하다. 일확천금을 꿈꾸던 이 19세기 사람들은 개빈 엘스터처럼 대개는 존재하지도 않는 것과 사랑에 빠진 것이다. 어지러운 샌프란시스코 역사의 기록가들 중 한 사람인 그레이 브레친Gray Brechin은 "대부분의 사람들은 '채광지'를 씁쓸하고 실망한 기분으로 떠나갔다"라고 언급했다.[7] 1849년 여름 샌프란시스코는 부랑자, 알코올 중독자, 병자, 자살자와 살인자가 넘쳐나는 최첨단 채광소가 되어 있었다. 엘스터의 회고처럼 "색조, 흥분, 강인함, 자유"가 넘치는 목가적 사회가 아니라 깨져버린 꿈들의 반사회적인 묘지가 되었던 것이다.

하지만 가장 치명적인 것은 세 번째 거짓이다. 히치콕의 〈현기증〉에서 엘스터는 스코티가 시체와 사랑에 빠지도록 만든다. 조선업계의 거물은 이 전직 경찰이 경찰 동료가 샌프란시스코의 한 건물에서 추락사한 것을 막지 못한 이후로 높은 곳을 병적으로 두려워하며 현기증을 일으키는 증상으로 괴로워한다는 것을 알고 그의 사무실로 초대했다. 이 고소공포증은 스코티를 아주 쇠약하게 만드는 고통이었는데, 그는 의자 위에 올라서는 것만으로도 세상이 점점 더 빠르게 도는 것처럼 강한 어지럼증을 느꼈다. 그것은 전직 샌프란시스코 형사를 불구로 만들었다. 그는 더 이상 사회에서 제대로 기능할 수 없었다.

그래서 1848년 7월의 샌프란시스코에 대한 솔직하지 못한 향수를 장황하게 늘어놓은 후 엘스터는 그의 아내 매들린Madeleine이 19세기 조상에게 홀려 자살 충동을 느끼고 있다고 이야기를 꾸며낸다. 그리고 스코티를 고용해, 도시를 돌아다니는 이 아름답고 젊은 여성을 미행하게 한다. 여기서 바로 낯선 해안을 향한 스코티 퍼거슨의 참담한 탐험이 시작된다. 스코티가 샌프란시스코의 복잡한 거리들 사이로 따라다니는 이 금발 여인은 사실 함정이었다. 매들린 엘스터는 그녀 자신의 모습이 결코 아니었다. 그녀는 마치 오늘날의 소셜쇼핑 기술들처럼 그를 유혹하고 강요하기 위해 설계된 가짜였다.

우리는 모두 하나의 정체성만을 가지고 있다는 마크 저커버그의 말과는 달리, 천상의 금발녀인 매들린은 지상의 흑갈색 머리를 가진 주디이기도 하다. 그녀는 에릭 슈밋의 충고를 받아들이고 다른 모습으로 태어났다. 그녀는 사실 매들린 엘스터가 아니라 엘스터의 젊은 정부이자 캔자스 출신의 상점직원인 주디 바턴Judy Barton이다.[8] 원래의 짙은 흑갈색 머리를 황금색으로 물들이고 우아한 디자인의 옷을 입어 조선업계 부호의 상속녀 역할을 연기하고 있을 뿐이다.[9]

처음에는 계획이 완벽하게 맞아떨어진다. 스코티는 제러미 벤담의 관음적 판타지, 유비쿼터스 카메라의 눈이 되어 매들린의 그림자로서 그녀의 모든 움직임들을 관찰한다. 먼저 그는 그녀를 샌프란시스코의 작은 미션 돌로레스 교회Mission Dolores Church로 미행해 묘비 뒤에서 그녀가 19세기 조상의 무덤에 꽃을 놓는 모습을 바라본다. 그 후 그는 매들린을 따라 도심의 리전 오브 아너 미술관Palace of the Legion of Honor Museum으로 가는데, 그곳 문 뒤에 숨어 젊은 여성이 넋을 놓고 조상의 그림을 쳐다보는 것을 지켜본다. 그림 속 인물은 아름답고 보석으로 치장하고 있는데 매들린을 매우 닮아 그녀가 자아도취에 빠져 거울 속 자신을 응시하고 있는 것으로 생각될 정도다.

이 전직 탐정은 현기증뿐만 아니라 우리가 '소셜아이즈social eyes'라고 불러도 좋을 강박적인 관음증을 겪고 있다. 그가 할 수 있는 일은 매들린을 지켜보는 것뿐이다. 프랑수아 트뤼포François Truffaut가 제임스 스튜어트의 스코티 퍼거슨 역할에 대해 평했듯이, 그는 "감정을 표출하도록 요구되지 않는다. 그는 그저 삼사백 번쯤 쳐다볼 뿐이다."[10] 실제로 스코티는 샌프란시스코의 상속녀로 재창조된 주디의 정체성에 너무나 완벽하게 사로잡혀, 금문교 밑에서 그녀가 꿈을 꾸듯이 휘청거리며 물로 떨어지자 바다에서 그 금발 여자를 건져낸 뒤에 그녀와 사랑에 빠지게 된다. 그리고 살인이 일어난다. 엘스터는 그의 진짜 아내를 죽인 뒤, 가짜 매들린이 교회의 탑 꼭대기에서 자살 시도를 연기하는 순간 아내의 시체를 꼭대기에서 내던진다. 한편 현기증에 시달리는 스코티는 매들린을 따라 탑의 나선형 계단을 올라가지 못한 그의 무능함과 비극적으로 꾸며진 그녀의 죽음에 두 배로 정신적 충격을 받아 신경쇠약에 걸리며 샌프란시스코 정신병원에 구금된다.

비평가들이 많은 작품들 중에서도 히치콕의 〈현기증〉을 인간의 조건을 가장 섬뜩하게 탐구한 작품[11]으로 보는 이유는 가짜 자살 뒤에 이어지는 잊을 수 없는 장면들의 시퀀스에 있다. 스코티가 정신병원에서 나온 뒤에 그는 우연히 엘스터에게 버림받은 주디 바턴과 샌프란시스코 거리에서 마주치게 된다. 그는 오늘날과 같은 얼굴 감지 기술을 사용할 수 없었기에 그녀의 진짜 정체를 파악하지는 못했지만 주디에게서 사랑한 사람의 모습을 보고는 그녀에게 접근해 갈색 머리를 금발로 물들이고 매들린의 옷을 입게 한다. 이렇게 캔자스의 상점 점원은 다시 한 번 조선업계의 상속녀로 변모하고, 이것은 모든 사람과 모든 것으로부터 단지 사랑하는 매들린만을 떠올리는 스코티로 하여금 첫 번째 부활을, 나아가 시체와의 사랑을 가능케 한다.

스코티는 〈현기증〉의 결말에 거의 이르러서야 이 잔인한 진실을 알게 된다. 주디는 다시 매들린 연기를 하면서 매들린이 했던 핏빛 목걸이를 함으로써 그 정체가 드러나게 된다. 이는 영화에서 가장 잊기 힘든 몇 초의 순간이다. 마침내 그는 여자의 진짜 모습을, 그녀가 가짜 매들린이자 살인의 공범이었음을 알게 된다. 카메라는 그가 말없이 자신이 의도치 않은 공범이자 희생자 두 가지 역할로 연루되었던 범죄에 대해 알아채는 순간의 반쯤 벌린 입과 깜빡임 없는 푸른 눈을 응시한다.[12] 처음에는 그가 믿었던 모든 것이 거짓이었음을 깨닫는 에피퍼니epiphany의 순간이 스코티에게 카타르시스를 일으키는 것처럼 보인다. 그러나 히치콕은 히치콕이다. 그리고 이러한 카타르시스마저 망상으로 전환된다.

"마지막으로 이 한 가지 일만 하면 나는 과거로부터 자유로워질 거야." 영화의 마지막 순간에 스코티는 주디와 함께 샌프란시스코에서 18세기 기독교 선교단의 정착지로서 원래의 범죄현장이었던 산 후안 바우티스타San Juan Bautista로 운전해 내려가면서 이야기한다.

"사람들은 두 번째 기회를 자주 얻지 못해. 당신이 내 두 번째 기회야." 그리고 스코티는 숨을 멈춘 채 그녀에게 말한다. 높은 곳에 대한 어지럼증과 공포를 극복하고 그는 주디를 매들린 엘스터의 살해된 시체가 땅으로 던져졌던 교회 탑의 나선형 층계로 다시 끌고 올라간다. 그러나 사실 이것은 두 번째 기회가 아니다. 스콧 피츠제럴드가 우리에게 상기시켜주듯이, 두 번째 기회란 복권 당첨을 꿈꾸며 살아가는 미국인의 삶 속에서 대부분 환상이다.

그래서 스코티를 과거에서 완전히 해방시키는 대신 〈현기증〉은 두 번째 시체로 그 막을 내린다. 주디는 공포에 질린 채 탑에서 떨어지고 스코티의 모든 꿈들은 산산이 부서진다. 따라서 히치콕의 〈현기증〉 뒤에는 두 구의 강렬한 시체, 또는 세 구의 시체가 있다. 물론 스코티 퍼거슨, 즉 존재하지도 않았고 존재할 수도 없었던 키메라와 사랑에 빠진 외롭고 기만당한 이 영혼을 포함한다면 말이다.

색조, 흥분, 강인함, 자유

〈현기증〉 속에 있는 모든 것이 만들어진 것은 아니다. 엘스터의 사무실 장면은 할리우드의 스튜디오에서 촬영되었지만 어떤 장면들은 실제로 샌프란시스코 베이 에어리어Bay Area에서 로케이션 촬영을 통해 만들어졌다. 예를 들면, 샌프란시스코만에서의 주디 바턴의 가짜 자살 장면은 1957년 10월 초에 금문교 밑에서 촬영되었으며 교회 탑 위 그녀의 자살은 실제로 몇 주 뒤 산 후안 바우티스타—오늘날 실리콘밸리의 중심지인 산호세San Jose 남동쪽의 작은 마을—에서 촬영되었다.

"그래. 나는 그때 거기 살았더라면 좋았을 거야. …… 색조, 흥분, 강인함, 자유." 당신은 개빈 엘스터가 "1849년 7월의 샌프란시스코"에 대해 말하던 솔직하지 못한 향수를 기억할 것이다. 그런데 이 단어들로 20세기 중반의 샌프란시스코 베이 에어리어를 묘사한다면 이것 역시 솔직하지 못한 말이 될까? 히치콕이 불멸의 영화를 만들었던 그곳에 색조, 흥분, 강인함, 자유가 있었던가?

엘스터의 다른 말을 빌려 보자면, 샌프란시스코 베이 에어리어는 지난 반세기 동안 특히 경제적으로 많이 **변했다.** 1957년 10월에 경제적 강인함은 영화 속 엘스터의 조선회사와 같은 대규모 계층 조직들이 쥐고 있었다. 이런 회사들은 산업 네트워크 경제를 위해 기계제품들을 대량으로 생산할 수 있는 조달력과 조직력을 가지고 있었다.[13] 따라서 이 지역 경제는 이 반도의 최대 고용주로서 국방기업이자 항공기 제조사인 록히드Lockheed나 웨스팅하우스Westinghouse, 제너럴 일렉트릭General Electric: GE, IBM, 실바니아Sylvania 같은 전자제품 제조사들이 장악하고 있었다. 이 회사 중 많은 곳들은 현재까지도 19세기 후반 기계공학자 프레더릭 윈슬로 테일러Frederick Winslow Taylor(제러미 벤담의 감시적 공리주의에 심대한 영향을 받은 사상가)의 과학적 경영 원칙들에 입각하여 경영되고 있는데, 이 원칙들은 인간적이거나 창의적인 목표들보다는 수량화가 가능한 현장 효율과 생산성에 우선순위를 둔다.

소셜미디어 전도사인 존 헤이글John Hagel과 존 실리 브라운John Seely Brown은 이런 거대한 조직구조를 "푸시 경제push economy"라고 지칭했다. "푸시 경제 체계 안에는 계층이 있다. 책임자가 사다리 아래쪽에 있는 이들에게 보상(또는 처벌)을 한다." 헤이글과 실리 브라운은 20세기 중반 기업들의 하향식 권력구조를 이렇게 묘사한다. "푸시 경제 프로그램에 참여하는 사람들은 일반적으로, 계획된 활동들을 수행하기 위한 수단으로 여겨졌다. 그들 자신의 개인적인 필요나 관심사항들은 관련이 있다 하더라도 순전히 부차적인 것이었다."[14]

이런 푸시 경제의 획일성을 비판한 《포천Fortune》 지의 저널리스트 윌리엄 H. 화이트William H. Whyte가 1956년 그의 유명한 비평에서 유행시킨 용어인 "조직인Organization Man"을 고용한 것이 록히드, GE, 웨스팅하우스와 같은 거대하고 계층적인 산업기업들이었다. 화이트에 따르면 이런 조직인들은 전통적인 산업사회의 화이트칼라도 아니고 산업노동자도 아니었다. 그는 "이 사람들은 오직 조직을 위해서 일한다"라고 관찰했다. 화이트에 따르면 "그들은 조직을 위한 삶을 맹세하고 정신적으로 또한 물리적으로 가정을 떠난 우리 중산층의 일원"이었던 것이다. 그러나 화이트가 가장 걱정했던 것은 산업의 혁신을 위한 "창조적 매개자creative vehicle"의 역할이 개인에서 집단으로 대체되는 것이었다. 개인의 권리를 염려하면서 화이트는 조지 오웰이나 존 스튜어트 밀의 집단적 사고에 대한 비평에 뜻을 같이한 바 있다. 그는 "그릇된 집단화의 가장 그릇된 시도는 '집단'을 창조의 매개자로 보려 하는 지금의 시도이다. 그럴 수가 있겠는가?"라며 의문을 제기했다. "사람들이 집단으로서 생각하는 경우는 드물다. 그들은 함께 말하고 정보를 교환하고 판결을 내리고 합의를 한다. 그러나 집단은 생각하지는 않는다. 집단은 창조하지 못한다."[15]

데이비드 할버스탐David Halberstam이 1950년대에 대한 그의 역사 저술에서 말하듯이 "미국인들 삶의 획일성"은 1950년대 중반에 이르자 화이트, 존 케네스 갤브레이스John Kenneth Galbraith나 C. 라이트 밀스C. Wright Mills 등 사회비평가뿐만 아니라 슬론 윌슨Sloan Wilson 같은 소설가들까지 끌어들인 "주요한 지적 논쟁"이 되었다.[16] 윌슨은 1955년작 베스트셀러『회색 플란넬 정장을 입은 남자The Man in the Grey Flannel Suit』에서 집단적 사고와 정신적 빈곤함의 문제를 다루었다. 이 소설은 1956년에 〈현기증〉의 음악을 작곡했던 작곡가인 버나드 허만Bernard Herrmann이 음악을 맡아 영화로 제작되었다. 그러나 허만의 낭만적이고 화려한 음악이 히치콕의 영화에서는 이 영화적 관음증에 적절한 배경 음악이 되었던 반면, 〈회색 플란넬 정장을 입은 남자〉에서 그의 작품은 보다 조용하고 사적이다. 이는 이 영화가 1950년대의 해체된 사회 현실과 함께 그 시대의 비인간적인 경제 시스템, 산업기술, 노동문화에서의 인간소외 현상을 모두 담아내고 있기 때문이었다. 이것은 거대한 언론사의 마케팅 간부들, 아이러니하게도 소통할 수 없고 공적 및 사적 삶이 너무도 단절되어 동료, 친구, 가족 및 그들 자신과조차도 소원해져 버린 이들에 대한 영화다. 이 영화가 그리는 것은 많은 사람들이 믿었듯이 넘쳐나는 개인의 부와, 반대로 충분하지 못한 공공의 이익으로 표현되는 사회였는데, 1960년대의 활동가 및 역사가인 토드 기틀린Todd Gitlin은 이 세계를 "풍요의 뿔과 그것에 대한 불만들"이라고 묘사한바 있다.

하지만 이 흑백사진과 같은 산업문화와 동시에 이 지역, 특히 산타클라라 밸리에는 다채롭게 번성하는 농업경제가 존재했다. 실제로 만약 앨프리드 히치콕과 그의 〈현기증〉 제작팀들이 금문교에서 산 후안 바우티스타로 갈 때 101번 주간 고속도로를 이용해서 가기로 결정했다면 체리와 살구 과수원의 색과 향기가 풍부해 지금까지도 근방에서 "환희의 계곡valley of heart's delight"이라고 불리고 있는 그 목가적인 풍경을 감상할 수 있었을 것이다. 1957년 가을에는 실리콘밸리는 아직 존재하지도 않았다.[17] 샌프란시스코와 산 호세를 아우르는 최첨단 사무실들로 가득 찬 도시 외곽 지역도 없었고, 101번 도로 위의 집단적 교통 혼잡도 없었고, 다음 사회적 화제를 좇으며 도요타 프리우스 하이브리드와 벤틀리 컨버터블을 타는 영리한 기업가 무리들도 없었으며, 거리마다 번쩍거리며 가장 인기 있는 새로운 네트워크들을 홍보하는 전자 광고판들도 없었다. 샌프란시스코 베이 에어리어는 이제 막 태동하고 있었던 것이다.

미래의 도래

미래는 곧 디지털 컴퓨터였다. 기계적 계산기 같은 아날로그 컴퓨터는 적어도 이론적으로는 제러미 벤담이 죽은 그다음 해부터 존재했다. 그것은 벤담의 시체가 처음 대중에게 보여진 1833년에 영국의 박식한 학자 찰스 배비지Charles Babbage에 의해 차분기관Difference engine이라는 이름으로 고안되었으며, 1871년 배비지가 죽을 때까지 계속 어설프게 개선되었다. 백 년 동안의 놀라울 만큼 복잡한 과학적이고 수학적이고 기술적인 발전을 하나의 문장으로 표현하자면,[18] 아날로그 컴퓨터의 기술은 한마디로 혁신적으로 발전해왔다는 것이다. 그러나 그것을 켜는 데 엄청난 양의 전기가 필요했고 그로 인한 통제하기 힘든 크기 및 열 때문에 그 기능성은 언제나 최악이었다. 이러한 난제들을 해결하고, 기술자들의 호기심의 대상에 불과했던 기계식 컴퓨터를 현대 사회의 필수품으로 만들어 현실화시킨 것은 회로의 힘을 증폭시키고 소형화시킬 수 있는 장치, 즉 트랜지스터의 발명이었다.

18세기 제임스 와트James Watt의 증기기관 발명이나 19세기 토머스 에디슨 Thomas Edison의 백열전구 발명처럼 이 발명도 관습적인 세계를 거꾸로 뒤집는, 백년에 한 번 나올 만한 기술혁신 중 하나였다. ≪뉴스위크Newsweek≫의 선임 편집자이자 실리콘밸리 역사 저술가인 데이비드 캐플런David Kaplan은 트랜지스터를 "미래의 토대"이자 "디지털 시대의 필수품"이라고 묘사했다.[19] 이 작은 트랜지스터가 없었다면 개인용 컴퓨터나 인터넷도 없었을 것이고, 스마트폰이나 스마트 텔레비전, 트위터, 포스퀘어나 페이스북 오픈그래프, 사회의 중요한 디지털 조직, 네트워크 지성의 시대도 없을 것이다. 이 작은 트랜지스터가 없었다면 미래─우리의 소셜 미래─는 여전히 존재하지 않을 것이다.

이 미래는 사실 히치콕이 베이 에어리어로 〈현기증〉을 촬영하러 오기 십년 전에 이미 발견되었다. 노벨상을 수상하게 되는 세 명의 물리학자, 즉 윌리엄 쇼클리William Shockley, 존 바딘John Bardeen, 그리고 월터 브래튼Walter Brattain이 1947년 뉴저지의 벨 연구소에서 트랜지스터를 발명했다. 그러나 트랜지스터를 샌프란시스코 베이 에어리어로 가져온 것은 20세기의 가장 선견지명이 있는 과학자 중 한 명인, 마이크 멀론의 표현에 의하면 "실리콘밸리의 첫 번째 시민"인 쇼클리였다. 팔로알토 출신인 쇼클리는 그 자신이 "전자두뇌 electric brain"라고 부르던 것에 대해 깊게 생각했고 트랜지스터가 계산기에 "가상 신경세포"를 제공해줄 것이라는 사실을 이해했다.[20] 그는 1956년 베이 에어리어로 돌아와 미국에서 가장 뛰어난 젊은 과학자들로 구성된 팀─산타크루스 산맥 반대편에 있는 태평양 연안 어촌 마을 페스카데로Pescadero에서 자란 칼텍 Caltech 졸업생 27세 고든 무어Gordon Moore를 포함한—을 만들어 트랜지스터의 상업적 발전에 헌신한 스타트업인 쇼클리 반도체 연구소Shockley Semiconductor Laboratory를 세웠다.

그러나 이 계획에는 문제가 있었다. 이 실리콘밸리의 첫 주민은 과학 천재였지만, 어쩌면 그러한 이유로 인해, 창피한 줄 모르는 자아도취에 빠져 있었는데, 그의 반사회적 행동방식은 그를 이 올스타 기술 팀의 리더에 유독 부적합하게 만들었다. 그래서 1957년 9월, 히치콕이 가짜 매들린 엘스터가 금문교 아래에서 자살을 연기하는 장면을 찍기 몇 주 전에, 일명 "8인의 배신자" —고든 무어와 이후 인텔Intel 공동설립자가 되는 로버트 노이스Robert Noyce를 포함한 미국의 가장 뛰어난 젊은 물리학자들과 전자공학자들의 집단[21]—들은 쇼클리 반도체 연구소를 떠나 데이비드 캐플런이 "실리콘밸리 최고의 하드웨어 회사"라고 부른 회사를 설립했다.

회사의 이름은 페어차일드 반도체Fairchild Semiconductor였으며 스탠퍼드 대학교 근처, 현재 구글 본사 구글플렉스Googleplex가 있는 반도의 마을인 마운틴 뷰Mountain View에 자리 잡았다. 페어차일드 반도체는 이후에 인텔 그리고 어드밴스트 마이크로 디바이시스Advanced Micro Devices: AMD를 낳았을 뿐 아니라 최초의 실리콘밸리 신생기업이기도 했다. 1957년 10월에 설립되고, 첫 번째 캘리포니아 벤처 투자가인 아서 록Arthur Rock의 자금 지원을 받은 페어차일드 반도체는 트랜지스터의 풍부한 금맥을 발견한 첫 번째 회사였다. 이 시기는 마이크 멀론이 설명하듯이, 1848년 1월 서터스밀에서 제임스 마셜이 금을 발견했을 때의 역사적 현기증과 비등할 정도로 어지러운 순간이었다.

마치 문이 열어젖혀진 것 같았다고 멀론은 설명한다. "페어차일드의 과학자들은 갑자기 가시적인 세상에서 원자의 세상으로 들어가듯이, 눈이 부신 속도와 출력, 최고의 계산기를 약속하는 바닥이 보이지 않는 심연을 들여다

보았다. 얼마간의 연구 결과 그들은 하나의 칩에 하나의 트랜지스터만 올라 갈 수 있는 것이 아니라는 것을 발견했다. 열 개, 어쩌면 백 개…… 세상에, 백만 개까지도 올라갈 수 있었다. 어지러웠다."[22]

사실 정말 어지러웠다. 1965년에 고든 무어는 트랜지스터의 혁신적인 힘을 설명하는 그의 고유한 법칙을 만들어냈다. 무어의 법칙Moore's Law은 널리 알려지게 되었듯이 하나의 컴퓨터 칩에 올라갈 수 있는 트랜지스터의 숫자가 2년마다 두 배—그렇다, 두 배—가 됨을 정확히 예측했다. 2년마다 두 배가 되는 이 계산 능력은 갈수록 더 빠르고 갈수록 더 작은 개인용 컴퓨터를 가능하게 했을 뿐만 아니라 인터넷의 확산과 소셜미디어에 대한 오늘날의 열광 역시 가능하게 했다.

네트워크화된 개인정보가 매년 두 배가 된다는 저커버그의 법칙의 모델이 되었던 무어의 법칙은 우리의 어지러운 디지털 시대에 유일하게 변함없는 것이 되었다. 이는 영구적인 경제 및 기술 혁신의 엔진이며, 오스트리아 태생의 경제학자인 조지프 슘페터Joseph Schumpeter가 보다 더 금언적인 법칙에서 자본주의 자유시장에 필연적으로 초래되는 "창조적 파괴"로 묘사한 것의 원인이다.[23] 무어의 법칙과 슘페터의 법칙은 이 계곡에 왜 더 이상 체리나 살구 과수원이 존재하지 않는지를 설명한다. 그리고 그것들은 또한 ≪뉴욕 타임스≫의 베테랑 기술전문기자 존 마코프John Markoff의 말에 의하면 "어쩌면 다른 어떤 지역보다도 실리콘밸리가 지난 반세기 동안 세상을 더 많이 변화시킨" 이유이기도 하다.[24]

그러나 히치콕의 시체들 중 하나처럼, 실리콘밸리의 역사는 언뜻 그래 보이는 것처럼 간단하지만은 않다. 〈현기증〉이 그저 샌프란시스코의 복잡한 길 위에서의 시체 애호증에 관한 특이한 1950년대 영화가 아닌 것처럼, 실리콘밸리의 진짜 역사도 단순히 계속해서 작아지는 전기 회로판들이 갈수록 더 네트워크화되는 인류에게 혁신적인 영향을 미친다는 식의 낙관적인 휘그주의적Whiggish(현재의 관점으로 과거를 재단하는 역사관—옮긴이) 서술로 환원되기 어렵다. 현대의 디지털 혁명은, 19세기의 산업혁명처럼, 결정론적으로 순수한 기술혁신의 결과로만 보기에는 인류 역사에서 너무나 획기적인 사건이며 낯선 해변으로의 너무나 거대한 여정이다.

기술을 모든 연속적인 사회적, 경제적 그리고 문화적 변화를 일으키는 제1원인, 혹은 사물 자체로 보는 것은 케빈 켈리Kevin Kelly부터 니컬러스 카[25]에 이르는 기술 이상주의자들과 현명한 기술 회의론자들이 같은 정도로 비슷하게 빠질 수 있는 함정이다. 따라서 리처드 플로리다Richard Florida가 주장하듯이 "우리 시대의 깊고 지속되는 변화는 기술적인 것이 아니라 사회적이고 문화적인 것이다".[26] 플로리다는 사회적 및 문화적 변화는 물론 경제적 변화도 우리의 디지털 시대를 형성하는 데 적어도 기술적 변화만큼이나 동등하게 중요하다고 말한다. 따라서 8인의 배신자들 같은 기술자들의 혁신과 동시에 실리콘밸리의 역사도 그것의 사회적 가치, 도덕적 판단, 경제적 안목, 그리고 일부 사회학자들은 '이데올로기'라고 부를 맥락에서 이해되어야 한다. 그리고 그것은 전자회로의 단순한 구조가 아닌 집합적 관념들의 복잡한 구조를 가지고 있는데, 이 안에서 오늘날 소셜로 대표되는 디지털 숭배digital cult의 기원을 가장 효과적으로 알아낼 수 있다.

하지만 이 발견을 위해서 우리는 20세기 중반 베이 에어리어에 대한 이전의 질문으로 돌아가야 한다. 진실은, 총천연색의 과수원들에도 불구하고 억압되었고 또 억압적이었을 것으로 추정되는 조직인들에 의해 운영된 거대한 전자, 국방, 에너지 회사들의 단색적인 산업기반시설들을 가지고 있던 샌프란시스코 베이 에어리어가 1957년 가을에는 눈에 띄게 흥미로운 장소도, 다채로운 장소도 아니었다는 것이다. 그러나 이는 다음 10년 동안 극적으로 변화한다. 1957년과 1967년 사이에 베이 에어리어는 그 지역, 그리고 실제로 세계 전체가 이후에는 한 번도 겪어보지 못한 매우 강력한 사회적인 색조와 흥분의 폭발을 경험했다.

러브인

1967년까지 샌프란시스코 사람들은 그들의 회색 플란넬 정장을 무지개색 옷과 사이키델릭한 스카프들로 대체했다. 사랑이 인간 가치의 척도로서 과학적 경영의 자리를 빼앗았다. 숨겨진 불만을 품고 있던 풍요는 투명한 욕망의 풍요로 대체되었다. 그리고 수만 명의 샌프란시스코 사람들은 불쌍한 스코티 퍼거슨처럼 존재하지도 않는 것과 사랑에 빠졌다.

"샌프란시스코에 간다면, 잊지 말고 머리에 꽃을 꽂으세요." 스콧 매켄지 Scott McKenzie는 1967년 6월 중순 몬터레이 팝 페스티벌Monterey Pop Festival에서 이렇게 노래했다. 노래의 제목은 "샌프란시스코(잊지 말고 머리에 꽃을 꽂으세요)San Francisco: Be Sure To Wear Some Flowers In Your Hair"였고, 마마스 앤드 파파스 Mamas and Papas의 작사가이자 페스티벌 주최자 중 한 사람인 존 필립스John Philips가 매켄지를 위해 특별히 써서 몬터레이에서 처음 선을 보였다.

그러나 몬터레이에서 데뷔한 것은 그저 하나의 노래가 아니라 시대 전체였다. 페어차일드 반도체처럼, 이 3일간의 몬터레이 팝 페스티벌—많은 다양한 음악가들과 다양하고 수많은 낯선 사람들로 이루어진 관중을 함께 불러 모으는 것이 사회적 초점이었던—은 그 시대를 대표하는 상징이었다. 8인의 배신자들에 의해 세워진 회사가 인텔이나 AMD 같은 더 큰 칩 회사들을 낳았듯이, 몬터레이 페스티벌도 우드스탁Woodstock이나 알타몬트Altamont 같은 더 큰 사회적 음악 축제들의 영감이 되었다. 또한 페어차일드 반도체가 다른 최첨단 회사 그 이상이었듯이 몬터레이 팝 페스티벌도 다른 음악 행사 이상의 것이었다.

1967년 6월 중순, 적어도 5만 명—어떤 통계에는 10만 명으로도 기록되었다—

의 친밀한 낯선 이들로 이루어진 군중이 몬터레이, 즉 히치콕이 현기증의 자살 장면을 촬영했던 산 후안 바우티스타라는 옛 선교지에서 멀지 않은 스페인 식민지 마을로 북캘리포니아 해안을 따라 내려왔다. 그들은 일부는 머리에 꽃을 꽂은 채로 스콧 매켄지, 지미 헨드릭스Jimmy Hendrix와 재니스 조플린Janis Joplin, 더 후the Who, 마마스 앤드 파파스, 그레이트풀 데드Grateful Dead의 음악을 듣기 위해서뿐만 아니라 공존togetherness의 신선한 개화를 축하하기 위해 축제에 왔다. 이 공존은 미국 그리고 전 세계가 친구로 함께 단합하기 위한 새로운 시작이자, 두 번째 기회처럼 보였다.

"샌프란시스코에 간다면, 거기서 친절한 사람들을 만날 거예요." 스콧 매켄지는 몬터레이에서 노래했다. 〈샌프란시스코(잊지 말고 머리에 꽃을 꽂으세요)〉는 그 시대의 시대정신을 창조하는 동시에 반영했다. 이 곡은 앨범이 700만 장 이상 팔리면서 순식간에 전 세계적인 히트곡이 되었으며, 1960년대 대항문화가 표방한 사회적 공존의 주제가로 떠올랐다.

실제로 1967년 6월 몬터레이로 수많은 사람들을 끌어들인 것은 **사람을 만날 것**이라는 약속이었다. 음악 콘서트 못지않게 3일간의 이벤트들은, 공유하고 음악을 통해 사람들을 모으고 낯선 이들을 친구로 바꾸는 사회적 실험이었다. 몬터레이에서 1950년대에 공적 삶과 사적 삶 사이에 있던 단단한 장애물은 파괴되었고, 그 결과로 낯선 이들 사이의 친밀감을 만들어내기 위해 설계된 투명하고 공개된 공간이 창조되었다. 1967년에 사람들은 이런 형태의 사회적 난교를 부르는 용어도 만들어냈는데, 그들은 이것을 "러브인love-in"이라고 불렀다.

"당신이 샌프란시스코로 온다면" 스콧 매켄지는 몬터레이로 오는 수만 명의 사람들에게 약속했다. "그곳에서는 여름이 러브인이 될 거예요."

"러브인에 가본 적 없어요?" D. A. 페너베이커D. A. Pennebaker가 제작한 이 페스티벌에 대한 최고의 다큐멘터리 영화 〈몬터레이 팝Monterey Pop〉[27]의 도입부에서 눈이 휘둥그레진 젊은 여성이 인터뷰어에게 묻는다. "그건 부활절과 신년 그리고 크리스마스와 당신 생일이 모두 합쳐진 것 같을 거예요. …… 어디에서나 떨림이 흐를 거예요."

확실히 1967년 여름은 매일이 부활절, 신년, 크리스마스 그리고 우리 모두의 생일인 것처럼 시작했다. "사랑, 사랑, 사랑, 사랑, 사랑, 사랑, 사랑, 사랑, 사랑. 당신이 못 할 일이란 없어요." 비틀스the Beatles는 그해 여름의 또 다른 큰 히트곡 〈당신에게 필요한 건 사랑뿐이죠All You Need Is Love〉에서 그렇게 불렀다. 사실 몬터레이 팝 페스티벌은 2년간에 걸친 우정, 나눔, 그리고 협동에 관한 대항문화의 실험인 '사랑의 여름'의 시작이 되었다.

1967년 여름은 디지털 시대 이전의 월가 시위 같았다. 샌프란시스코의 해이트-애시버리Haight-Ashbury 근방에 세계 본부를 두고, 사랑의 여름은 세계의 모든 '친절한 사람들'을 모으기 위한 대담한 시도를 벌였다. 섹스, 마약, 로큰롤처럼 충격적인 헤드라인 뒤로 1967년 여름 그 도시로 왔던 사람들은 세계적인 사회의 연결성이라는 애정 어린 이상을 추구했다. 《샌프란시스코 오라클San Francisco Oracle》은 이것을 "동정, 의식, 사랑 그리고 전 인류의 단합이라는 계시의 르네상스"라고 마치 돈 탭스콧이나 우메어 헤이크를 연상시키듯이 묘사했다.[28]

이 전 인류의 단합이라는 이상은 대항문화의 가장 중요한 테마, 그게 아니라면 적어도 가장 중요한 테마들 중 하나가 되었다. 1960년대를 연구한 역사가 토드 기틀린은 그것이 "집단으로 거주하는 히피들, 즉 모든 상처받고 갈망하는 영혼들을 결핍과 그 결과인 옹졸함 및 공격성을 넘어 다정한 집합체로 끌어들일 수 있는 사회적 결합의 이상"을 나타냈다고 설명했다.[29] 기틀린에 의하면 5만 명에서 7만 5000명 사이의 사람들이 그들이 소유한 것, 그들의 영혼, 그들의 육체, 그들의 좋은 떨림, 그들을 흥분하게 하는 것, 그들의 과거 그리고 미래를 기꺼이 드러내놓고 공유하기 위해 1967년 해이트-애시버리에서 만들어진 러브인에 모여들었다.

"온 나라가 신기한 설렘에 휩싸이고 사람들은 움직이고 있어요." 스콧 매켄지는 몬터레이에서 노래했다. "새로운 해답을 가진 온전한 세대가 태어났어요." 하지만 이 "새로운 해답"은 정확히 무엇이었으며, 사랑의 여름 동안 구체적으로 누가 답을 내리고 있었는가?

소셜맨

이 문화 반란의 지적 기원은 8인의 배신자들이 마운틴 뷰에 회사를 세우고 히치콕이 〈현기증〉을 촬영하던 때로 거슬러 올라갈 수 있다. 1957년 9월, 페어차일드 반도체가 설립되기 한 달 전에, 잭 케루악Jack Kerouac의 『길 위에서 On the Road』가 출간되었고,[30] 이것은 빠르게 전체 세대들에게 답이 되었다. 밥 딜런Bob Dylan도 그 세대 중 한 명이었는데, 그는 비트 제너레이션Beat generation(1950년대 미국의 경제 풍요 속에서 개개인이 거대 조직의 부속품으로 전락하는 것에 반대하며 인간 정신에 대한 신뢰와 낙천적 사고를 중시한 세대—옮긴이)의 시인 앨런 긴즈버그Allen Ginsberg에게 이것이 "모든 다른 이들에게 그랬듯이 나의 삶을 바꾸었다"라고 고백했다. 케루악은 불만족의 풍요를 문학으로 바꾸고, 사회의 경계에 서 있는 아웃사이더, 즉 방랑하는 보헤미안으로서 현대적 가정, 학교, 교외 그리고 직장의 참되지 않은 것으로 추정되는 관습들을 비웃음으로써 모든 사람들의 삶을 바꾸어놓았다. 긴즈버그나 티머시 리어리Timothy Reary 그리고 게리 스나이더Gary Snider 같은 다른 자유주의자 비트 시인들과 함께 케루악은 모든 형태의 전통적인 권위—주류 언론 및 거대 정부부터 조직 일반과 회색 플란넬 정장의 남자에게까지—에 도전했다. 이것은 새로운 진동이었는데, 프랑크푸르트학파의 마르크스주의 철학자 허버트 마르쿠제Herbert Marcuse

가 1964년 그의 베스트셀러인 『일차원적 인간One-Dimensional Man』에서 '관습적 산업사회'라고 불렸던 것에 대항하는 보헤미아주의bohemianism의 다채로운 폭발이었다.

그러나 이 새로운 설명은 전통적 권위에 대항하는 비트족Beatnik들의 보헤미안적 반란에 그치지 않았다. 이것은 런던정경대학의 사회학과 교수 리처드 세넷Richard Sennett의 말을 빌리자면 "공동의 환상에 의해 만들어진 집단적 인성"을 가진 공동의 봉기였다. 그리고 그 환상은 세넷이 "사회적 관계들의 친밀함"이라고 부르는 것에 집중되어 있었다. 보헤미안 반란의 급진적 자유주의와 동시에 마르쿠제나 작가 폴 굿맨Paul Goodman과 같은 1960년대 급진주의자의 공동체주의적 이상주의도 존재했는데, 역사가 시어도어 로스작Theodore Roszak은 이들을 대항문화의 "최전선"이라고 칭했다.[31]

인간 정신에 대한 전문가인 마르쿠제와 굿맨 같은 이론가들은 1950년대 기업의 **일차원적** 인간을 전 인류의 통합자인 사회적 버전의 인간으로 업그레이드시켜 새로운 유형의 인류를 만들어내려고 노력했다. 그들의 공동체주의적 신념체계는 개빈 엘스터 스타일의 허구적 과거에 대한 향수에 근거했는데, 이 허구적 과거란 마음이 즐거운 산업화 이전의 시대, 곧 '소규모의' 산업주의가 "마을이나 지역의 정신ethos의 시녀" 역할을 하는 끝나지 않는 러브인을 의미한다. 식민화되기 이전 인디언들의 지역사회를 재건한다는 폴 굿맨의 시대착오적인 믿음이건, 자본주의로부터의 인간의 정신적인 소외나 혁명 후 사회적 통합에 대한 허버트 마르쿠제의 이론과 약속이건, 샌프란시스코 디거스San Francisco Diggers 같은 공동체주의 히피 집단의 자발적인 원시주의이건 간에 상상 속에서 과거의 집단 사회를 상정하고 있다는 것, 그리고 소셜 이상주의자인 돈 탭스콧이나 제프 자비스가 현재 이상화하고 있는 구전 문화와 연결된다는 점에서는 동일한 귀결을 지닌다. 다른 프랑크푸르트학파의 석학인 발터 벤야민Walter Benjamin은 이에 대해 "새로운 것의 출현에 동반되는

유토피아적인 이미지는 언제나 동시에 원래의 과거ur-past로 돌아가게 되어 있다"라고 말했다.[32]

과거 공동체의 순수성에 대한 그들의 믿음은 확실히 새로운 것은 아니었다. 두 세기 전에 장 자크 루소Jean Jacques Rousseau는 머나먼 과거를 근거로 아마도 비정하고 불평등했을 당대의 사회에 대해 비슷한 공격을 시작했다. 귀중한 다섯 권짜리 책 『사생활의 역사A History of Private Life』에서 프랑스 역사가 장 마리 굴망Jean Marie Goulement은 루소의 "스스로에 대해 투명한 시민 개념"에의 집착을 묘사한다.[33] 루소가 1758년 직접 『달랑베르에게 보내는 편지Letter to D'Alembert』에서 특유의 공동체주의적 향수를 가지고 썼듯이, "상대를 사랑하는 데 매우 많은 이유가 있고 언제나 결합된 채 머무는 사람들보다, 가끔씩 만나 그들 사이에 기쁨과 즐거움의 다정한 결합을 만드는 사람들이 무엇이 더 낫단 말인가?"[34]

우리가 되돌아갈 수만 있다면, 굿맨과 마르쿠제가 루소적인 향수의 논리를 펼치기 전으로, 록히드와 IBM 이전으로, 조직인과 군산 복합체 전으로, 모든 사람들이 머리에 꽃을 꽂았던 때로, 마을과 이웃으로 이루어진 참된 사회로 돌아갈 수만 있다면, 우리는 진짜 색조, 흥분, 강인함 그리고 자유가 인간에게 무엇을 의미했어야 하는지를 재발견할 것이다.

허버트 마르쿠제의 뮤즈 카를 마르크스Karl Marx는 실패한 1848년 프랑스 혁명에 대한 그의 에세이 『루이 보나파르트의 브뤼메르 18일The 18th Brumaire of Louis Bonaparte』에서 "사람은 그들의 고유한 역사를 만들지만 그들이 원하는 대로 만들지는 않는다. 그들이 선택한 상황하에서가 아닌, 과거로부터 직접 마주치고 주어지고 보내진 상황하에서 만든다"라고 주장했다.[35] 그리고 이것은 1848년에 사실이었던 만큼 1967년에도 사실이었고, 그러한 이유로 시위자의 해였던 2011년에도 사실이었다. 사랑의 여름 동안 산업 이전 사회에 대한 집착 때문에 1967년 해이트-애시버리의 러브인에 모여들었던 수만 명의 사람들은 시어도어 로스작의 말을 빌리자면 "기술관료주의technocracy의 아이들"—
그들이 도망치려 했던 괴물 같은 후기산업사회의 산물—이었다.[36]

이것은 개인 존재의 고유함[37]과 집단적 공존 모두를 추구하며 점점 더 자
발적으로 변하는 시위자들의 세대였고, 런던정경대학의 리처드 세넷이 "친
밀한 사회"[38]라고 부른 것을 만들고 싶어 하는 고독하고 분열적인 개개인이
모인 군중 무리였다. 하버드 대학교의 사회학자 대니얼 벨Daniel Bell은 사랑의
여름 때의 사회적인 것에 대한 숭배를, 사회에서 사람들의 경제적 상황과 그
상황에 대한 문화적 인식이 정반대로 달랐다는 의미에서 "자본주의의 문화
적 모순"이라고 묘사했다. 사회로부터 유리된 외로운 사람들은 점점 더 전통
적인 사회집단으로부터 분리되었고, 그럴수록 '사회적인 것'에 대한 개념에
점점 더 심취했다. 그러나 그들에게 사회적인 것의 정의란 너무나 개별화되
었고 지나치게 그들 각각의 정체성이 반영되어 있어서 그들의 사회적 진실성
에 대한 숭배는 동시에 진실한 자아에 대한 숭배였으며, 문화비평가 크리스
토퍼 래시Christopher Lasch의 기억에 남는 표현에 따르면 나르시시스트가 "자신
을 선망하는 관중 없이는 살아갈 수 없는" 자아도취의 문화가 만들어졌다.[39]

갈수록 개인화되는 사회와 커져가는 공동의 정체성에 대한 열망 사이의
아이러니는 앨빈 토플러Alvin Toffler가 1970년 작 베스트셀러 『미래 쇼크Future
Shock』에서 포착한바 있다. 이 책은, 주식시장에서의 거래가 개인적 평판을
따르고 정보의 흐름이 세찬 오늘날 웹 3.0 시대의 비영구성에 대한 무시무시
할 정도로 정확한 경고였다. 토플러는 "사람들이 서로와 **관계를 맺을 수 없**
다고, 또는 다른 사람들과 **소통할 수 없다**고 가장 크게 불평하던 사람들이 바
로 더 큰 개인성을 촉구하는 그 사람들인 경우가 종종 있다는 점은 아이러니
하다"라고 관찰했다.[40] 따라서 토플러가 지적했듯이, 산업화 시대 이후의 인
간은 산업시대 이전의 선조들과 달리 우리를 공동체에 대한 강한 정체감에서
멀어지게 하는, 다른 여러 가지 '임시적 대인관계'를 만들어낼 수 있는 '조립

인간modular man'이다. 토플러는『미래 쇼크』에서 "사물들과 장소들이 우리의 삶을 빠른 속도로 흘러 지나가듯이 사람들도 그렇다"라고 썼다.

불행하게도, 몬터레이 팝 페스티벌에 왔던 사람들 대부분은 그들의 강한 개인주의와 공동체를 향한 열망 사이의 모순에 대해 많이 생각하기에는 **임시적인 대인관계로** 너무 바빴다. "이건 나의 세대야, 이건 나의 세대라고, 자기." 더 후가 몬터레이에서 노래 불렀다. 이것은 또 다른 1960년대의 주제곡 〈나의 세대My Generation〉의 가사다. 그러나 이것은 소셜미디어가 나의 공간인 것과 같은 방식으로 나의 세대였다. 즉, 그들 각자의 개인적 필요와 욕망에 따라 그 자신의 공동체를 만드는 자아도취적인 보헤미안의 세대였다. 이 보헤미안들은 돌턴 콘리가 말한 인트라비주얼의 초기 선조들이었거나 셰리 터클과 조너선 프랜즌이 말한 자신에게 몰두한 디지털 시대의 젊은이들, 즉 오늘날 포스퀘어, 에어타임 그리고 플랜캐스트의 시대를 떠도는 파편화된 나비들, 네트워크화된 공동체에서 공동체로 또 개인화된 온라인 체험에서 체험으로 자유롭게 돌아다니는 나르시스적인 나비들이었다.

비현실적일 정도로 아름답고 부유한 매들린 엘스터처럼, 사랑의 여름은 현실이 되기에는 너무 좋은 것이었다. 한편으로 대항문화는 새로운 인간, 즉 전통적 사회의 족쇄에서 벗어나 아주 개인주의적이고 자유롭게 생각하는 인간형을 장려했다. 그러나 다른 한편으로 그것은 산업사회 이전의 마을들에서 볼 수 있었던 공산 사회의 자궁으로의 귀환을 약속했다. 이 보헤미안적 개인주의와 원시적 집단주의를 성공적으로 융합할 수 있는 가능성은 거의 히치콕 영화의 플롯이 현실에서 일어날 가능성에 비할 만한 것이었다. 사랑의 여름은 제대로 작동할 수 없었다. 그리고 우리가 모두 알고 있듯이, 실제로 제대로 작동하지 않았다.

물론 이것은 우리가 이미 영화에서뿐만 아니라 현실에서도 보아온 그림이다.『일차원적 인간』과『길 위에서』를 배낭에 넣고 1967년 샌프란시스코로 흘러들어 간 이 유행을 따르는 젊은이들은 재물을 찾아 떠난 1849년의 속물적 황금 사냥꾼들보다는 나을지도 모른다. 하지만 세계적 러브인에서 모든 인류를 통합하려던 그들의 해방운동에 대한 꿈은 금을 발견하겠다는 포티나이너들의 믿음만큼이나 비현실적인 것이었다. 그래서 혁명적인 '사랑의 여름'의 실험이 전 세계의 연결이 아닌 다툼으로 끝났다는 것은 별로 놀랍지 않다.

"늙기 전에 죽었으면 좋겠어요"라고, 더 후가 몬터레이 무대에서 청소년들의 열망에 카타르시스를 주기 위해 악기를 부숴버리기 전에 노래했다. 이 행위는 바로 1960년대가 어떻게 끝날 것인가에 대한 예언과도 같았다.

샌프란시스코의 '친절한 사람들' 중 다수가 실제로 1960년대 말이 되자 폭력적이고 냉소적으로 바뀌었다. 그들은 부분적으로는 급진적 공동체주의와 개인주의가 위험할 정도로 팽배함에 따라 점점 더 불안을 느꼈다. 영국의 다큐멘터리 감독 애덤 커티스가 주장하듯이, "그들을 갈라놓은 것은 추방되기로 예정되어 있던 것, 바로 권력이다. 어떤 사람들은 다른 사람들보다 더 자유로웠다. 강한 인물들이 약한 이들을 지배했지만 규칙은 억압에 대한 어떤 조직화된 반대도 허용하지 않았는데, 그러한 조직화된 반대는 정치가 될 것이기 때문이었다."[41] 따라서 맨슨 패밀리Manson family(희대의 연쇄 살인마 찰스 맨슨을 따르는 일단의 히피족을 가리키며, 특히 15~20세 여자들이 많았다—옮긴이)가 러브인을 대체했다. 노숙, 굶주림, 마약중독, 범죄 그리고 질병이 가득했던 1969년의 해이트-애시버리가 점점 더 부서진 사람들과 꿈들의 시체가 늘어선 공동묘지였던 1849년의 샌프란시스코처럼 보이게 된 것은 순전한 우연은 아니다.

그러나 우리가 히치콕의 〈현기증〉에서 알 수 있듯이, 시체는 결코 보이는 것만큼 죽어 있는 상태는 아니다. 오히려 마르크스가 1848년의 실패한 혁명에 대한 글에 썼던 인상적인 말처럼 "모든 죽은 세대들의 전통은 살아 있는 이들의 두뇌에 악몽처럼 작용한다". 진실은 이렇다. '사랑의 여름' 세대, 나의 세대는 사실 1969년에 죽어 없어지지 않았다. 그것은 그저 온라인으로 이동했을 뿐이다. 그리고 오늘날 그 파장은 우리 주변 모든 곳에 있다.

그것은 소셜미디어라고 불린다.

제5장

소셜에 대한 숭배

영화는 본디 사회적인 것이다.

_ 마크 저커버그

맥거핀

1939년 컬럼비아 대학교에서의 강의에서 앨프리드 히치콕은 그의 작품 속의 서사적인 트릭에 대해 다음과 같이 말했다. "우리는 스튜디오에서 그것을 '맥거핀Maguffin'이라 부릅니다. 이것은 어느 이야기에서나 보통 기계적으로 나타나는 요소지요. 이것은 악당 영화에서는 거의 항상 목걸이이고 스파이 이야기에서는 서류입니다."

맥거핀은 관객의 주의를 끌지라도 영화의 실제 플롯에서 절대 중심적인 것으로 나타나지는 않는다. 히치콕의 전기 작가인 패트릭 맥길리건Patrick McGilligan은 언급하기를, 히치콕의 어느 작품의 마지막에도 맥거핀은 항상 "모순이 되고, 의도적으로 핵심에서 벗어난다"라고 했다.[1]

인터넷에 대한 어느 스토리에나 나타나는 기계적 요소는 기술이다. 그것이 바로 이 책에서의 맥거핀이다. 물론 오늘날의 소셜미디어 혁명은 기술의 커다란 진보 없이는 일어날 수 없었을 것이다. 1970년대 초에 실리콘밸리의 전기공학자들은 디지털 장비의 대규모 네트워킹을 가능하게 하는 두 가지 대단히 중요한 기술적 발전을 만들어냈다. 패킷 스위칭을 위한 표준의 도입과 고든 무어, 로버트 노이스의 인텔 사에 의해 개발된 1세대 마이크로프로세서가 바로 그것이다. 존 헤이글과 존 실리 브라운은 이것을 중앙집권적이고 계층적인 산업 경제에서 평평하고 더욱 사회적이고 평등주의적인 디지털 경제로의 "대이동"이라고 묘사했다.[2] 이 대이동은 개인용 컴퓨터에게 서로 소통할 권한을 주었고, 그렇게 함으로써 1876년 알렉산더 그레이엄 벨Alexander Graham Bell의 발명 이후 커뮤니케이션 기술에서의 가장 눈부신 발전을 이루었을 뿐 아니라 클레이 서키와 돈 탭스콧 같은 현대의 집단주의자에 의해 예고된 "사회의 결합조직"을 만들었다.

그럼에도 불구하고 적어도 지금까지 밝혀진 소셜미디어의 실제 역사에 의하면 이 기술적 발전들은 대부분 핵심이 아니다. 당신은 《뉴욕 타임스》의 기술전문기자 존 마코프가 "아마 실리콘밸리는 지난 반세기 동안 그 어느 지역보다 많이 세상을 변형시켜왔을 것이다"라고 적은 것을 기억할 것이다. 그러나 마코프는 절반만 맞았다. 그렇다. 실리콘밸리는 혁명적인 마이크로프로세서와 패킷 스위칭 네트워크와 함께 세상을 변화시켜왔다. 그러나 세상 또한 실리콘밸리를 디지털 기술 발전을 위한 20세기의 과학 중심지로부터 21세기 글로벌 사회, 문화, 경제 혁명의 기관실로 변화시켜왔다.

"기술은 인성에 영향을 미친다." 문화적으로 보수적인 《뉴욕 타임스》의 칼럼니스트 로스 도댓은 그렇게 주장한다.[3] 아마도 그럴 것이다. 하지만 더욱 중요한 것은 인성이 기술에 영향을 미친다는 것이다. 마코프처럼[4] 실리콘밸리의 문화사를 연구하는 스탠퍼드 대학교의 미디어 사학자 프레드 터너Fred Turner,[5] 《파이낸셜 타임스》의 제임스 하킨James Harkin,[6] 컬럼비아 대학교의 법학자 팀 우Tim Wu[7]는 모두 대항문화의 탄생과 죽음이 월드와이드웹과 개인용 컴퓨터의 기원과 밀접하게 연결되어 있음을 면밀히 분석했다. 괴짜 공상가 J. C. R. 링클리더J. C. R. Linklider와 더글러스 잉글바트Douglas Englebart, 지구백과Whole Earth Catalog 및 WELL의 설립자 스튜어트 브랜드Stewart Brand, 《와이어드》 잡지의 창립 편집인 케빈 켈리, 애플의 설립자 스티브 잡스Steve Jobs와 스티브 워즈니악Steve Wozniak, 그레이트풀 데드의 작사가이자 전자 프론티어 재단Electronic Frontier Foundation의 공동창립자인 존 페리 발로John Perry Barlow와 같은 디지털 세대의 선구자들은 그들 스스로가 대항문화의 보헤미안적 산물이었다. 프레드 터너가 "새로운 공동체주의자"라고 부르는 이 선구자들은 1960년대의 파괴적 자유의지론, 계층과 권한의 거부, 개방성에 대한 심취, 투명성과 개인적 진실성, 그리고 글로벌 공산사회주의를 "사이버 공간"이라고 알려진 문화 속으로 들여왔다. 그들의 비전은 컴퓨터를 통해 연결된 글로벌 네트워크에서 모든 인류를 연합하는 것이었다. "이 이상한 아이디어가 우리가 지금 인터넷이라고 부르는 것의 기초다"라고 팀 우는 언급한다.[8]

"웹은 기술적이라기보다는 사회적인 창조다" 월드와이드웹의 원설계자인 팀 버너스리Tim Berners-Lee는 인터넷의 핵심적인 사회적 목적에 대해 "나는 이것을 기술적인 장난감으로서가 아니라 사람들이 함께 일하는 것을 돕기 위한 사회적 효과를 위해 설계했다. 웹의 궁극적인 목표는 우리의 세상에서 거미줄 같은 존재weblike existence를 지원하고 향상시키는 것이다. 우리는 가족, 단체, 회사들로 응집한다. 우리는 거리를 가로질러 신뢰를 형성하고 불신을 몰아낸다"라고 고백했다.[9]

따라서 인터넷의 구조가 팀 우가 "네트워크 디자인"―그는 정확히 관찰하기를 "모든 디자인과 마찬가지로 이데올로기로서 이해할 수 있다"라고 한다[10]―이라고 말한 디지털 선구자들의 보헤미안적 가치를 반영하게 된 것은 우연이 아니다. 케루악의 『길 위에서』에 등장하는 영원한 아웃사이더 딘 모리아티Dean Moriaty처럼, 컴퓨터에 의해 연결된 인류의 글로벌 네트워크인 사이버 공간의 아이디어는 모든 곳이 주변이고 그 어디에도 중심이 없는 무한히 팽창가능한 우주와 같은 형태로 개발되었다. 그리고 이 우주는 자신을 글로벌 시민으로 여기는 떠돌이 보헤미안의 정처 없는 개인주의에 적합하다. 그렇게 이것은 전통적인 공동체 및 문화적 위계에 대한 저항과 함께 '사랑의 여름'이 지닌 파괴적 정신의 불씨가 꺼지지 않게 하는 하나의 방법이 되었다.

"개인용 컴퓨터의 목적은 컴퓨터 네트워크 커뮤니케이션의 아이디어와 밀접한 연관이 있었다"라고 팀 우는 설명한다. "이 두 가지 모두 급진적인 기술이었고, 사라진 대항문화의 일종이다."[11] 그 후 개인용 컴퓨터와 인터넷은, 더 이상 실제 사회에는 헌신하지 않고 네트워크 기술을 통해 같은 뜻을 가진 사람들 사이의 글로벌 사회에 헌신하는 사람들에게 고향과 같은 곳이 되었다.

"나는 Barlow@eff.org.에 삽니다. 그것은 내가 사는 곳이죠. 그것이 내 집입니다." 존 페리 발로가 설명했다. 페이스북을 다룬 영화 〈소셜네트워크〉가 그리는 숀 파커처럼 수상쩍게 들린다. 또 다른 실리콘밸리의 선구자인 에스터 다이슨Ester Dyson의 말로 옮기자면 "넷Net처럼, 나의 삶은 분산화되었다. 나는 넷에 존재한다"라고 할 수도 있다.[12]

1960년대 대항문화의 엘리트가 미국의 주류 계층으로 편입되었을 때 그들이 반체제적 개인주의와 낭만주의적 공동체주의를 수반하는 더 넓은 경제적 삶을 재구성한 것은 우연이 아니다. 보수적인 ≪뉴욕 타임스≫의 칼럼니스트 데이비드 브룩스부터 진보적인 ≪월스트리트 저널≫의 칼럼니스트 토머스 프랭크Thomas Frank에 이르는 오늘날의 제반 정치신념에 대한 논평가들은 권력에 도전하는 아웃사이더라는 이상이 21세기 초에 가장 가치 있는 경제적 상품의 하나가 되어왔다는 것에 주목했다. 회색 플란넬 정장을 입은 남자 기업인은 브룩스가 말한 우리 시대의 자유분방한 부르주아 보헤미아인, 즉 "보보Bobo"[13]로 변모했다. 이들은 1997년 애플의 마케팅 표어인 "다르게 생각하라Think different"[14]로 가장 잘 요약되고 주류의 일부가 되기를 거부하는 신념으로 무장했으며 세일즈와 마케팅에 능수능란한, 프랭크의 말에 따르면 "유행에 밝은 소비자중심주의자"였다.[15] 하버드 비즈니스 스쿨의 쇼샤나 주보프 Shoshana Zuboff 교수가 말하듯이, 탈대량생산 경제는 "스스로 결정하는 개인이라는 새로운 사고방식을 낳았다. 이러한 사고방식은 한때 부유한 자, 예술가,

시인, 철학자와 같은 엘리트들의 전유물이었다. 그러나 이제 그것은 우리 모두의 사고방식이 되었다".[16] 혹은 NPR의 선임 편집인 딕 메이어의 말을 재인용하자면 "우리 모두가 이제 대항문화의 일원"이 된 셈이다.

우리가 관심을 기울이지 않는 동안 산업시대는 이미 끝났다

그동안 디지털 혁명은 경제 지평의 또 다른 깊은 구조적 변화를 일으킨 가장 중요한 원인이자 결과였다. IBM, 록히드, GE 같은 단일 거대기업들에 의해 지배되던 산업 경제는 더욱더 개인화된 경제로 변화했으며, 이는 20세기의 영향력 있는 경제 이론학자 피터 드러커Peter Drucker가 "지식" 혹은 "정보" 사회라 정의한 것에 의해 형성되었다. 드러커는 이러한 경제적이고 사회역사적인 의의가 19세기의 산업혁명에 필적한다고 믿는다. 드러커는 2001년 봄에 출간한 그의 책에서 "우리는 다음 사회와 경제가 어떠한 모습일지 아직 확실하게 말할 수 없다. 우리는 아직 과도기의 극심한 고통 속에 있다"라고 썼다. "대부분의 사람들의 믿음과는 다르게, 이 과도기는 19세기에 진행된 두 과도기와 눈에 띄게 비슷하다. 하나는 1830년대와 1840년대의 철도, 우편 서비스, 전신, 사진, 유한책임기업, 투자은행의 등장에 따른 것이다. 두 번째는 1870년대와 1880년대에 철강, 전등, 전력, 합성 유기화학물질, 재봉틀, 세탁기, 중앙난방, 지하철, 엘리베이터가 설치된 아파트와 사무실 건물과 마천루, 전화와 타자기가 구비된 현대의 사무실, 기업 법인과 상업은행의 등장으로 나타났다"라고 드러커는 주장했다.[17]

드러커는 산업 생산의 거래 기반 경제에서 정보 교환에 의해 주도되는 경제로의 엄청난 변화를 묘사하고 있다. 제조업자 혹은 유통업자로부터 "고객" 에게로 "중력의 중심"이 이동한 것이다.[18] 드러커는 내일의 "자유시장"은 거래보다는 정보의 흐름을 의미한다고 주장한다.[19] 그리고 페이스북, 링크드인, 구글플러스, 트위터와 같은 소셜네트워크가 점점 더 중요해지는 디지털 정보 경제에서 가치의 핵심 생산자는 베스트셀러 작가 대니얼 핑크Daniel Pink가 자영업자와 자율적인 지식노동자로 구성된 "프리에이전트족free agent nation"이다.[20] 21세기 초의 가장 엄청난 사회경제적인 변화 속에서 대규모 산업회사의 조직인은 @scobleizer과 @quixotic처럼 핑크가 지식노동자의 새로운 '종species'이라고 부르는 것으로 변해왔다. 따라서 슬론 윌슨의 회색 플란넬 정장을 입은 남자는 적을 두지 않고 일하거나 자영업을 하는 '지식' 또는 '정보' 노동자로 변형되었다. 그리고 이들의 창의성과 혁신은 끊임없이 이동하는 개개인과 창조적인 경제적 파괴로 상징되는 오늘날의 글로벌 시장 공간에 매우 잘 들어맞는다.

지식 경제의 가장 통찰력 있는 연구자 중 하나인 세스 고딘Seth Godin은 2011년 2월에 나의 테크크런치 TV쇼에 출연해 "우리가 관심을 기울이지 않는 동안 산업시대는 끝났다"라고 말했다.[21] 고딘이 묘사한 슘페터적 혁신 경제는 끝없이 증가하는 혁신적인 개인 간의 다원적 적자생존이다. "평균은 끝났다"라면서, 고딘은 2010년 자기계발서『린치핀Linchpin』을 통해 경쟁적인 평판경제에서 "대체불가능성"을 유지할 것을 주장했다.[22] 심지어 더 과격한 주장을 펼치는 이들도 있다. 휴 매클라우드Hugh MacLeod의『이그노어 너만의 생각을 키워라Ignore Everybody』는 ≪월스트리트 저널≫에 연재되기도 했던 비순응성에 관한 베스트셀러 지침서다.[23] 트위터에서 @garyvee로 활동하며 100만 명 이상의 팔로어를 보유한 소셜미디어 분야의 가장 성공적인 홍보꾼 중 하나인 게리 바이너척Gary Vaynerchuk은 "열정으로 돈을 벌고자 하고" 글로벌 창조경제에서 없어서는 안 될 존재로 남고 싶다면 당장 달려들라고 우리에게 말한다.[24]

"우리는 시장을 만났고 그것이 곧 우리다." 대니얼 핑크는 고도로 개인화되고 자신을 홍보하는 데 열중하는 디지털 엘리트의 보헤미안 문화에 이상적으로 들어맞는 노동환경, 곧 탈산업화 시대의 미-이코노미Me-economy에 대해 말한다. 21세기 자본주의를 두고 슘페터가 말한 조직적인 "창조적 파괴"는 점점 더 개인화되는 자기 창조와 재창조의 투쟁으로 대체되었다. 리드 호프먼의 2012년 책의 제목을 빌려,[25] ≪뉴욕 타임스≫의 칼럼니스트 토머스 프리드먼Thomas Friedman은 우리 모두가 기업가로서 끊임없이 계속되는 스타트업 상태에 있는 경제 세계를 "당신이라는 스타트업The Start-up of you"으로 묘사한다.[26] 이토록 극도로 경쟁적인 21세기 경제에서의 승리자는 재창조의 달인이다. AOL의 편집장 아리아나 허핑턴과 슈퍼 블로거인 앤드루 설리번Andrew Sullivan과 같이 세계적으로 권위 있는 개인 말이다. 그들은 그들의 정체성을 모든 새로운 변화에 맞게 성공적으로 재구축하고, 글로벌 문화와 정치로 그 표적을 바꾸었다.

그리고 사랑의 여름에서처럼, 더 세분화되고 경쟁적인 사회가 될수록 소셜에 대한 숭배 또한 지지자들 사이에서 더욱 번성하게 되었다. 실리콘밸리의 가장 확고한 자유주의 집단주의자 케빈 켈리는 그의 1995년 저서 『통제불능Out of Control』에서 이것을 가장 잘 요약했다.[27] 그는 인터넷을 새롭고 디지털로 연결된 사회적 질서의 "군중심리"에 의해 운영되는 "포스트포드주의적 경제적 질서"라고 제시했다.[28]

존 페리 발로는 디지털 혁명에 대한 비전에서 켈리의 탁월한 공동체주의에 공감했다. "사이버 공간의 개방의 결과로 인류는 지금 역사상 가장 심대한 변화를 겪고 있다"라고 이 그레이트풀 데드의 작사가는 적었다. "가상세계로 들어가면 우리는 정보에 거주한다. 우리는 정말 정보가 되는 것이다. 이것은 지옥처럼 섬뜩하다."[29]

이러한 소셜 초월주의는 지옥만큼이나 섬뜩했다. 하지만 안타깝게도 켈리와 발로는 메시아적인 낭만주의의 유일한 행상인이 아니었다. MIT 수학자

노버트 위너Norbert Wiener[30]와 캐나다의 뉴미디어 전문가 마셜 매클루언 같은 사상가들의 저작을 통해서, 실리콘밸리의 디지털판 소셜 숭배는 더 광범위한 화폐를 끌어들이기 시작했다. 특히 『구텐베르크 은하계Gutenberg Galaxies』(1962)와 『미디어의 이해Understanding Media』(1964)와 같은 책들에 나타난, 모든 인류를 단일 "지구촌"으로 통합하는 사이버공간에 대한 매클루언의 주장은 마크 저커버그 같은 소셜네트워크 기업가들 사이에서 실리콘밸리의 핵심적인 신념 중 하나가 되었다. 데이비드 커크패트릭이 『페이스북 이펙트The Facebook Effect』에서 말한 것처럼, 매클루언이 10억에 가까운 회원을 거느리고 "전 세계를 통합할 보편적인 통신 네트워크 플랫폼"이라는 자신의 비전을 거의 완성한 듯한 한 회사, 곧 페이스북을 '좋아한다'는 것은 놀라운 사실은 아니다.[31]

매클루언의 기술에 대한 포용과 관련해 가장 놀랄 만한 것은 상상 속 과거의 러브인에 대한 짙은 향수다. "그래. 나는 그때 그곳에 살았더라면 좋았을 거야." 매클루언은 과거 사회에 대해 이야기한다. "색조, 홍분, 강인함, 자유." 그러므로 매클루언에게 역사의 끝은 다른 디지털 공산사회주의자들처럼 먼 과거로의 회귀다. 이 뉴미디어 거장에게 기술의 가치는 거기에 있다. 그것은 미래가 아닌 과거로 돌아가는 타임머신이다.

제임스 글리크가 『정보The information』에서 언급했듯이, 매클루언은 "새로운 전자문명을 그것이 새롭기 때문이 아니라 인간의 창의성의 뿌리로 회귀하기 때문에 찬양한다".[32] 그는 정보기술의 가치를 "테이프를 거꾸로 돌리는 것"과 그가 전근대적인 구술문화의 "종족적 그물망"이라 부르는 것으로 우리를 되돌려놓는다는 것으로 이해했다.

따라서 마셜 매클루언과 마크 저커버그같이 기술로 가득 찬 미래를 신봉하는 자들은 사실 현실에서 이루어진 적이 없는 실낙원에 대한 향수를 품고 있는 것과 마찬가지다. 마이크 멀론이 말했듯이, "미래에 대한 향수는 이 시대의 실리콘밸리가 이룩한 가장 위대한 기여"다.[33]

나 홀로 볼링 신드롬

그러므로 '사랑의 여름'의 시체는 인류를 한데 모으고 21세기 커뮤니티를 재건하는 데 필사적인 낭만주의적 공산사회주의자들의 거대한 희망으로서 소셜미디어를 포함한 인터넷을 통해 부활했다. 하버드 대학교 사회학과의 공동체주의 이론가 로버트 퍼트넘Robert Putnam의 베스트셀러 『나 홀로 볼링Bowling Alone』을 참조하면 "나 홀로 볼링 신드롬"이라고 불릴 만한 이 미래에 대한 향수는 디지털네트워크를 지역사회의 위기에 대한 대안으로 여긴다.

@quixotic이 최초의 소셜미디어 사업을 시작하고 불과 몇 년 후인 2000년에 출간된 이 저서에서 퍼트넘은 디지털미디어를 지역사회의 참여를 재창조할 21세기의 새로운 수단으로 여겼다. 그는 "2010년까지 미국인이 스크린 앞에서 혼자 소극적으로 보내는 여가시간을 줄이고 동료 시민과의 활동적인 연결고리를 가지게 할 방법을 찾자"라고 주장하며 공동체주의를 설파했다. "커뮤니티 참여를 방해하는 것이 아니라 장려하는 새로운 형태의 디지털 엔터테인먼트와 커뮤니케이션을 육성하자"라는 것이었다.[34]

10년 후 '나 홀로 볼링 신드롬', 즉 커뮤니티가 우리를 개인으로서 더 행복하고 번창하게 만든다는 아이디어를 전제로 한 사회적 공리주의는 거의 페이스북, 포스퀘어, 트위터만큼이나 어디서나 존재하게 되었다. 최근 『집단지성이란 무엇인가We-Think』,[35] 『네트워크의 부The Wealth of Networks』,[36] 『소셜노믹스Socialnomics』,[37] 『끌리고 쏠리고 들끓다Here Comes Everybody』,[38] 『오픈 리더십Open Leadership』,[39] 『미래를 지배하는 식스 픽셀Six Pixels of Separation』,[40] 『내 것은 네 것이다』, 『위 퍼스트We First』,[41] 『위 제너레이션Generation We』,[42] 『커넥티드Connected』,[43] 『누구나 게임을 한다Reality Is Broken』,[44] 『거대한 혼합The Mesh: Why the Future of Business Is Sharing』,[45] 『초사회적 조직The Hyper-Social Organization』[46]과 같은 자극적인 제목의 서적들이 많이 출간되고 있는데, 모두 커뮤니티의 기적적인 힘에 대해 다양한 방법으로 이야기하고 있다. 소설에 대한, 그리고 공유에 대한 지적인 강박은 많은 학문분야를 넘나들며 나타나고 있다.

오늘날 "정보의 흐름이 더욱 거대한 연결성으로 거듭난다"[47]라는 강박은 요즘 유행하는 용어로는 '밈meme'(유전자처럼 전파되는 문화적 요소—옮긴이)으로 불리기도 한다(하지만 밈은 여러 가지 면에서 바이러스에 가깝다). 공존과 공유의 개념은 옥스퍼드 대학교의 수전 그린필드의 연구와 극명한 대조를 이루며 이 같은 신앙적인 의미를 얻어왔다. 일부 과학자들은 인간의 유전적 구성 속에서 이것의 중심성을 '발견'하는 중이다. 캘리포니아 공과대학교의 신경경제학자 폴 작Paul Zak은 소셜네트워킹이 우리 뇌에서 "관대함과 신뢰를 느끼게 하는 화학물질"의 분비를 활성화한다는 것을 발견했다.[48] 심지어 서던캘리포니아 대학교의 래리 스완슨Larry Swanson과 리처드 톰프슨Richard Thompson은 뇌가 상호연결된 커뮤니티와 유사하다는 것을 '발견'하고 있다. 이로 인해 "뇌는 일방적으로 명령을 내리는 상하관계의 회사가 아닌 인터넷과 같은 방식으로 작동한다"라는 터무니없는 기사 제목이 탄생하기도 했다.[49]

냉정하기로 유명한 ≪뉴욕 타임스≫의 칼럼니스트 데이비드 브룩스마저도 어느 정도는 '소셜의 마법'에 걸린 듯하다. 이는 그의 2011년도 베스트셀러 『소셜 애니멀: 사랑과 성공, 성격을 결정짓는 관계의 비밀The Social Animal: The Hidden Sources of Love, Character and Achievement』을 보면 알 수 있다. 이 책에서 브룩스는 세계적인 성공은 사교성에 달려 있고, 고독함은 단지 부모의 사랑을 받지 못하고 자란 사람들이나 장애인에게서나 발견되는 것이라고 주장했다.[50] 그러나 브룩스는 소셜미디어에 완전히 취하지는 않은 진중한 분석가이다. 특히 페이스북과 트위터 세대를 특징짓는 대항문화적인 나르시시즘에 대한 관점에서 그러하다. 브룩스는 대학 졸업식 연설에서 학생들에게 "남들에게 표출하는 방식으로 나타나는 개인주의가 난무하는 것이 여전히 미국 문화의 주류입니다. 그것들이 모두 여러분을 진실로 표현하지는 못합니다"라고 경

고한 바 있다.[51]

반면, 이 책에서 이미 언급한 바 있는 과잉가시성의 또 다른 슈퍼노드인 스티븐 존슨은 ≪타임≫ 지에서 우리의 "과도한 공유문화"를 "트루먼 쇼의 네트워크 버전"으로 묘사했다. 그는 소설은 우주의 자연법칙에 어떻게든 포함된다고 주장하기까지 했다. 진지한 지성사로 교묘하게 가장된 그의 2010년 공동체주의적 서사시 『좋은 아이디어는 어디에서 오는가: 혁신의 자연사 Where Good Ideas Come From: The Natural History of Innovation』[52]에서 존슨은 찰스 다윈 Charles Darwin이 『종의 기원On the Origin of Species』에서 주장한 생명의 근원에 대한 생물학 이론을 영속적인 디지털네트워크의 가치를 이용해 무너트리려 했다. 그는 "좋은 아이디어는 네트워크다"라고 적었다.[53] 그는 우리의 최고의 아이디어는, 생물학적으로 성공한 산호초처럼, 그가 사회적 '생태계'라고 부르는 것에 달렸다고 주장한다. 짐작컨대, 이는 1990년대 후반부터 @quixotic이 설계하고 구축하고 개량해온 동일한 "인간 생태계"를 뜻하는 것으로 보인다. 존슨은 트위터, 포스퀘어, 그리고 그 자신의 새로운 초지역적 소셜플랫폼 아웃사이드인Outside.In 등 소셜미디어를 인용하며 우리에게 웹의 짧은 역사는 사막처럼 시작했고, 산호초로 점진적으로 변화되어왔다고 말한다.[54]

로버트 퍼트넘부터 스티븐 존슨, 클레이 셔키, 제프 자비스, 케빈 켈리에 이르기까지, 이들은 소셜네트워크의 핵심 가치에 대해 같은 메시지를 남긴다. 네트워크는 인류의 구원이라고 그들의 믿음이 말한다. 디지털 소셜네트워크는 우리가 인류로서 단합하는 것을 가능하게 한다고 그들은 주장한다. 그리고 이것은 가상현실의 창시자인 제런 러니어Jaron Lanier가 "디지털 마오쩌둥주의"라고 비판해온 집단주의자의 비전이다.[55] 네트워크는 결국 개인으로서의, 그리고 사회적 존재로서의 우리 개개인을 깨닫게 할 것이다. 이것이 디지털 공동체주의의 전제다. 사업, 리더십, 미디어, 정체성, 문화, 부, 자유, 혁신, 동기부여, 뇌, 심지어 아마 우주 그 자체까지도, 모든 것이 디지털 혁명에 의해 변형될 것이라고 그들은 말한다. 비즈 스톤의 말을 다시 인용하자면, 미래는 필연적으로 사회적일 것이라고 주장하고 있는 것이다.

미래로 되돌아가는 긴 행진

존 헤이글과 존 실리 브라운은 사회적 지식경제로의 이행에 대해서 "이것은 긴 행진이 될 것이다"라고 말한다. 아마도 이것은 마오쩌둥毛澤東이 추진했던 것에 대한 의도하지 않은 동의가 될 것이다. 그들은 "사상 최초로 우리는 우리의 진정한 모습을, 더욱 중요하게는 진정한 모습이어야 하는 것을 실현할 수 있는 진정한 기회를 가지게 되었다"라고 주장했다.[56]

제프 자비스에 따르면, 이것은 헨리 8세 시절의 영국처럼 '목가적'이고 '투명한 사회'인 16세기로 우리의 미래를 이끌 수도 있는 긴 행진이다. 그러나 초기 근대 유럽 사회에 대한 자비스의 유토피아적인 상상은 고전적인 반이상향적 텍스트에 대한 치명적인 오해를 기반으로 한다. 그는 "1516년에 토머스 모어Thomas More 경이 그의 소설 『유토피아Utopia』에서 '목가적인 사회는 투명한 사회다'라고 주장했다"라고 말한다. 그는 『퍼블릭 파츠Public Parts』에서 전형적인 공산사회주의적 향수를 이야기한다. "모어의 시대에 모든 사람은 다른 모든 사람의 시선하에서 일했다. 공적인 일이 개인의 집에서 수행되었다. 수선공은 자기 집에서 신발을 수선했고 맥줏집은 또한 일반적인 가정집이기도 했다. 현대적인 의미에서의 프라이버시는 기대되지 않았다."[57] 자비스는 아직도 근본적으로 토머스 모어 경의 『유토피아』―공동체 전체가 긴 나무 테이블에서 집단적으로 식사하는 급진적인 투명성의 사회를 상상한―를 오해하고 있다. 자비스는 이 고전이 개인의 자유와 프라이버시를 옹호하고 있음을 이해하는 데 실패한다. 모어―1535년 대역죄로 교수형에 처해진―는 실제로 그의 사형 집행자였던 헨리 8세처럼 모든 것을 살펴보는 전제군주의 '시선하에서' 일하는 것에 대해 반이상향적 경고를 펼치는 중이었다.

그러나 우리가 우리 자신일 수 있고 인간 본성을 따르게 될 수 있다는 산업화시기 이전의 상상 속 공동체에 관한 루소주의자들의 향수는 자비스 혹은 헤이글보다도 열렬한 공동체주의자인 클레이 셔키에 의해 더 잘 형상화된다. 셔키는 2010년 저서 『많아지면 달라진다Cognitive Surplus』에서 10년 전 퍼트넘이 저술한 『나 홀로 볼링』의 유산을 이어받았다.[58]

"20세기 사회적 삶의 원자화는 우리를 참여적 문화로부터 멀어지게 해서, 우리가 거기로 되돌아갈 때 이를 기술하기 위한 '참여적 문화'라는 어구가 필요했다." 셔키는 시민의 투명성에 대한 장 자크 루소의 이상을 서술하면서 이렇게 주장한다. "20세기 이전에는, 우리에게는 정말 참여적 문화라는 말이 없었다. 사실 이것은 일종의 동어반복일 것이다. 문화의 핵심은 지역 모임, 이벤트, 공연 등에서 이루어지는 참여다. 왜냐하면 문화란 다른 무엇이 아니라 바로 사람들에게서 나오는 것이기 때문이다."[59]

셔키는 '참여적인 문화'가 21세기 산업 미디어의 오래된 위계를 없애기 때문에 디지털 혁명이 모든 것을 바꾼다고 말한다. 그러므로 우리는 더 이상 파라마운트같이 거액을 투자받는 할리우드 스튜디오나 〈현기증〉을 만든 앨프리드 히치콕과 같은 권위 있는 영화 제작자가 필요하지 않다. 20세기 할리우드의 미디어 독점은, 엘리트가 아니라 우리 모두에 의해 만들어지는 문화 속에서 셔키가 인터넷의 "소셜 생산"이라고 부르는 것으로 대체되었다. 따라서 디지털미디어는 말 그대로 사회의 결합조직이 되는 동시에 문화 및 공동체의 참여적 근원이 된다. 존 페리 발로의 말을 재인용하면, 우리는 모두 **정보가 되며** 개개인은 이 문화의 집단적인 생산에 참여하는 노드다.

그러나 오늘날 웹 인텔리겐치아intelligentsia의 허버트 마르쿠제라 불리기에 손색이 없는[60] 셔키는 모든 잘못된 이유에 대해 옳다고 할 수 있다. 20세기에 우리는 영화관에 가서 스코티 퍼거슨 같은 평범한 사람들이 손도 한번 쓰지 못하고 이해하지도 못한 채 악몽 속으로 끌려들어 가는 히치콕의 영화를 보며 공포에 떨었다. 그러나 불이 켜지면, 악몽은 끝나고 우리는 자유로이 극장을 떠나 평소의 삶으로 돌아온다.

하지만 오늘날 히치콕의 〈현기증〉은 너무 급격하게 대중화되어 우리 모두는 지금 이 드라마의 참여자다. 그것이 셔키의 '참여적 문화'에 대한 진실이다. 당신도 알다시피 소셜미디어는 언제 어디서나 존재하게 되었고 너무나 확실하게 사회의 결합조직이 되어버렸기 때문에 우리 모두가 스코티 퍼거슨처럼 우리가 이해하지도 못하고 제어할 수도 없는 섬뜩한 이야기의 피해자가 되고 있다.

그렇다. 〈현기증〉의 디지털 버전은 지옥만큼이나 섬뜩하다.

바로 개빈 엘스터가 창조된 1849년 6월의 샌프란시스코를 이상화하고 스코티 퍼거슨이 가짜 매들린 엘스터와 사랑에 빠지는 것처럼, 셔키와 그의 동료 공산사회주의자들은 아마도 실제로 존재한 적이 없을 뿐만 아니라 매우 경쟁적이고 고도로 개인화된 21세기 세상에서는 절대로 부활할 수도 없는 산업화시기 이전의 참여적 문화와 사랑에 빠졌다. 그리고 바로 엘스터가 그의 오랜 스탠퍼드 대학교 동기를 속임수와 비통의 어두운 판타지로 유도했던 것처럼, 이 낭만주의 공산사회주의자들은 몇 가지 이유로 우리 모두를 대부분이 정말 원하지 않는 미래로 끌고 간다. 그러한 미래는 바로 무엇이든 공개하는 디지털 러브인의 상태, 과잉가시성의 네트워크를 형성하고 있는 개인들의 다원적인 투쟁, 비밀이나 망각 같은 것은 멸종되어가는 '지구촌'이라 불리는 공간, 우리가 원치 않는 사적인 영역에 투명성을 부여하는 '참여적 문화', 끊임없는 체크인이 울리며 소름 돋게 염탐하는 스눕온미와 같은 세상, 컴퓨터가 우리를 식별할 줄 알고 페이스북 안면 스캐닝이 그 누구도 가만 내버려 두지 않는 세상이다.

스티븐 존슨이 인터넷의 '생태계'를 찰스 다윈이 생물학적 번식력의 표본으로 제시한 산호초에 우호적으로 비교하는 동안, 니컬러스 크리스타키스Nicholas Christakis와 제임스 파울러James Fowler가 "네가 웃으면 세상도 너와 함께 웃는다"라고 전망하는 동안,[61] 제프 자비스가 우리에게 헨리 8세 시대 영국의 "목가적인" 투명성으로의 왕복 티켓을 제공하는 동안, 클레이 셔키가 "인간은 본질적으로 유대감을 가치 있게 여긴다"라고 장담하는 동안,[62] 네트워크화된 기술이 정말로 제조해온 것은 제러미 벤담의 오토아이콘, 즉 히치콕의 히로인에 의해 수행되는 것과 같은 강요와 유혹으로 우리 모두의 불멸을 약속하는 자기미화 기계의 부활이다.

인터넷─세컨드라이프 같은 가상세계를 가진─은 불사의 아이디어를 종교적인 메타포로부터 디지털의 가능성으로 변화시켜왔다. 펜실베이니아 대학교의 역사가 존 트레시John Tresch에 따르면, 오늘날의 소셜미디어 시스템은 그가 "평판기계"라고 부르는 것을 운용하기 위해 우리의 모든 것이 우리 자신을 아이콘으로 변형하도록 촉진한다. 디지털 시대의 수정궁에서의 삶에서 "우리 모두는 이제 친구관계, 가족, 일과 같은 평범한 영역에 들어가기 위해서조차 변하기 쉽고 다면적이며 어디에나 있는 평판기계를 거쳐야 한다." 그리고 그 목표는 팔로어를 만들고, 트레시가 우리의 "영광의 구름"이라고 부르는 것을 이룩하는 것이다.[63]

그래서 히치콕의 〈현기증〉처럼 소셜미디어─기술이 우리를 통합한다는 주장과 함께─는 보이는 것과 정확히 반대다. 디지털 공리주의자의 공산사회주의적 낙관론의 뒤에는 아찔하고 사회적으로 분열된 21세기의 진실이 깔려 있다. 그것은 탈산업화시기에 공동체가 점점 더 취약해지고 있다는 진실이자 슈퍼노드들과 슈퍼커넥터super connector들의 개인주의는 극도로 팽배해 있다는 진실이다. 이것은 개인의 '명성'을 클라우트처럼 네트워크에서 주요한 통화로 사용하는 '관심'경제의 진실이다. 그리고 가장 문제가 되는 것은 이것이 외로움과 고립, 불평등이 커져가는 사회경제적 세계의 반사회적 진실, 즉 셰리 터클이 "전부 홀로"라고 묘사한 제 기능을 하지 못하는 사회의 상황이라는 것이다.

히치콕의 작품에서처럼 모든 것은 환각적이다. 존 실리 브라운과 존 헤이글 같은 마오쩌둥주의자들이 우리가 "긴 행진" 중에 있다고 이야기한 것은 옳다. 그러나 이것은 미래보다는 과거로 돌아가는 행진이다. 역사는 처음에는 비극으로, 그다음에는 희극으로 그 스스로를 반복한다. 마르크스는 1848년 혁명의 실패에 대한 그의 글에서 그렇게 적었다. 아마도 그러할 것이다. 그러나 실리콘밸리의 기술이 21세기 세상을 변화시키고 있는 것에서 볼 수 있듯이, 19세기 산업혁명의 이야기가 여러 가지 점에서 오늘날의 디지털 혁명에서 그대로 되풀이되고 있다는 것에는 의심의 여지가 없다. 예를 들면, 오늘날과 같은 과잉가시적인 시대에 개인의 자유를 침해하는 사회적 횡포는 대량생산 기계들의 시대부터 이미 친숙한 문제다. 따라서 현대 기술이 인류 속의 분열을 극복할 수 있고, 우리 모두를 상호이해와 공감이 넘치는 지구촌으로 통합할 수 있다는 것은 지나치게 이상주의적인 전제다.

그러면 이제 우리의 거대한 전시주의의 문화로부터 과거와 대박람회의 19세기로 긴 행진을 하도록 하자. 그리고 우리는 옥스퍼드의 으스스한 오래된 대학가에서 이 여정을 시작할 것이다. 거기서 우리는 역사 속에서 아주 희미해진 일련의 그림들을 찾아낼 것인데, 히치콕의 〈현기증〉에서와는 달리 독자 여러분 중 누구도 이전에는 본 적이 없는 것들일 것이다.

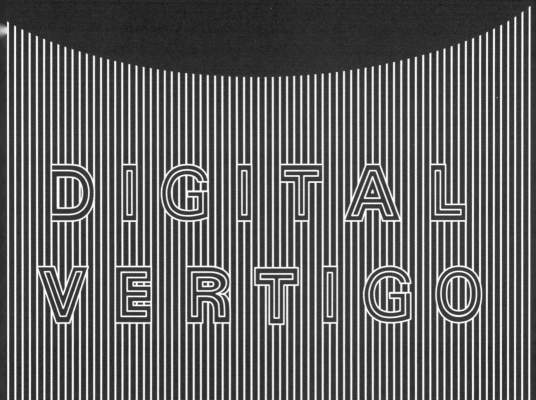

제6장

대박람회의 시대

DIGITAL VERTIGO

현재의 투명함은 너무 훌륭해서 사실일 수가 없다 …… 이렇게 거짓으로 투명한 세상 뒤편에는 무엇이 있을까?

_ 장 보드리야르[1]

성배

    옥스퍼드의 가을날 어스름한 저녁 무렵, 우리의 미래를 책임질 건축가들은 과거의 건축물로 한 발 들어섰다. 마름모꼴의 십각형 도서관은 1853년 아일랜드 건축가 벤저민 우드워드Benjamin Woodward가 지은 건물로, 그의 친구인 라파엘 전파前派 예술가인 단테 게이브리얼 로세티Dante Gabriel Rossetti는 이 건물을 두고 "역대 최고로 멍청한 작품이며 마치 굴이 뱉어낸 것처럼 생겼다"라며 혹평하기도 했다.[2] 그러나 이 건물은 새로운 과잉가시성 시대의 건축가들을 위한 무대가 되었다. 우드워드가 지은 고딕 형식의 옥스퍼드 도서관 안에 있는 끝없이 늘어선 책장과 일곱 개의 벽에 걸친 아서 왕의 벽화 앞에서 오늘날 세계적인 소셜네트워크의 위대한 기사들이 자리했다.

    독자들이 다 알고 있듯이, 내가 이 책을 구상하던 그날 실리콘밸리가 옥스퍼드로 찾아온 것이다. 투명성의 시대인 오늘날의 캘리포니아 디자이너들은 고대의 대학이 위치한 도시로 찾아왔다. 개인 회랑들과 숨겨진 안뜰, 잠긴 문들과 강철 출입문, 금지된 벽들과 굽은 복도들, 비밀 통로들과 아치형 지붕들의 도시. 21세기의 가시성을 가능하게 한 사람들이 방문한 이곳의 묘지를 언급하며 여행작가인 잔 모리스Jan Morris는 "가장 귀신이 나올 것 같은 도시 중

하나"라고 묘사했다. 그게 어느 정도인가 하면, 모리스의 말에 따르면 감시의
집을 발명한 제러미 벤담이 1760년 퀸스 칼리지Queens College를 다니면서 "유
령에 대한 지속적인 공포"에 시달릴 정도였다(2세기 후에 월드와이드웹을 발명
한 팀 버너스리가 다닌 대학과 동일 대학이다).[3] 그리고 실리콘밸리는 옥스퍼드
내에서도 공포의 중심부인 옥스퍼드 학생회관에서 모였다. 이곳은 벤저민
우드워드가 괴상할 정도로 화려하게 지은 건물로 지난 두 세기 동안 뛰어난
지성인들이 묻혀온 음산한 장소이기도 하다.

벤담에서 버너스리까지 "모두들 조만간 이 길로 오게 되어 있다".[4] 잔 모리
스는 런던과 버밍엄 사이의 "영국 중산층의 무인지대"[5] 같은 이 희미하고 반
투명한 도시에 대해 그렇게 표현했다. 그렇기 때문에 아마도 우리가 삶에서
점점 더 많은 시간을 보내고 있는 디지털 무인지대의 건축가들인 실리콘밸리
의 아리스토크라치아가 연결된 미래라는 비전을 위해 고대 대학의 도시로 온
것이 참으로 적절해 보인다.

실리콘밸리가 옥스퍼드로 온 것은 말 그대로, 그리고 그 아이디어만으로
도 미래 혁신의 상징이다. 실제로도 실리콘밸리의 가장 혁신적인 인물들인
리드 호프먼, 비즈 스톤, 크리스 사카, 마이크 멀론과 필립 로즈데일 등이 그
자리에 참석했다. "실리콘밸리가 옥스퍼드로 왔다"는 상징적인 문구 아래 열
린 이 이틀간의 컨퍼런스는 옥스퍼드 대학교의 사이드 비즈니스 스쿨에서 개
최했으며, 우리의 협력적인 사회적 미래에 대한 그림을 그려보고 싶은 학생
들이 참가하는 토론과 연설들로 이루어졌다.

그리하여 글로벌네트워크로 연결된 디지털 사회의 건축가들은 마침내 그
곳에 서 있었다. 실리콘밸리의 소셜미디어 귀족들은 턱시도를 입은 채 한 손
에는 샴페인 잔을, 다른 한 손에는 스마트폰을 들고 우드워드가 지은 빅토리
아 시대 도서관 주변에 모여 아날로그와 디지털 두 가지 형태로 사교를 즐겼
다. 그들은 소규모 그룹들을 만들며 물리적인 네트워크를 형성했다. 물론 강

력한 연결망을 가진 이들은 굳이 밍글버드의 상호 소개 기능 따위는 필요하지 않을 것이다. 이들은 도서관의 어두운 구석에서 유리잔을 부딪치며 소셜미디어의 합병이나 인수에 대한 최신 소식을 두고 의견을 나누었다. 동시에 디지털 환경에서는 스마트폰을 이용해 전 세계에 있는 그들의 팔로어나 친구들과 전자적인 네트워크를 지속해나갔다. 이미 빛나고 있는 그들의 가상세계 속의 명성을 영원히 이어가기 위해서다.

혹은 어쩌면 우리가 그곳에 있었다고 하는 것이 맞는 표현일 수도 있겠다. 왜냐하면 나 역시도 슈퍼노드의 한 사람으로서 그곳에 있었기 때문이다. 나는 3D로 표현된 투명한 사회인 세컨드라이프로 디지털 세계의 시민들이 "연결될 장소"를 창조한 필립 로즈데일과 교류하고 있었다.[6] 로즈데일은 "우리는 투명성의 증가가 안정된 경제와 경제성장으로 가는 열쇠라고 생각하기 때문에 세컨드라이프를 합니다. 가장 투명하고 가장 많은 정보를 제공하는 경제가 가장 빠르게 성장하고 있습니다"라고 말했다.[7]

다음날, 로즈데일은 옥스퍼드 대학교의 신경과학 교수인 수전 그린필드와 "우주, 뇌, 그리고 세컨드라이프"라는 주제로 토론을 하게 되었다. 그리고 나는 소셜네트워크가 21세기의 민족국가가 되고 있는지에 대해 @quixotic과 설전을 벌였다. 그러나 그날 저녁, 우리는 또 다른 더 격렬한 논쟁의 관중이기도 했다. 우리는 이제 도서관에서 그 밑층의 학생회관 토론장으로 토론의 자리를 옮겼다. 그곳은 지난 두 세기 동안 윈스턴 처칠Winston Churchill부터 마거릿 대처Margaret Thatcher, 로널드 레이건Ronald Reagan, 알베르트 아인슈타인Albert Einstein, 맬컴 XMalcolm X 등 가장 영향력 있던 인사들이 모여 현대사에서 가장 중요한 이슈들을 토론했던 장소다.

150년이 넘는 시간 동안 옥스퍼드 학생회관은 옥스퍼드 학부생들이 모여 그 시대의 문제들에 대해 중요한 질문을 던지고 토론하며 그들의 지성에 대한 명성을 확립해온 곳이었다. 학생회의 전 학생회장들로는 영국 총리 에드워드 히스Edward Heath, 허버트 애스퀴스Herbert Asquith, 피살된 파키스탄인 총리 베나지르 부토Benazir Bhutto와 런던의 현재 시장 보리스 존슨Boris Johnson, 재발명의 대가이자 오늘날 소셜미디어 세계의 과잉가시성을 옹호하는 인물 중 한 사람인 앤드루 설리번 등이 있다. 빅토리아 여왕과 앨버트 공의 장자이자 왕세자로서 후에 에드워드 7세가 되는 버티Bertie도 1859년 이곳에서 학부생으로 있으며 토론을 듣기 위해 옥스퍼드 학생회관을 매주 목요일마다 방문할 정도였다. 학생회의 역사를 연구한 한 역사학자는 학구적인 스타일이 아니었던 버티의 옥스퍼드 체험을 두고는 "그의 인생의 다른 시기들을 놓고 생각해보자면, 이것은 좋은 의미에서 아주 흥분되는 경험이었을 것"이라고 말했다.[8]

옥스퍼드 학생회는 토론을 시작할 참이었다. "여기 모인 우리는 모두 오늘날의 기업가들보다 내일의 문제가 더 크다고 믿고 있다"라는 목소리가 회랑을 울렸다. 토론의 한편에는 비즈 스톤, 리드 호프먼과 같이 절벽에서 뛰어내리는 동안 비행기를 조립할, 위험을 감수하는 데에 아주 숙련된 기업가들이 자리했다. 그리고 다른 한편에는 세계은행의 부총재 이언 골딘Ian Goldin, 작가 윌 허턴Will Hutton과 같은 회의론자들이 자리했는데, 이들은 21세기의 사회적 문제 해결을 위한 방안으로 "빨리 실패"하라는 것에 대해 비판적이었다. 이것은 실리콘밸리에서 웹 3.0 혁명을 이끌어가고 있는 기업가들을, 세컨드라이프와 일상과의 구분이 빠르게 사라지고 있는 디지털화된 세계에서 우리 미래를 두고 신뢰할 수 있는가에 대한 토론이었다.

옥스퍼드 대학교의 어스름한 저녁 빛 속에서 샴페인을 마시며 로즈데일과 나는 함께 있었다. 그의 캘리포니아 남부인다운 구릿빛 피부와 잘 다져진 몸은 어두운 19세기의 옥스퍼드 도서관보다 세컨드라이프의 유토피아와 더 잘 어울려 보였다. 그와 나는 학생회 토론을 위해 우리의 지성을 준비시키고 있었다. 우리는 21세기 가상 네트워크의 투명한 아키텍처와 19세기 우드워드의 물리적인 건축물을 두고 그 장점을 비교했다.

나는 샴페인을 마시며 그에게 "그래서 여기 있는 것과 인터넷에 있는 것이 어떻게 대비됩니까? 어떤 경험이 더욱 기념될 만한 것일까요?"라고 물었다.

로즈데일은 아서 왕의 궁정을 그린 벽화를 바라보았다. 고딕 양식으로 지어진 도서관의 인공적인 빛 속에서 턱시도를 입은 캘리포니아 기술자는 그의 구릿빛 얼굴을 비스듬히 들어올렸다. 그는 존재감을 과장되게 내뿜으며 마치 다른 찬란한 빛이 자신을 밝히고 있는 듯한 분위기를 풍겼다. 가상현실의 21세기 건축가인 그가 고딕 도서관에 겹쳐진 것처럼 보였다. 그는 과잉가시성이라는 미래의 그림처럼 보였고 온라인네트워크 세컨드라이프의 삼차원적 캔버스에서 나온 아바타처럼 보였다.

우드워드의 어두운 고딕 건축물에서 창문을 대체하고 있는 것처럼 보이는 벽화들을 나도 올려다보았다. 그것은 유리로 되어 있지 않은 불투명한 창문이었다. 대조적으로 뚜렷해 보이는 로즈데일과 함께 아서 왕의 궁정에 대한 일곱 개의 그림들(원탁을 둘러싼 기사들, 멀린과 아서의 영웅적인 죽음, 랜슬롯 경과 성배)은 맨눈으로는 거의 알아보기 힘들었다. 그림들은 희미한 색들과 이미지만을 비추고 있었다. 이것은 필립 로즈데일과 나를 포함해 누구도 볼 수 없는 위대한 전시였다.

로즈데일은 농담을 던졌다. "아마 기술적인 결함이 있었나 봅니다. 이 벽들엔 도대체 어떤 운영체제가 깔려 있는 걸까요?"

소셜아트

그러나 이것은 웃을 일이 아니었다. 이 벽에는 정말로 기술적인 문제가 있었다. 단테 게이브리얼 로세티와 그의 친구인[9] 윌리엄 모리스William Morris, 에드워드 번존스Edward Burne-Jones 등을 포함하는 라파엘 전파에 속한 집단이 이 그림을 1857년과 1859년 사이에 그렸다.[10] 피터 드러커가 "1830년대와 1840년대의 첫 위대한 산업혁명"이라고 불렀던 것, 곧 산업 네트워크의 대표적인 상징인 철도가 이 대학 도시에 1844년에 놓이면서 옥스퍼드도 급진적으로 변화하고 있었고 이 시기에 이 혁명적인 낭만주의 화가들은 아서 왕의 신화적인 궁정을 생생하게 그러냈다.

처음부터 자의식이 강하고 아마추어적이면서 아주 재능 있지만 조직화되지 않은 옥스퍼드 학부생들에 의해서 이 그림은 시작되었던 것이다. 역사가 폴 존슨Paul Johnson이 "예술 분야에서의 첫 번째 아방가르드 움직임"[11]이라 부른 것으로서의 그 정체성을 간직하며 학생회 도서관의 벽화를 그린 라파엘 전파의 프로젝트는 소셜아트에 대한 실험이었다.

로세티는 우드워드의 십각형 방의 벽이 "그림에 굶주려 있다"라고 생각했기 때문에[12] 그의 학부생 집단에게 이 벽을 아서 왕과 그의 왕궁의 기사도적인 시대를 이상화하는 앨프리드 테니슨Alfred Tennyson의 서사시, 곧 그의 1845년 작품인 「왕의 목가Idylls of the King」에서의 한 장면으로 그리자고 제안했다.

그래. 나는 그때 거기 살았더라면 좋았을 거야. 색조, 흥분, 강인함, 자유. 산업화 이전의 세상에 대한 테니슨의 1845년 시는 말한다. 그리고 새로운 산업적 네트워크가 잔인하게 전통적인 공동체적 삶의 모든 것을 변형시키는 19세기 중반의 사회에서 「왕의 목가」가 로세티와 그의 옥스퍼드 친구들 같은 낭만주의자들에게 영향을 준 것은 그리 놀랍지 않은 일이다.

과거를 향한 그들의 동경에도 불구하고, 현대 기술을 향한 라파엘 전파의 태도는 이상하게도 애증이 엇갈린다. 한편으로 테니슨, 토머스 칼라일Thomas Carlyle, 윌리엄 워즈워스William Wordsworth 같은 19세기 중반 시인들과 작가들의 고딕 낭만주의에 의해 영향을 받은 라파엘 전파들은 산업혁명의 비정한 개인주의적 성격에 대해 비판적이었으며, 미술사가 에른스트 H. 곰브리치Ernst H.

Gombrich가 "중세의 영혼"이라고 부른 것에 강한 향수를 느꼈다.[13] 빅토리아 시대의 영국사를 연구하는 A. N. 윌슨A. N. Wilson은 "이 젊은 화가들은 그들의 고딕 예술을 통해 시대정신을 비판하고 사회에 새 생명을 불어넣으려고 했다"라고 주목했다.[14] 그러나 중세 시대의 단순한 공동체에 대한 그들의 향수는 원시인의 구술 문화에 대한 마셜 매클루언의 이상화 혹은 클레이 셔키와 로버트 퍼트넘이 20세기 초반 공동체에 존재했던 참여적 민주주의를 낭만적으로 그린 것과 다르지 않다. 이 과거를 이상화하는 그림으로의 후퇴는 로랑스 데 카르Laurence des Cars가 라파엘 전파에 대한 그의 연구에서 밝혔듯이 "현대의 삶의 현실을 로맨스와 기사도로 대체하기 위한 방법"에 불과했다.[15]

그러나 라파엘 전파는 그들이 세상을 정확하게 나타내도록 돕고, 그들의 창의적인 작업이 감상자들에게 닿을 수 있게 하는 기술의 힘에 대한 매클루언주의적인 신앙을 가지고 있었다. 로버트 휴스Robert Hughes에 따르면, 그들의 혁명적인 예술의 "전형"은 16세기 르네상스의 예술가 라파엘로Sanzio Raffaello 이전 시대로의 회귀를 꿈꾸며 그동안의 서양 미술계의 쇠퇴를 "제거하고, 단순화하고, 고풍을 본뜨는 것이다".[16] 이는 표현 화법의 순수성을 재발견하기 위한 것이기도 했다.

라파엘 전파에게 "신은 디테일에" 있었고, 이를 통해 휴스가 말했던 "축축하고 흰 바탕 위에 투명한 색상을 입히는 기법"이라고 하는 "기술적 허구"를 찾았으며,[17] 색상을 신선하게 유지하기 위해 색소와 광택제를 섞어 사용했다.[18] 이것은 그들의 그림에서 빛과 색조의 영향을 과장하여 눈부신 직사광선을 재연할 수 있게 하는 기술이었다.[19] 다시 말해 라파엘 전파는 결코 존재할 수 없고 한 번도 존재한 적이 없던 과거를 낭만화하는 그림을 그리기 위해 혁신적인 현대 기술에 전적으로 의지했던 것이다. 아마 이 프레스코화들 중에 가장 훌륭한 작품이 로세티가 그린 〈랜슬롯 경의 성배의 환상Sir Lancelot's Vision of the Holy Grail〉이었던 것도 우연은 아닐 것이다. 이것은 토머스 모어 경에서부터 토머스 맬러리Thomas Mallory 경, 앨프리드 테니슨, 필립 로즈데일에 이르기까지 완벽하게 불가능한 것과 불가능할 정도로 완벽한 것을 표현하려는 서구의 도상학에서 영원한 상징과도 같았다.

우드워드의 학생회 건물 벽에 대한 라파엘 전파의 소셜아트 프로젝트는 처음에는 테니슨의 서사시에 대한 환상적인 묘사를 이루어낸 것처럼 보였다. 옥스퍼드 학생회의 역사를 연구한 한 필자는 "옥스퍼드의 긴 역사에서 이처럼 각각의 그림과 그림들 전체가 하나의 공통적인 것에 초점을 맞춘 일은 없었다"라고 적었다.[20] 잔 모리스의 말처럼 이것은 "옥스퍼드에서 가장 유명한 라파엘 전파의 프로젝트"였다.[21] 빅토리아 시대에 가장 영향력 있던 예술비평가 존 러스킨John Ruskin은 로세티의 〈랜슬롯 경의 성배의 환상〉이 "세상에서 색조가 가장 훌륭한 작품"이라고 평했다. 또 다른 이도 그 색조가 "벽이 채색 필사본의 여백처럼 보일 정도로 훌륭하다"라고 말했다.[22]

그러나 오늘날 오픈소스 책, 오픈소스 영화, 오픈소스 혁명과 마찬가지로 오픈소스 예술은 잘 작동하지 않는다. 미래에도 그것은 잘 작동하지 않을 것이고, 19세기 중반의 산업사회에서도 그러했다. 당신도 알다시피, 집단적 미술 프로젝트를 향한 로세티와 그의 젊은 친구들의 열정에 대한 자금 지원은 충분하지 않았고, 일관성 있는 리더십이나 전체적인 계획 또한 부족해 결국 와해되고 말았다. 그들의 가장 큰 실수는 그들 작품의 가시성을 과장할 기술에 지나치게 의존한 나머지, 작품을 오래도록 보존할 필수적인 기술적 대비를 게을리한 점이었다.

1858년에 이르러 이 프레스코화들은 빠르게 희미해져 갔고, 급기야 소실되기 일보 직전에 있다는 것이 자명해졌다. 로세티는 "모든 것에 대한 유일한 해결책은 이제 덧칠뿐이고 나는 그에 대해 기꺼이 동의할 것이다"라고 이 프로젝트에 대한 모든 흥미를 잃은 채 말했다.[23] 지난 한 세기 반 동안 라파엘 전파의 프레스코화는 학생회 도서관의 벽을 점거하고는 점차 알아볼 수도 없을 지경으로 참혹하게 변해갔다. 다양한 복원 시도에도 불구하고,[24] 그 그림들의 명성은 이제 알아볼 수도 없을 지경이라는 사실에 의해 유지되고 있다.

그러나 세컨드라이프의 필립 로즈데일은 이 와중에도 느끼는 것이 없다. 그가 볼 수 있는 것이라고는 예술이 사라져버린, 판독이 불가능한 그림과 벽뿐이다. 이 투명성의 선구자는 벽이 기술적인 결함을 안고 있다고 생각하는 것이다. 이 벽이 벽에 새겨진 정보를 백업하는 데 실패해왔다는 식의 사고방식이다. 그러니까 이를 두고 '운영체제가 불완전했다'고 접근하는 것이다.

"그러니까 이 사례가 저를 증명하죠." 그는 말했다. "인터넷은 우리가 입력하는 모든 것을 기억하는 반면, 이 오래된 도서관은 잊어버리는 법만을 압니다."

"그러나 모든 것을 기억해야만 하는 이유는 뭐죠?" 작은 미소를 띠며 내가 물었다. 로즈데일도 따라 웃었다. 그러나 그의 웃음은 라파엘 전파의 색을 가진 넘치도록 눈부신 미소였다. "모든 것을 기억할 수 있다면 우리 모두를 한데 모을 수 있습니다. 인류의 통합을 가능하게 하는 것이죠"라고 그는 나에게 말했다.

"인류의 통합이요?" 나는 나의 샴페인 잔을 들어올렸다. "아, 전에 들은 적이 있습니다. 역사는 스스로 반복되는군요?"

로즈데일도 그의 샴페인 잔을 들었다. 그는 자신의 잔을 나의 잔에 부딪히며 말했다. "아니오, 이번에는 아니에요. 이번에는 다를 것입니다"라고.

그러나 로즈데일은 틀렸다. 이번에도 다른 점은 없을 것이다. 당신도 알다시피, 그것이 라파엘 전파의 소셜아트 프로젝트이든 아바타들이 거주하는 투명한 3차원 세계이든 혹은 인류를 하나로 묶는 글로벌 소셜네트워크이든 간에 성배는 성배일 뿐이다. 지금 우리의 거대한 전시주의의 시대에, 인류 통합은 19세기 중반 대박람회의 시대 동안 그랬던 것만큼이나 망상에 지나지 않는다.

그렇다. 이번에도 분명 다르지 않을 것이다. 그리고 그 이유를 설명하기 위해 인류 통합을 이룩하려는 고귀한 야망을 가졌던 한 공작의 슬픈 이야기를 이어나가 보자.

인류의 통합

1850년 이른 봄, 아일랜드 건축가 벤저민 우드워드가 상상 속 세계를 향해 나 있는 불투명한 창문을 가진 고딕 양식의 옥스퍼드 학생회관 건축 작업을 시작하기 3년 전의 일이다. 작센-코부르크-고타 출신의 독일인 공작 프란시스 알베르트 아우구스투스 카를레스 이마누엘Francis Albert Augustus Charles Emmanuel은 더욱더 투명한 건물의 필요성에 대해 연설했다. 1850년 3월 21일, 훗날 에드워드 7세가 되는 옥스퍼드 학부생 버티의 아버지이자 빅토리아 여왕의 남편, 곧 앨버트 공으로 오늘날 잘 알려진 이 사교적인 귀족은 런던에서 영국의 가장 권세 있는 200명의 귀족들에게, 즉 산업혁명의 설계자들에게 말했다. 앨버트 공은 큰 야망을 갖고 있었다. 필립 로즈데일처럼, 그는 세상의 모든 사람을 한데 모음으로써 인류의 통합을 가능하게 하기를 원했다. 그리고 세컨드라이프의 창립자처럼, 그는 수정처럼 투명한 무언가를 창조함으로써 이를 실행할 계획이었다.

이 연설은 런던 시장의 공식 거처에서, 즉 시티 오브 런던City of London에 위치한 18세기 신고전주의 양식의 건물인 맨션 하우스Mansion House의 이집트룸Egypt Room에서 이루어졌다. 시티 오브 런던은 지구 상에서 가장 부유하고 인구가 많은 도시 안에서도 가장 부유한 지역이었다.[25] 청중은 영국 총리 존 러셀John Russell 경, 외무부 장관 파머스턴Palmerston 경, 전 옥스퍼드 학생회 회장 윌리엄 글래드스턴William Gladstone, 캔터베리의 대주교, 프랑스 대사, 도시 길드의 수장들, 헨리 포브스Henry Forbes와 전 세계를 대상으로 한 신흥 모직 산업의 중심지 브래드포드Bradford의 시장과 같은 지역 정치인 등이었다.

이 맨션 하우스는 18세기에 팔라디오 양식을 추구한 건축가 대처 조지 단테George Dante the Elder에 의해 설계되었는데, 이집트룸에는 신고전주의 양식의 거대한 기둥들이 있었으며 그림이 그려진 방패들과 함께 홀의 한쪽 끝에는 브리타니아 상도 전시되어 있었다. 이 으리으리한 이집트룸은 앨버트 공의 원대한 메시지를 발표하기 딱 적합한 인상적인 무대였다. 거북이 스프, 장어, 랍스터, 양고기, 비둘기구이, 과일, 케이크, 빙과 등이 제공된 연회 이후에, 영국의 등대를 관할하는 트리니티 하우스 코퍼레이션Trinity House Corporation의 수장으로서 "휘황찬란하게 빛나던" 앨버트 공은 드디어 연설을 시작했다.[26]

그는 "하지만 현대의 기이한 특성들에 주목해온 사람이라면 어느 누구도 우리가 전 역사를 통틀어 가장 위대한 목표, 즉 '인류 통합의 실현'을 단시간에 달성할 가장 훌륭한 전환기에 살고 있다는 사실을 의심하지 않을 것입니다"라고 운을 뗐다.

앨버트 공은 이 거대한 역사적 "전환"에 대해 어느 정도는 맞았다. 비록 자신의 생각만큼 모든 사람에게 완전히 "환상적"이지 않을지라도 말이다. 그는 앨프리드 테니슨과 라파엘 전파 같은 낭만주의자들에 의해 이상화된 목가적인 공동체와 철도, 전신, 전선, 도로, 공장 등으로 건설된 새로운 산업구조 사이의 거대한 시대적 변화를 묘사하고 있었다. 영화 〈소셜네트워크〉에서 숀 파커의 말을 재인용하면 "처음에 우리는 농장에 살았고, 그다음에는 도시에서 살았다". 그리고 피터 드러커가 이미 우리에게 상기시켰던 것처럼, 농업으로부터 산업생활로의 이러한 기술적인 변혁은 인류 역사상 가장 중대한 사회경제적 사건 중 하나다. 경제사가 조엘 모키르Joel Mokyr는 "단 2세기 만에 일상은 지난 7000년간 변해왔던 것보다 더 많이 변화했다"라고 설명한다.[27]

촘촘하게 얽힌 고대 유럽 왕가의 지류 중 하나인 작센-코부르크-고타의 프란시스 알베르트 아우구스투스 카를레스 이마누엘은 산업혁명의 기술이 우리를 적에서 친구로 변환시키고 있으며 상호 존중, 사랑, 우정, 신뢰를 통해 인류로서의 우리를 통합한다고 믿는 '국제주의자'였다. 기술적인 격변과 마찬가지로, 기술을 통해 인류를 통합하겠다는 사상이나 "국제적"이라는 단어 자체조차도 사실은 제러미 벤담이 1789년 그의 저서 『도덕과 입법의 원리 입문Introduction to the Principles of Morals and Legislation』에서 도입한 비교적 얼마 되지 않은 개념들이었다.[28]

앨버트의 국제주의는, 말하자면 산업기술에 대한 그의 신념으로부터 만들어졌다. 산업기술이 만들어낸 철도, 증기선, 신문, 전신을 통해 산업혁명은 물리적 거리에 대한 관념을 재창조해왔다. 지리적으로 갈라져 있던 세상을 매클루언이 말한 지구촌의 초기 버전으로 변화시킨 것이다. 앨버트가 "인류 통합의 실현"이라고 부른 것은 그가 맨션 하우스에서 연설을 하기 1년 전인 1849년 샌프란시스코에서의 골드러시에서도 이미 볼 수 있었다. 그것은 낯선 해안으로의 처참한 탐험이었으며 3년 동안 25만 명의 모험가를 전 세계로부터 캘리포니아로 실어 날랐을 뿐 아니라,[29] 새로운 글로벌 경제 시스템에 유동성을 공급할 금을 투입하는 산업적 사건이었다.[30]

"여러 국가들과 지구의 일부를 분리했던 거리는 현대 발명의 성취 앞에서 빠르게 사라지고 있습니다. 이제 우리는 믿을 수 없을 정도로 쉽게 이 먼 거리를 횡단할 수 있습니다. 모든 국가의 언어가 서로에게 알려지고 있으며, 그들의 자산 또한 모두의 앞에 놓여 있습니다. 생각조차도 전기의 힘을 빌려 빠르게 소통되고 있습니다." 앨버트 공은 맨션 하우스에서의 연설을 이어갔다. "게다가 한편으로는, 문명의 동력이라 부를 수 있는 위대한 분업의 원리가 과학, 산업, 예술의 모든 분야로 확대되고 있습니다."

그러나 거리 개념의 물리적 소멸에도 불구하고, 앨버트 공은 또 다른 것이 인류 통합의 실현을 막고 있다는 것을 알았다. 산업 네트워크의 새로운 기술은 기적적으로 거리의 한계를 극복하고 재화를 생산해내는 능력을 배가시켰지만, 꼭 사람들을 한자리에 모일 수 있게 만들지는 못했던 것이다. 확실히 1850년 영국은 지구 상에서 가장 진보된 산업국가였지만,[31] 또한 가장 분열되어 있는 국가이기도 했다. 앨버트 공이 "위대한 분업의 원리"라고 부른 것은 사실 영국과 세계의 다른 국가들 사이에 있는 경제적 격차뿐만 아니라 새로운 부유층과 극빈층 사이의 깊은 경제적 격차를 낳았다. 새로운 부유층은 자본주의적인 산업 생산의 설계자들이며, 빈곤층은 1850년 런던의 150만 인구 가운데 대다수를 차지하는 노동자 계층과 더불어, 빅토리아 여왕 시대에 영국에서 산업적으로 설계된 벤담의 감옥에 차곡차곡 쌓여만 가는 수감자들이었다.

19세기 중반, 산업적 감옥과 산업 공장 사이에는 큰 차이가 없었다. "근대의 산업은 가부장적 장인의 아주 작은 작업장을 산업 자본가의 거대한 공장으로 변환시켜왔다. 공장을 가득 메운 노동자들은 그 안에서 병사와 같이 조직되어 일한다"라고, 카를 마르크스와 프리드리히 엥겔스Friedrich Engels는 존 스튜어트 밀의 『자유론』과 더불어 19세기의 가장 영향력 있는 정치적 저작으로 꼽히는 1848년의 소책자 『공산당 선언The Communist Manifesto』에서 적었다. 이들은 "노동자들은 부르주아 계급, 부르주아 국가의 노예일 뿐 아니라 기계, 감독자, 그리고 무엇보다도 부르주아 제조자인 그들 자신에 의해 매일 매 시간 노예로 묶여 있다"라고 썼다.[32]

앨버트 공이 『공산당 선언』을 읽었다는 기록은 없지만, 그는 확실히 영국 산업 프롤레타리아 계층의 끔찍한 삶을 알았다. 그는 프롤레타리아 계층을 "세상에서 가장 힘들고 적은 기쁨을 누리는 우리 사회의 계층"으로 묘사한 바 있다.[33] 예를 들면, 영국에서 극심한 정치적 긴장감이 조성되고 대부분의 유럽에 걸쳐 혁명이 일어나던 1848년에 그는 정부가 "고통당하고 있는 노동자 계층을 도와야 할 의무가 있다"라고 영국 수상인 존 러셀 경에게 주장했다. 1848년 아일랜드 대기근과 차티스트 운동은 좋지 않은 상황을 더욱 악화시킬 뿐이었다. 노동계급의 조건 향상을 위한 모임The Society for Improving the Condition of the Labouring Classes의 대표이기도 했던 앨버트 공은 특히 암울했던 런던의 빈민가를 방문한 그해에 "지금 이 순간 고통을 지켜보는 것은 끔찍하다"라고 적기까지 했다.[34]

1848년 4월의 차티스트 운동 기간에 상황이 너무 악화되는 듯이 보이자, 1815년 워털루 전투에서 나폴레옹에게 승리를 거둔 장군인 웰링턴 공작은 런던을 대규모 군대와 경찰력으로 가득 찬 거대한 감시의 집으로 바꾸어버렸다. 총리인 존 러셀 경에 의해 법과 질서의 상징으로 차출된 웰링턴은 블룸즈버리의 영국 박물관에 방어벽을 치고 영국 은행 주위에 모래주머니를 쌓았다. 이를 통해 그는 삼엄하게 무장한 경비병으로 런던의 모든 교도소를 강화했으며 A. N. 윌슨이 "경악스러운" 8만 5000명의 특별경찰관이라고 묘사한 것을 포함한 보안감시요원 부대를 동원했다.[35] 가시성은 이미 덫이 되어 있었다. 이 특별경찰관 중 한 사람은 역사적 사건을 최초로 사진으로 남겼으며, 이는 인스타그램과 같은 사진 소셜네트워크의 기원이라 할 수 있었다. 이 은판 사진은 후에 경찰관이 말썽꾼들의 신원을 조사하는 데 사용되었다.

19세기 중반 산업혁명 동안의 국제적인 불화와 사회의 분열을 치료하기 위해서는 크게 세 가지 방법이 가능했다. 첫 번째는 마르크스와 엥겔스처럼 혁명적인 공산주의자가 되고, 자본주의를 파괴해 인류를 보편적 계급과 우리 모두가 자유롭게 "아침에 사냥하고 점심에 물고기를 잡고 저녁에 가축을 사육할 수 있는"[36] 고도 기술사회의 성배를 통해 재편하는 것이었다. 두 번째는 라파엘 전파나 반산업적인 러다이트 운동처럼 유기적 공동체와 영웅적이고 이타적인 기사들로 가득 찬 중세 시대로 후퇴하는 것이었다. 그리고 마지막 세 번째 선택지는 내적으로 사회적 분열을 치료하고, 사람들을 분열시키기보다는 통합시키는 것처럼 보이는 정책을 이용해 시스템을 개혁하는 것이었다.

앨버트 공은 이상주의적 혁명가나 반동분자라기보다는 개혁가였다. 그리고 그 개혁의 의지가 1850년 이른 봄에 그가 신고전주의 양식의 이집트룸에 가져온 것이었다. 그는 인류 통합의 실현을 위한 그의 전략을 설명하기 위해 그곳에 있었다. "그(앨버트 공)는 모든 지식과 혁신이 외부인들의 시선으로부터 비밀스럽게 보호될 필요가 없이 국제적 공동체의 온전한 재산으로서 인식되는 단계에 세상이 도달했다고 믿었다"라고 한 역사가는 관찰했다.[37] 그러므로 앨버트 공은 과학과 기술과 운동의 법칙을 공개적으로 예찬할 투명성의 상징과 같은 이벤트를 촉진하기 위해 맨션 하우스에 찾아왔던 것이다. 개방성과 투명성에의 믿음을 바탕으로 한 이 혁신의 축제는 세계를 하나로 뭉치게 할 것이었다. 이것은 대박람회라 불렸다.

"과학은 힘, 운동, 변화의 법칙들을 발견했습니다. 산업은 그것을 원재료에 적용해 비로소 지구가 우리에게 가치 있는 곳이 되게 합니다. 그것을 가능하게 하는 힘은 지식입니다. 예술은 우리에게 영원한 아름다움과 대칭에 대해 가르치고, 우리의 생산품들에조차 그러한 질서를 부여합니다." 앨버트 공은 이집트룸에서 그의 청중들에게 바로 이렇게 설명했다. "여러분, 1851년의 박람회는 우리에게 진실한 시험이 될 것이며 동시에 이 거대한 과업을 통해 모든 인류가 나아가야 하는 지점을 생생히 알려줄 것입니다. 그리고 이는 모든 국가들이 더욱 미래로 뻗어나갈 수 있도록 하는 시작점이 될 것입니다."

런던의 1851년 "모든 국가에서 나온 산업 작품의 대박람회"는, 공식적으로 알려지게 되는 것처럼, 전쟁 중인 사회적 계층들과 국가들을 친구로 만들고 인류의 통합을 실현할 "진실한 시험"이 될 것이었다. 그러나 이것은 평범한 전시회가 아니었다. 당신도 알다시피, 재능 있는 아마추어 초상화 화가이기도 했던 앨버트 공은 그의 대박람회를 위한 투명한 사원을 건축할 혁명적인 설계자를 찾아냈다.

그는 마침내 유리로 된 집을 지을 천재 조경사를 찾았던 것이다.

수정궁

앨버트 공은 1843년 12월에 처음으로 이 조경사의 작품을 보았다. 빅토리아 여왕과 그의 남편인 앨버트 공은 오늘날 채츠워스 하우스Chatsworth House로잘 알려진, 데번셔Devonshire 공작의 영지 더비셔Derbyshire를 방문하고 있는 중이었다. 이곳은 공원과 정원이 저택을 둘러싸 멋진 경관을 가진 17세기 신고전주의 양식의 으리으리한 저택이었다.

그러나 채츠워스에서 빅토리아 여왕과 앨버트 공을 사로잡은 경관은 철과유리로 만들어진 혁명적인 온실이었다. 그것은 채츠워스의 수석 조경사 조지프 팩스턴Joseph Paxton에 의해 지어진 것이었다. 빅토리아 여왕은 이것을 "상상할 수 있는 것 중 가장 훌륭한 것"이라고 묘사했고, 앨버트 공도 "감명깊고 참으로 아름답다"라고 칭찬했다.[38]

앨버트 공은 팩스턴이 지은 이 훌륭한 철과 유리의 건물을 잊을 수 없었다. 그리고 다른 건축 프로젝트가 너무 비싸다고 생각한 후, 당시에는 의회의원이었던 팩스턴에게 모든 국가의 산업 작품을 수용할 철과 유리의 산업궁전을 지어달라고 요청했다. 이렇게 하여 빌 브라이슨Bill Bryson이 전하는 것처럼 "1850년 가을, 런던의 하이드 파크에 가장 특이한 구조물이 세워졌다. 19에이커의 대지를 덮는, 세인트 폴 대성당 네 개는 거뜬히 들어갈 정도로 거대한 철과 유리의 온실이 만들어진 것이다."[39]

앨버트 공에 따르면 팩스턴이 1850년 단 5개월 만에 하이드 파크에 지은것은 "진정한 예술의 극치"였으며,[40] 브라이슨은 이것을 "이 세기에 가장 대담하고 상징적인 건물"로 묘사했다.[41] 에릭 홉스봄Eric Hobsbawm도 이것을 산업혁명의 성취에 대한 "빛나는 기념비"라고 칭했다.[42] 그것의 구조는 벤저민 우드워드의 어두운 옥스퍼드 도서관과는 반대였다. 건물은 29만 3655개의 유리창과 4500톤의 철, 가장 놀랍게는 24마일의 홈통으로 구성되었다. 풍자적인 잡지 ≪펀치Punch≫는 이것에 "수정궁"이라는 별명을 붙여주었고 그 이름이 정착되었다. 산업혁명 이전 시대의 비밀주의를 제거하고자 하는 목적을 가진 혁신의 축제를 위해, 앨버트 공은 외부인의 시선으로부터 보호하는 것이 불가능한 투명한 유리 궁전을 주문했다.

"아침 식사 이후에 우리는 다섯 아이들과 수정궁을 보러 갔다. 우리가 지난번에 갔을 때는 완공되어 있지 않았으나 이제는 정말 세계적인 경이로움으로 우리 영국인들이 자랑스럽게 여길 만한 곳이다." 빅토리아 여왕은 1850년 2월 그녀의 일기에 이렇게 적었다. "갤러리는 완공되었고, 꼭대기로부터의 효과는 매우 환상적이다. 익랑翼廊을 통해 들어오는 햇빛은 동화 같은 모습을 연상시킨다. 이 건물은 어마어마한 크기에도 불구하고 매우 밝고 우아하다. 전시품의 상당수가 도착했고 …… 이것은 나를 매우 자랑스럽고 행복하게 했다."[43]

그러나 빅토리아 여왕의 열정과 자부심이 담긴, 철과 유리로 된 팩스턴의 산업적 기적에 대해 모든 사람이 감탄한 것은 아니었다. 기술과 진보에 대해 싸늘한 회의론자들은 조금도 과장하지 않고 전혀 감명을 받지 못했다. 라파엘 전파의 후원자인 비평가 존 러스킨은 수정궁을 "두 지붕 사이에 있는 오이 모양의 틀"이라고 묘사했다. 옥스퍼드 학생회관의 벽화를 그린 라파엘 전파의 예술가 중 한 사람인 에드워드 번존스 또한 팩스턴의 건축적 디자인을 "칙칙하고 단조롭다"라고 평가했다.[44]

1851년 대박람회의 상징은 팩스턴의 투명한 유리와 철 궁전이지만, 그것의 사회적 의의는 전 세계적인 기념행사를 통해 인류를 통합하려는 앨버트 공의 시도로부터 찾을 수 있다. 박람회는 영국 및 각국의 1만 4000개의 회사가 보내온 10만 개의 제품을 선보였다. 그곳은 산업 디자인, 기계 기술, 증기기관의 보고였다. 그곳에는 노동력을 절감하는 기계, 인쇄기, 증기 엔진, 기계식 천구의, 최근 등장한 사진과학의 전시물들, 잠수함의 시험 제작 원형과 산업용 인쇄기, 심지어 침대에서 사람이 떨어지게 하는 기계까지 있었다. 그러나 아이러니하게도, 전시에 빠진 단 하나는 원시적인 컴퓨터인 찰스 배비지의 차분 엔진이었다. 이것은 아마 상상할 수도 없는 이질성 때문에 주최 측에 의해 거절당했을 것이다.[45]

수정궁에 전시된 공학적 성취들은 대박람회가 시도하는 사회적 공학의 성취에 부합했다. 역사가 벤저민 프리드먼Benjamin Friedman은 "대박람회는 아이디어에 대한 생동감 넘치는 축하행사였고, 단순히 과학적이고 물질적인 진보일 뿐 아니라 사회적, 시민적, 도적적인 일의 진보였다"라고 적었다.[46] 사람들을 한데 모으고 19세기 생활의 사회적 경계를 허문다는 앨버트 공의 원대한 목표는 여러 면에서 성공적이었다. 그 결과, 사회주의자들의 폭동에 대한 우려로 개막식을 공개가 아닌 비공개행사로 열기는 했지만 대박람회는 노동자 계층과 귀족이 같은 나라의 시민으로서 물리적으로 어우러지는 19세기의 첫 번째 자리가 되었다.

박람회가 어떻게 일반인의 삶에 영향을 미쳤는지에 대한 생동감 넘치는 해설인 마이클 리프먼Michael Leapman의 『1실링의 세상: 1851년 대박람회는 어떻게 하나의 나라를 빚어냈는가?The World for a Shilling: How the Great Exhibition of 1851 Shaped a Nation』에서 설명된 것처럼, 앨버트 공의 대박람회는 영국인이라는 집단적인 정체성의 창조에 크게 이바지했다. 실제로 하이드 파크에서 런던 남부 근교의 시드넘Sydenham—현재 크리스털팰리스Crystal Palace로 알려진—으로 옮겨진 이후, 팩스턴의 건물은 "사람들의 궁전"으로 널리 알려졌다.[47] 그리고 그 후 30년 동안 6000만 명의 관광객을 끌어들였다.[48] 여러모로 대박람회는 19세기 산업 기술이 인류 통합을 실현해줄 것이라는 앨버트 공의 신념이 일군 업적이다. 그러나 1861년 42세의 젊은 나이로 죽은 이 국제주의자는 산업혁명의 "거대한 전환"에 대한 그의 모든 소중한 낙관론이 여러 조각으로 산산조각 나기 시작한 바로 그 순간에 역사적 무대를 떠났다. 산업 기술은 인류의 통합보다는 우리를 불신 가득한 사회계층들, 종족들, 국민국가들로 분열시킨다는 것이 판명된 것이다.

산산조각 난 유리

1936년 11월 30일 밤, 런던의 하늘은 강한 북서풍 속에서 500피트의 불길과 함께 핏빛으로 물들었다. 더 투명하고 포용적인 산업세계에 대한 19세기 중반의 희망이었던 조지프 팩스턴의 수정궁은 활활 타올랐다. 수많은 소방차, 소방관, 경찰의 노력에도 불구하고 팩스턴의 궁전은 29만 3655장의 모든 유리창이 금속과 뒤섞여 빠르게 녹아버렸다. 이는 화재 전문가들이 거센 바람과 연소하기 쉬운 바닥재로 인한 "깔때기 효과"라고 부르는 것이 낳은 피해였다. ≪데일리 메일Daily Mail≫의 한 기자는 비행기에서 화재를 살펴보며 이를 "화산의 맹렬한 분화구와 같다"라고 묘사했다.[49] 런던 북부의 햄프스테드 히스Hampstead Heath로부터 남부의 브라이턴Brighton과 마게이트Margate 같은 해안 도시에서까지 이 화재를 볼 수 있었다. 50만 명이나 되는 사람들이 남부 런던의 수정궁이 불타는 것을 목격했다. 그리고 오후 9시에는 심지어 의회의 각료들까지 웨스트민스터Westminster의 위원회 회의실과 테라스에서 화재를 보기 위해 하원 의회를 미루었다.

그들은 앨버트 공의 꿈이 소실되는 것을 지켜보고 있었다. 그러나 사실 이 죽음은 이미 반세기 전에 죽은 시체를 매장한다고 하는 상징에 지나지 않았다. 존 러스킨은 수정궁이 1854년 하이드 파크로부터 시드넘으로 옮겨졌을 때 "끝없는 진보와 저항할 수 없는 힘에 대한 오만한 희망"이라고 비평했다. 과학기술이 우리를 하나로 뭉치게 한다는 앨버트의 신념이 얼마나 자만에 가득 찬 것이었는지에 대한 러스킨의 경고는 맞아 들어갔다. 19세기 끝에 다다르면서, 마치 오늘날의 실리콘밸리가 그러한 것처럼, 수정궁은 수익을 낼 수 있는 사업 모델을 찾기 위해 고투했다. 팩스턴의 건물은 파손이 심해졌고 빚은 늘어만 갔다. 결국 1911년 파산이 선언되었고 제1차 세계대전 동안 이 유리와 철로 된 건물은 세계대전에서 독일에 대응하기 위한 해군기지로 이용되며 HMS 수정궁HMS Crystal Palace이라고 개명되었다.

1936년에 이르러, 앨버트 공의 꿈은 남부 런던뿐 아니라 대부분의 세상에서도 소멸해버렸다. 산업화에 대한 신념과 과학기술이 우리를 통합할 것이라는 믿음은 비극적으로 잘못 이끌어졌음이 증명되었다. 그렇다. 앨버트 공은 기계화된 시대의 아날로그 네트워크가 새로운 정체성과 사회조직을 창조할 것이라는 점에서는 옳았지만, 역사의 "경이로운 전환"이라는 그의 꿈은 대부분의 세상에서 악몽에 가깝다는 것이 드러났다.

사회학자 어니스트 겔너Ernest Gellner가 『민족과 민족주의Nation and Nationalism』에서 주장했듯이 산업혁명은 국제주의보다는 민족주의의 폭발적 팽창을 불러왔다. "산업화된 사회에서의 일은 움직임을 의미하지 않는다. 일의 패러다임은 더 이상 쟁기질, 낫질, 도리깨질에 있지 않다"라고 겔너는 주장한다. "일은 대체로 사물의 조작이 아니라 의미의 조작을 뜻하게 되었다. 이것은 일반적으로 다른 사람과의 소통이나 기계의 제어와 연관되어 있다."[50]

도로, 철도, 전신선, 기계화된 인쇄기의 이 새로운 네트워크는 의미의 분배를 위해 필수적인 아키텍처를 제공했다. 그렇게 함으로써 훨씬 더 물리적으로 연결되었던 과거의 파편화된 농업세계를 대체했다. 그러나 19세기 후반과 20세기 초반 산업화 세계의 지배적인 언어는 에스페란토어나 전 세계적인 컴퓨터 코드가 아니라 이탈리아어나 독일어 같은 배타적인 민족 언어였다. 이 언어들과 불멸의 가치를 지닌 것으로 간주되는 그들의 문화적 전통과 역사는 좁은 언어적 집단 안에 우리를 감금했다. 그것들은 인류의 통합을 창조하기보다는, 이웃국가뿐만 아니라 우리 사회의 문화적 소수자들도 배제하

며 단 하나의 관점으로 우리 자신을 정의하는 일종의 상상 공동체, 즉 민족국
가의 시대를 이끌었다.

독일의 근대 역사를 예로 들어보자. 선한 국제주의자 앨버트 공이 1861년
에 죽었을 때 그의 동화 같은 공국인 작센-코부르크-고타는 바이에른 남부
독일 연합의 일부였다. 1870년에 바이에른은 프랑스와 전쟁 중이던 오토 폰
비스마르크Otto von Bismarck의 프로이센에 합류하고, 1871년 마침내 통일된 독
일 건국을 이루어낸다. 1871년부터 1914년까지 독일의 역사는 눈부시게 성
공한 산업혁명과 아주 확신에 찬 민족주의의 부상으로 특징지어진다. 제1차
세계대전에서 독일의 패배는 국가사회주의의 부상을 이끌었고, 더욱더 종말
론적인 성격을 띤 공동의 정체성이 중세적인 용맹성에 대한 숭앙과 유대인을
향한 증오로 표출되었다. 한때 앨버트 공이 이상화했던 근대성과 국제주의
의 상징들이 이런 형태로 나타났던 것이다.

1936년 수정궁이 불타버린 운명적인 해에, 독일의 국가사회주의자들은 권
력을 잡았고 국가를 재무장하기 위해 공격적으로 최신 과학기술을 이용했다.
그러나 독일에서는 산산조각 나버린 유리의 핏빛 밤과 같은 사건이 그다음
해인 1938년 11월에 일어났다. 국가사회주의자들은 국가의 후원을 받아 '조
각난 유리의 밤Kristallnacht'이라고 하는 집단학살을 조직했다. 그들은 유대계
독일인의 재산을 처분하고, 그들의 집과 창고의 창문을 부수고, 모든 유대계
독일인의 4분의 1을 우리가 현재 수용소라고 부르는 초기형 첨단기술 감옥
으로 이동시켰다. 폭동 48시간 만에 너무 많은 유리가 파괴되어, 벨기에의
모든 판유리 생산설비를 가동해서도 이를 교체하는 데 꼬박 2년이 걸렸다.
그러나 '조각난 유리의 밤'은 외부인에 대한 폭력과 증오의 시작에 불과했다.
또 다른 세계대전이 발생하고 아우슈비츠Auschwitz, 벨젠Belsen에 산업화된 방
식의 죽음의 수용소가 생겨난 후, 앨버트 공이 그의 최악의 악몽에서도 절대
상상할 수 없었을 방식으로 최신 과학기술이 이용되었다.

죽음의 수용소 조직과 관련해 가장 충격적인 것은 벤담주의자의 공리주의를 떠받치는 두 개의 거대한 기둥, 즉 사회적 효율성과 중앙계획이 변조된 방식이다. "벨젠은 원자 실험장소나 잘 설계된 영화 스튜디오처럼 보였다." 『멋진 신세계』의 저자 올더스 헉슬리는 벤담의 감시의 방에 대해 이렇게 맹렬히 비난한다. "벤담의 형제들은 백 년도 전에 죽었다. 그러나 파놉티콘의 정신은 이상하고 끔찍한 목적지를 향해 가고 있다."[51]

반면, 나치 독일의 동쪽에 위치한 러시아 제국은 새뮤얼 벤담의 18세기 후원자인 예카테리나 대제의 계몽된 전제정치로부터 이오시프 스탈린Iosif Stalin의 독재로 퇴보했다. 러시아는 진실부, 얼굴범죄, 자기삶, 그리고 빅브러더를 이야기한 오웰의 어두운 뮤즈가 된 '멋진 집단적 신세계'였으며 과학기술은 국가를 완전히 투명한 작업장으로 변환하는 악몽 같은 방식에 사용되었다.

인류애와 전 세계 노동자 계층의 친선이라는 이상주의적 언어를 구사해온 소비에트 혁명은 스탈린의 공포정치에 의해 부패했다. 한나 아렌트Hannah Arendt가 『전체주의의 기원Origins of Totalitarianism』에서 주장한 것처럼, 이것의 진정한 영향은 개인의 고립과 점점 약해져가는 사회적 고리에 있었다. 1936년 11월 런던의 하늘이 불꽃으로 핏빛을 띠었을 때 스탈린 식의 대박람회, 즉 공개재판은 그가 '기관원'이라고 부르는, 그의 잔혹한 5개년계획을 수행하는 공무원들에 의해 핏빛 절정에 달해 있었다.

그들이 창조해낸 것은 카메라가 절대 꺼지지 않고 작은 구멍이 절대로 닫히지 않는 정권이었다. 심지어 스탈린이 죽은 후에도 빅브러더는 정권을 유지하고 있었다. 예를 들면, 동독에서는 슈타지Stasi 비밀경찰에 의해 천 명 중 열 명의 시민이 그들의 이웃을 감시할 스파이로 차출되었다. 사회를 독립적인 사고의 자유를 금지하는 투명한 감옥으로 변환시키고, 동독을 타인의 삶을 지켜보는 스코티 퍼거슨의 현기증 나는 국가로 전환함으로써 기관은 개인의 프라이버시를 살해했다. 하버드 대학교의 법학교수 찰스 프리드Charles Fried

의 주장에 의하면, 프라이버시는 존중, 사랑, 우정, 신뢰와 밀접한 관계가 있으며, 이는 개인이 사회적으로 "가장 근본적인 종류의 관계"를 수립할 수 있게 함으로써 "산소"와 같은 역할을 한다.[52] 그리고 기관원들이 차단해버린 것이 바로 이 산소다. 그렇게 함으로써 사람 사이에 전통적으로 존재했던 존중, 사랑, 우정, 신뢰를 파괴한 것이다. 이렇게 오웰의 『1984』의 악명 높은 101호에서 기관원이 마지막으로 파괴하는 것은 윈스턴 스미스를 사람으로 만들고 미래에 대한 희망을 가지게 하던 줄리아Julia를 향한 사랑 그 자체였다.

이것이 전체주의의 진정한 비극이다. 그곳에는 사랑 대신 증오가 존재한다. 우정 대신 개인의 고립과 상호 비존중, 두려움, 불신이 있다. 미래를 향한 희망은 제러미 벤담의 끔찍하리만큼 전지전능한 감시의 방을 모방한 끔찍한 사회에서는 존재할 수 없었다.

미래의 회귀

당신은 카를 마르크스가 처음에는 비극으로, 그다음에는 희극으로 역사는 스스로 반복한다고 말한 것을 기억할 것이다. 반면, 우리 미래의 공동 소유자인 리드 호프먼은 미래가 언제나 우리가 생각한 것보다 더 가깝고 낯설 것이라고 예측했다. 그러나 오늘날 필립 로즈데일 같은 이상주의자들에 의해 인류 통합의 꿈이 부활된다면, 그 집단적인 미래는 정확히 어떤 것일까? 인터넷은 정말 희극적인 수용소로 판명될까? 인터넷 공간을 환하게 비쳐 보이는 닭장으로 만들고자 하는 전지전능한 마크 저커버그의 계획은 우리 모두가 공개적으로 살 것만을 강요하여, 그 결과 우리 모두를 이 우스꽝스러운 글로벌 감옥 안에 감금시킬 것인가?

오늘날의 디지털 시대에서 우리는 산업사회의 빅브러더 블랙베리, 아이폰, 안드로이드 기반의 기계에 탑재되어 있는, 월터 컨이 "시시덕거리는 방대한 리틀브러더 집단"이라고 부르는 것에 의해 대체되어왔다는 것을 알고 있다.[53] 따라서 마크 저커버그가 스탈린 2.0이라거나 줄리언 어산지가 주장하는 것처럼 페이스북이 새로운 슈타지라고 하는 것은 틀릴 뿐 아니라 사실은 우스운 일이기도 하다.

2011년 4월 테크크런치 TV의 토론에서, 웹 2.0이라는 용어를 만들어낸 출판계의 거물 팀 오라일리Tim O'Reilly와 오늘날의 웹 3.0 혁명 뒤의 거물 리드 호프먼은 더 많은 개인정보 데이터가 넘쳐나는 디지털 세상에서 우리가 가장 두려워해야 하는 것에 대해 토론했다.[54] @quixotic의 가장 큰 두려움이 정부였던 반면, 오라일리의 두려움은 전능한 기업들이었다. 그러나 그들은 모두 염탐하는 정부나 기업보다 더 오싹한 세 번째 공포를 여러 가지 점에서 놓쳤다. 오라일리와 호프먼은 2020년까지 네트워크에 연결된 500억 개의 스마트 기기를 소유하게 될 수십억의 리틀브러더를 잊었다. 그들은 우리가 21세기에서 가장 두려워해야 하는 것은 우리 스스로일지도 모른다는 점을 인정하는 데 실패했던 것이다.

"감시 기계는 한때 개인을 감시하는 암실의 일종이었다. 그러나 그것은 점점 사회 전체에 의해 힘이 행사되는 투명한 방과 같이 변해갔다." 미셸 푸코는 산업시대에 벤담의 감시의 방이 "사회의 몸 전반으로 확산"되는 방식에 대해 이렇게 적었다.[55] 그러나 푸코는 애플이 "다르게 생각하라"라고 우리에게 말한 운명적인 한 해였던 1984년에 죽었고, 우리의 새로운 디지털 세상의 거대한 조사 위원회로서 감시의 방이 부활하는 것을 볼 수 없었다.

유일무이하며 전지전능한 21세기의 빅브러더로부터 21세기 리틀브러더의 방대한 집단으로 힘이 이동한 것은 대박람회의 시대와 우리의 미래를 구분 짓는다. 영국의 영화제작자 애덤 커티스가 주장하는 것처럼, 전체주의의 실패와 민주주의 사회 대부분에서의 정부 역할 및 힘의 감소, 그리고 오늘날 모든 형태의 정치적 권한에 대한 일반적인 냉소는 "우리 시대의 이데올로기"다. 그러나 힘이 아날로그의 중심으로부터 디지털의 주변으로 이동하고 스탈린 같은 악한 독재자와 앨버트 공 같은 개혁가 모두로부터 멀어지고 있음에도 불구하고, 그것이 그러한 힘이 근본적으로 제거되었거나 우리가 정말 새로운 인류 통합의 방법을 알아냈다는 것을 의미하지는 않는다. 우리가 미래를 응시할 때 보는 것은 한때 조지프 팩스턴이 수정궁을 지을 때 사용한 것이자, 우리의 거대한 전시주의의 시대에 수십억의 오토아이콘으로 변환되어가는 유리 화면이다.

우리가 이 미래에서 보는 것은 너무 이상해서 마치 『망할 놈의 나라 압수르디스탄Absurdistan』이라는 소설의 저자(『슈퍼 새드 트루 러브 스토리Super Sad True Love Story』의 저자이기도 한 게리 슈테인가르트Gary Shteyngart를 말한다―옮긴이)에 의해 창조될 수 있었을 것으로 보이는 그러한 그림들이다. 우리는 전지전능한 무선기기의 형태로 스탈린의 기관원이 회귀하는 것을 본다. 우리는 사회가 전자기기 안에 들어 있는 이미지의 집합, 즉 리틀브러더의 (비)통합체로 변해가는 것을 본다. 우리는 인간의 겉과 속이 반대로 뒤집혀, 그들의 가장 사적인 정보가 공공 네트워크의 모두의 시선 안에 드러나는 것을 본다. 우리는 사회 안의 존중, 사랑, 우정, 신뢰가 부족한 나머지 재화로서의 가치를 갖게 되어 현금을 대체해버리는 '평판경제'를 본다. 우리는 자기 이웃의 이름조차 모르는 수백만의 친구들을 가진 글로벌 소셜네트워크상의 슈퍼노드들이 주인공인 『슈퍼 새드 트루 러브 스토리』를 본다. 우리는 디지털 현기증을 느낀다. 더욱더 심한 디지털 현기증을.

그렇다. 미래로 다가올 이 그림은 지옥만큼이나 끔찍하다.

비밀 유지와 프라이버시가 없고 모든 사물과 사람이 투명한 세상을 상상해보라. 우리 모두가 공개적으로 사는 세상에 기관원이 돌아온다고 상상해보라. 어제의 수정궁이 오늘날의 수정 감옥으로 변하는 것을 상상해보라. 그곳은 우리가 우리 자신을 감금하는 무한한 거울의 방이다. 그리고 가능하다면, 21세기의 고급 호텔이기도 한 19세기 벤담의 감시의 방을 상상해보라. 왜냐하면 그곳이 바로 우리가 미래로부터 온 이 공포스러운 장면을 보기 위해 가야 하는 다음 목적지이기 때문이다.

제7장

거대한 전시주의의 시대

@JetPacks: 도대체 세상에 어떤 엄마가 자신의 딸 사망 소식을 빌미삼아 기자 회견을 가질까? 이게 당신이 그리도 원하던 스타덤으로 가는 절호의 기회인가요?

수정 감옥

아침에 옥스퍼드 감옥에서 리드 호프먼과 미래에 대한 토론을 가진 날이었다. 그날 오후, 우리는 21세기에 소셜미디어가 개개인의 정체성의 집합소로서 민족국가를 대체할 수 있을 것인가에 대한 얘기를 나눴다. 하지만 그때 나는 산업시대의 감옥으로 보이는 곳의 중앙에 서 있었다. 미셸 푸코의 말을 빌리자면 마치 "각기 다른 행위자들이 홀로 떨어져 있는 수많은 우리, 혹은 극장들"[1]과 같은 그 감옥은 가시성과 수감자들의 고립성을 극대화하는, "지하감옥의 원리와는 상반"된 곳이었다.

내가 묵었던 A동의 중앙 안마당에 있는 이층 금속계단 쪽에서는 채광이 좋고 바람도 잘 통하는 이 건물의 전경을 볼 수 있었다. 나는 고립된 우리들과 극장들로 둘러싸여 있었다. 내 왼쪽과 오른쪽으로는 긴 복도를 따라 각각의 감방들이 대칭으로 늘어서 있었는데, 모두가 똑같이 주철鑄鐵로 된 문에 철제 창살과 엇갈리게 나 있는 감시구가 있었다. 내 위아래로는 더 많은 복도와 층에 더 많은 감옥과 철문, 감시구가 존재하고 있었다. 나는 원형으로 돌면서 A동의 모든 층의 모든 감방, 그리고 그 문들을 볼 수 있었다. 그런 광경은 내가 전지전능해진 것 같은 느낌을 주었다. 마치 신이 된 것처럼, 또는 제러미 벤담이 된 것처럼.

이 옥스퍼드 감옥의 최초 설계자가 "방사상放射狀 감옥 설계의 아버지" 윌리엄 블랙번(1750~1790)이었다는 것은 놀라운 일이 아니다.[2] 벤담이 러시아에서 파놉티콘에 대한 공개서한을 발표하기 2년 전인 1785년, 이미 블랙번의 설계 계획은 그 당시만 해도 악명 높도록 복잡하여 "똥통"이라고 널리 알려져 있던 옥스퍼드 성의 지하감옥을 대체했다.[3] 반원형으로 된 블랙번의 새로운 감옥은 마치 죄수들을 감시하기 위한 거인의 눈 같았다.

3층짜리 건물인 A동은 1848년부터 1856년에 걸쳐 지어졌다. 같은 시기에 앨버트 공은 대박람회가 열렸던 수정궁을 지었는데, 두 건물 모두 밝고 통풍성이 뛰어났지만 블랙번의 건물은 앨버트 공이 대박람회를 방문하기를 희망했던 바로 그 가난한 사람들을 수감하는 공간이었다.[4] 파놉티콘은 과학과 기술의 향연이었던 대박람회와는 매우 다른, 영구적 감시의 원리를 전제로 한 전시장이었다. 각 방에는 수감자의 사생활을 침해하고, 감시자가 마음만 먹으면 언제든지 그들을 지켜볼 수 있는 감시구가 뚫려 있다. 권력자는 체벌 대신 독방 감금으로 처벌하고, 수감자들에게는 정체성을 대체할 죄수번호가 주어진다. 1860년대 초에 당국자들은 당시 혁명적인 기술이었던 사진을 이용해 수감자들의 얼굴을 찍어두는 범죄자 기록부 제도를 도입했다. 마크 저커버그의 말을 빌리자면, 옥스퍼드 감옥에 갇혔던 자들은 단 하나의 정체성을 가졌다. 중요한 것은 수감자의 모든 움직임을 감독하고, 그들이 "자기만의 삶"을 가진 복합적인 인간에서 처리된 정보의 타임라인 꾸러미로 격하되도록 그들의 시간을 분 단위로 관리하는 것이었다.

19세기 말에서 20세기까지 A동에 새로운 변화는 없었다. 잔 모리스가 1960년대에 말했듯이, "성 외곽의 우울한 교외에 위치한 옥스퍼드 교도소는 작지만, 귀에 거슬리는 열쇠와 자물쇠 소리, 쿵쿵거리는 발소리, 오래된 돌벽에 메아리쳐 돌아오는 교도관의 고함소리로 가득 찬 무시무시한 장소다."[5]

이것은 1960년대의 영국 고전영화 팬들에게 친숙한 광경일 것이다. 마이클 케인Michael Caine이 비뚤어진 찰리 크로커Charlie Crocker를, 아무도 흉내낼 수 없는 배우 노엘 카워드Noel Coward가 범죄자 일당의 두목 브리저Mr. Bridger를 연기한 1969년 영화 〈이탈리안 잡The Italian Job〉에서 후기 산업시대의 감옥생활을 블랙 코미디로 그려내고 있는 도입부가 바로 옥스퍼드 감옥 A동에서 촬영되었기 때문이다.[6]

하지만 21세기 초기에 와서 A동에는 전혀 다른 종류의 열쇠 소리가 울리기 시작했다. 1996년 9월 영국 옥스퍼드 교도소의 자물쇠는 제거되었고, 공식 안내자의 말에 의하면 "레저 시설과 종합 쇼핑몰로 재개발"되었다.[7] 영국의 말메종 그룹Malmaison Group은 이 감옥을 매입하여 윌리엄 블랙번의 벤담주의적이고 단순한 설계를 유지하되 "대담한 차별성을 지닌" 호화 호텔로 탈바꿈시켰다.[8]

지금 이곳은 말메종 옥스퍼드 호텔The Oxford Mal로, 19세기 감옥의 모델하우스처럼 남아 있다. 오래된 감방은 본래의 감시구와 주철 문을 간직한 채 호화 침실로 바뀌었다. A동은 호텔의 개인 침실들과 개방된 공간을 연결하는 통로로 설계되어, 현재는 밝고 햇빛이 잘 드는 안마당 역할을 하고 있다. 그리고 지하에 위치한 오래된 독방들은 우아한 음식점 데스티네이션 브래서리Destination Brasserie로 변신했는데, 내가 @quixotic과 함께 막 훈제 청어와 스크램블 에그를 아침으로 먹은 곳이기도 하다.

〈이탈리안 잡〉에서 나는 찰리 크로커가 브리저에게 400만 달러어치의 중국 금을 훔치자는 제안을 하기 위해 철통 보안을 뚫고 감옥 안으로 침입하는 장면이 가장 기억에 남는다. 하지만 오늘날 말메종 옥스퍼드의 호화스러운 방에 들어가고 싶어 하는 이는 크로커 같은 혁신적인 범죄자만이 아니다. 말메종은 "이제 죄수는 안 받습니다"라며 투숙객을 상대로 마케팅을 벌인다. "호텔 같은 감옥을 상상해보세요. 지금 옥스퍼드에 위치한 럭셔리 부티크 호텔, 데스티네이션 브래서리 그리고 상류층의 비밀 소굴을 떠올려보세요. 자신을 꼬집어보시죠. 손님은 지금 말메종 옥스퍼드에 수감 중이십니다."

내가 말메종 옥스퍼드에 혼자 **수감된** 것은 아니었다. 리드 호프먼, 필립 로즈데일과 비즈 스톤부터 크리스 사카와 마이크 멀론에 이르기까지 "실리콘밸리가 옥스퍼드에 오다"에서 강연했던 기술혁신가 모두는 이 호화 호텔에서 투숙했다. 천재성이 있고 오만한 스톤과 아기천사 같은 호프먼 등 소셜 미디어계의 거물들이 감옥을 개조한 이 호화로운 침실에 갇혀 있다는 것은 유쾌한 아이러니다. 하지만 이것은 아이러니를 넘어서 어쩌면 우리 모두의 미래를 암시하는 것일지도 모른다.

영국판 라스베이거스 테마 호텔 또는 할리우드 세트장인 말메종 옥스퍼드는 움베르토 에코와 장 보드리야르가 말한 과잉현실의 한 예다. 에코는 "**완전한 현실**은 완전한 가짜와 동일하다. 절대적 비현실성은 실재처럼 우리에게 제공된다"라고 말했고, 보드리야르는 과잉현실을 "전혀 존재한 적 없었던 무언가의 재현"이라고 정의 내린다. 보드리야르와 에코가 살아 있었다면, 역사가 처음에는 비극으로 후에는 모조품으로서 옥스퍼드 감옥을 통해 되풀이되고 있다고 말할지도 모른다.

하지만 말메종 옥스퍼드는 히치콕의 영화 〈현기증〉에 등장하는 매들린 엘스터같이 단순한 가짜이기보다는 역사적 사실인 동시에 미래로부터의 유물이기도 하다. 21세기의 이 호텔은 19세기 감옥의 형상을 하고는 있지만, 실제 정체는 정반대다. 옛날에 이 감옥이 감시자에게 안을 들여다볼 수 있는 권위를 안겨주었다면, 말메종 옥스퍼드는 기술의 힘을 빌려 방에서 공공의 앞마당을 내다볼 수 있도록 함으로써 손님들에게 권력을 도로 넘겨주었다. 포도스Fodor's의 여행 가이드 책은 "투숙객이 밖을 볼 수 있도록 감시구를 반대로 바꿨다"라며 말메종 옥스퍼드의 기술에 의한 변형을 설명하고 있다.[9] 이 변화와 함께 벤담이 주창했던 파놉티콘에 편재해 있는 지배자는 월터 컨의 스몰브러더로 대체되었다. 각각 똑같은 디지털 극장 속에 갇힌 개인들은 밖은 내다볼 수 있으나 누구도 자신을 볼 수 없는 공간에서 진짜 이웃은 모르고 만나 보지도 못한 채 살아가는 것이다.

말메종 웹사이트는 우리에게 호텔 같은 감옥을 상상하라고 권유한다. 하지만 어쩌면 말메종 옥스퍼드는 우리에게 감옥 같은 호텔을 상상하라고 말하는 것일지도 모른다. 그런 곳은 알게 모르게 우리를 감금하는 장소일 수도 있다. 그리고 그것이 내가 옥스퍼드에서 @quixotic과 전자세대가 과연 전 세대보다 사회적으로 더 활발해졌는지에 대해 토론을 가진 날 아침에 가졌던 생각이다. 나는 조명이 켜진 말메종의 안마당을 보며, 철문에 밖을 볼 수 있는 감시구가 나 있는 이 호텔이 사회적 네트워크가 발달된 우리 미래의 축소판일 것이라고 추측했다. 하지만 난 곧 A동에서 미래의 가장 중요한 요소가 결여되어 있다는 것을 깨달았다.

그것은 과잉가시성이다.

나는 모든 손님을 철저한 격리시키는 우리들이 나란히 배치된 말메종의 긴 복도를 위아래로 계속 훑었다. 이 주철 문들이 갑자기 사라진다면 무슨 일이 일어날까? 나는 궁금해졌다. 만약 이 나란히 배치된 감방 안에 들어 있는 사람들이 다른 사람이 무엇을 하는지 볼 수 있다면 어떻게 될까? 우리가 공개된 상태로 살아간다면?

나는 내 자신을 꼬집었다. 그러면 어때서?

우리는 공개된 채 산다

윌리엄 깁슨William Gibson이 1993년에 인지했듯이 "미래는 이미 와 있다. 다만 균일하게 퍼져 있지 않을 뿐이다". 깁슨의 현명한 예언이 있고 여러 해 후인 20세기 말부터 우리의 미래, 적어도 소셜의 미래는 이미 와 있었는지도 모른다. 조시 해리스Josh Harris라는 사업가의 발명 이후에 말이다. 해리스는 "불세출의 위대한 인터넷 선구자"로 1990년대 초기에 일기 시작한 인터넷 버블로 백만장자가 된 사람 중 한 명이다.[10] 그는 뉴욕 시의 주피터 리서치Jupiter Research 컨설턴트 회사와 수도닷컴pseudo.com이라는 비디오 사이트를 설립했다. 그리고 비교적 덜 알려지기는 했지만 그는 혁신적인 호텔 경영자이기도 하다. 조시 해리스가 만약 무언가의 개척자로 기억된다면 그것은 현실의 말메종, 즉 문자 그대로 감옥인 한 호텔의 설립자로서일 것이다.

독자들은 SNS의 과잉사용을 옹호하던 스티븐 존슨이 오늘의 웹 3.0 세계를 "우리 모두가 트루먼의 역할을 하고 있는 네트워크 버전의 〈트루먼 쇼〉"라고 말한 것을 기억할 것이다.[11] 조시 해리스는 이 과장된 얘기에서 한 단계 더 나아간다. 피터 위어Peter Weir의 1998년 영화 〈트루먼 쇼〉에서 일반인 트루먼 버뱅크Truman Burbank—짐캐리Jim Carrey가 제임스 스튜어트 식의 순진함을 가지고 연기하는—의 일상은 자신도 모르는 사이에 텔레비전으로 방영되고 있었다. 해리스는 위어의 픽션 영화를 편집도 없고 계속해서 방송되는 실제 삶 속에서의 실험으로 옮기기로 했다.

1999년 12월 초, "침묵: 우리는 공개된 채 삽니다Quiet: We Live in Public"라는 제목의 예술 프로젝트의 일환으로 해리스는 뉴욕 시에서 지하 호텔 캡슐Capsule을 열었다. 이곳은 말메종과는 달리 벽도 문도 없는 팟pod 스타일의 방 100여 개로 구성되었다. 과감한 투명성의 건축 체계를 적용한 이 소셜 호환 호텔은 투숙객들이 자신의 가장 비밀스러운 행동이나 생각조차 숨길 수 없는 곳이었다.

모두가 자신의 24시 프로그램의 주인공이 될 수 있도록 렌즈의 방향을 실험자들에게 돌림으로써, 해리스는 하이퍼퍼블릭, 에어타임, 비노운 그리고 리빙소셜이 탄생하기 10년도 전에 이미 소셜네트워트 사업 모델을 확립했다. 토머스 모어 경의 『유토피아』에나 나올 법한 12미터짜리 식탁에 제공되는 음식과 술부터 팟 스타일의 숙박 시설까지 캡슐 호텔의 모든 것은 공짜다. 물론 캡슐 호텔에 투숙하는 100명의 트루먼 버뱅크들은 호텔에 머무는 동안 모든 정보의 소유권을 해리스에게 양도해야 한다. 이 프로젝트는 약관에서 이 점을 확실히 밝히고 있다.

캡슐 호텔이 추구하는 바는 결국 실제로 존재하는 인물들이 엄청난 양의 정보를 생성토록 하는 것이다. 이 파놉티콘은 웹 2.0이 출현하기도 전에 @quixotic의 웹 3.0 아이디어를 이미 구상했다.[12] 그래서 공동식사 공간, 팟 스타일의 방, 욕실 등까지 호텔의 곳곳에는 카메라가 설치되었다. 조시 해리스의 '수익 모델'—만약 이 용어가 이토록 착취적인 프로젝트에 어울린다면—은 투숙객으로부터 뽑아내는 개인정보의 수집인 것이다.

다행히도 20세기 후반에 행해진 이 모의 파놉티콘 호텔 실험은 온디 티모너Ondi Timoner라는 영화감독이 그녀의 2009년 다큐멘터리 〈우리는 공개된 채 산다We Live in Public〉 안에 담았고, 이 영화는 선댄스 영화제에서 심사위원상을 받았다. 티모너가 "현실의 과장된 모습"이라며 소개한 이 극도로 친숙한 작품은 필립 로즈데일이 인간을 화합시킬 거라고 주장했던 소셜미디어의 시대를 다시금 뒤돌아보게 한다. 적나라한 카메라 앞에서 프로젝트는 한 달 만에 집단적 과대망상증, 성적 질투, 증오와 물리적 폭력 등의 이유로 막을 내렸다. MIT의 교수 셰리 터클은 이 속에서 급진적인 사회적 투명성의 반사회적 본질을 발견하고 〈우리는 공개된 채 산다〉의 대본을 썼다. 해리스의 실험은 외로움을 없애기보다 오히려 배가시켰다. 한 피실험자는 이 프로젝트 참가 후 티모너에게 "서로에 대해 더 속속들이 알아갈수록 정작 자신은 더 외로워진다"라며 괴로움을 표했다.

조시 해리스의 프로젝트에서 문제를 더 심각하게 만든 것은 비밀 정보원이었다. 〈우리는 공개된 채 산다〉의 한 투숙객이 온디 티모너에게 말했듯이, 호텔은 "절대적 감시를 받는 경찰국가"였다. 한번 호텔에 체크인을 한 지원자는 체크아웃도 금지되었다. 과잉현실적인 악취미를 가진 해리스와 그의 부하들은 비밀 정보원 같은 옷을 차려입고 아서 케스틀러Arthur Koestler의 『한낮의 어둠Darkness at Noon』 또는 오웰의 『1984』에 등장하는 가학적인 심문자들처럼 정신쇠약, 마약중독, 자살 시도 등에 관해 굴욕적인 자기고백을 요구하며 심문했다.

다른 이들의 삶을 망치는 것으로도 모자랐는지, 해리스는 자신도 트루먼 버뱅크가 되기로 하고 자신의 삶마저 파멸시켰다. 캡슐 호텔이 뉴욕 경찰에 의해 2000년 새해 첫날 중단되자, 그는 감시용 카메라의 방향을 돌려 자신에게 들이대더니 자신의 일상을 24시간 아무런 여과 없이 위리브인퍼블릭닷컴 WeLiveInPublic.com 사이트를 통해 방송하기 시작했다. 이 황당한 자멸적 실험은 그의 가장 친한 친구와의 관계 및 여자친구와의 관계를 종말로 이끌었을 뿐 아니라 그에 대한 나쁜 평판과 경제적 파산까지 가져왔다. 오늘날 해리스는 그의 가족, 친구, 채권자들로부터 도망쳐 에티오피아에서 살고 있다. 모든 이미지를 소유하고자 했지만 모든 것을 잃은, 세상에서 가장 슬픈 불세출의 인터넷 공상가가 아닌가?

하지만 조시의 실패는 미래의 종말을 예기하기보다는 그 시작을 암시하고 있다. 온디 티모너는 "인터넷은 우리가 각자 자신의 사생활을 매매하고 교환하도록 몰아가고 있다"라고 말했다. 하지만 우리의 사생활은 위리브인퍼블릭닷컴이나 캡슐 호텔이 아닌, 주머니에 넣거나 목에 걸 수 있는 작은 기기에 의해 파괴될 것이다.

비밀 정보원의 귀환

미래가 불균형하게 퍼져 있는지는 몰라도, 언젠가 보편적으로 퍼져 있게 되는 때가 있을 것이다. 그러한 미래에 우리 모두는 정부 기관에 속해 있을 것이다. 그렇다. 그것은 엄청나게 무시무시할 것이다.

이것이 『슈퍼 새드 트루 러브 스토리』에 그려진 미래의 모습이다.[13] 2010년, 게리 슈테인가르트는 우리 모두가 소지하고 다니는 작고 세련된 '어패럿Apparat'이라는 기기에 의해 본인이 생성한 대량의 정보를 정리당하고 평가당하는 반이상향적인 미래에 관한 이 소설을 발표했다.

슈테인가르트는 우리 모두가 공개된 채 살아가는 정보 디스토피아를 이렇게 서술한다. "모든 사람은 어패럿이라는 장치를 주머니에 넣고 다니거나 목에 달고 다닌다. 당신이 어디를 가든 모든 사람은 당신을 판단한다. 이것에는 '레이트 미 플러스Rate Me Plus' 기술이 탑재되어 있어서 즉시 등급이 매겨진다. 모두가 다른 사람을 평가할 수 있고 평가한다."[14]

슈테인가르트는 2011년 7월 내가 진행하는 테크크런치 프로그램에 출연했고, 그때 개인의 인간성에 대한 평가가 수치화되어 해서블Hashable이나 크레드Kred 같은 인터넷 평판 네트워크에 가까운 보편적으로 접근 가능한 실시간 리스트에 등록되는 세상을 "윌리엄 깁슨의 세상William Gibson land"이라고 불렀다.[15] 비밀이나 사생활 따위는 이 투명한 시장에서 사라질 것이다. 평판 등록 주식시장 엠파이어 애비뉴Empire Avenue는 월스트리트를 대체할 것이고, 우리를 바라보는 타인의 시선을 데이터화한 순수한 평판경제가 형성될 것이다.

슈테인가르트의 설명에 의하면, 어패럿은 오늘날 우리를 감시하는 아이폰이나 구글의 안드로이드 스마트폰 같은 최신 기기가 전지전능해진 형태다. "내 어패럿은 마치 오염된 파도가 깨끗했던 데이터 기억장치에 밀려와 부서지듯이 유저들로부터 흘러나오는 엄청난 양의 정보 속에서 재빨리 매케이 왓슨McKay Watson에 대한 정보를 찾아냈다." 『슈퍼 새드 트루 러브 스토리』의 화자 레니 아브라모프Lenny Abramov는 우연히 한 가게에서 처음 만난 사람에 대한 개인정보를 어패럿을 통해 손쉽게 얻는다. "나는 매케이에 관한 정보를 훑기 시작했다. …… 그녀는 터프츠 대학교에서 국제정세학을 전공하고 부전공으로 유통과학을 공부했다. 그녀의 부모님은 교수직을 은퇴하고 매케이가 자랐던 버지니아 주의 샬럿츠빌Charlottesville에 살고 계신다. 현재는 남자친구가 없지만 전 남자친구와는 리버스 카우걸reverse cowgirl 체위를 즐겼다."[16]

슈테인가르트의 세계에서는 우리가 어패럿을 소유하는 게 아니라 어패럿이 우리를 소유한다. 이 전지한 기기는 오늘날로 치면 하이퍼퍼블릭리빙소셜픽유HyperPublicLivingSocialPeekYou와 비슷한 랜드올레이크스GM포드크레디트LandO'LakesGMFordCredit라는 대기업이 제조한다. 이 기업은 우리의 재력, 취향, 패션 감각, 성생활 등을 비롯한 모든 신상 정보를 수집하고 저장한 후 이를 전 세계에 누설한다. 『슈퍼 새드 트루 러브 스토리』에서 우리, 대중, 그리고 젊은 일반인 여성 매케이 왓슨은 위리브인퍼블릭닷컴의 조시 해리스와 그의 불쌍한 여자친구같이 자신을 제외한 모든 이가 궁금해 하는 매력적인 공개 정보로 변환된다.

이러한 디스토피아에서 우리는 현대의 스눕온미나 크리피 같은 소셜미디어 네트워크와 유사한 영원한 캡슐 호텔에서 공개된 채 살아갈 것이다. 이렇게 어패럿이 깊이 침투한 사회에서는 모두에게 자신의 수입, 혈액형, 콜레스테롤 수치, 성적 취향, 소비능력 또 소비습관 등을 적을 공개 프로파일이 하나씩 주어진다. 아무도 '레이트 미 플러스' 기술이 장착된 어패럿의 편재하는 그림자를 피해갈 수는 없다. 어패럿은 벤담의 오토아이콘이 전자적으로 현실화된, 탈출할 수 없는 감옥이자 우리가 자신의 이미지 속에서 살아가는 영원한 A동이다.

윌리엄 깁슨의 세상에서 슈테인가르트가 전하는 이 어두운 모험은 정말로 슈퍼 새드 러브 스토리임은 분명하다. 하지만 이게 현실적이라고 말할 수 있을까? 우리는 과연 이 이야기가 현실을 기반으로 한 이야기임을 증명할 수 있을까?

스코블 스토리

사실 리드 호프먼과 함께 옥스퍼드에서 벌인 토론회에서 난 말메종이나 캡슐 호텔 아니면 어패럿에 대한 말을 한 번도 언급한 적이 없다. 조시 해리스, 게리 슈테인가르트 아니면 위리브인퍼블릭닷컴도 말이다. 지금 생각건대 소셜미디어의 미래에 대한 이런 묘사는 엄격한 분석가인 @quixotic에 의해 바로 과도하게 공상적이며 비관적이라는 이유로 기각당했을 것이다. 스티븐 존슨처럼 호프먼도 조시 해리스를 현실과는 동떨어진, 다큐멘터리의 주제로나 어울릴 "멍청이"나 "실성한 몽상가" 정도로 넘겼을 것이다.[17]

그래서 우리의 토론은 진지한 견해의 교환이라기보다는 피터 드러커가 산업사회와 지식사회 간의 "대전환"이라고 묘사한 것에 대한 지루하고 예의 바르며 정중한 논쟁이었다. 우리 둘 다 소셜미디어 커뮤니티가 어떤 면에서는 21세기 정체성의 출처로서 민족국가를 대체할 것임을 인지하고 있었다. 하지만 그런 미래는 어떤 모습일까? 게리 슈테인가르트와는 달리 나와 리드 호프먼은 윌리엄 깁슨의 세상에 가본 적이 없어 알 수 없었다.

하지만 @quixotic과의 옥스퍼드 토론회 후 북부 캘리포니아의 집으로 돌아온 지 몇 주 지나지 않아, 나는 소셜미디어가 어떻게 정체성의 출처로서 민족국가를 대체할 것인가를 알아보기 위해 미래로의 여행을 떠났다. 나의 여정은 매들린 엘스터가 히치콕의 〈현기증〉에서 물 속으로 뛰어들었던 샌프란시스코의 금문교에서 시작되었다. 나는 비즈 스톤의 트위터 본사가 있는 샌프란시스코를 지나 더 남쪽으로, 과거 "환희의 계곡"이라고 불렸고 현재 마크 저커버그의 페이스북, 리드 호프먼의 링크드인, 래리 페이지의 구글 그리고 웹 3.0 세상에 소셜 구조물을 짓고 있는 수백 개의 실리콘밸리 회사들이 밀집해 있는 산타클라라 밸리도 지났다.

나는 샌프란시스코와 산호세를 잇는, 교통정체로 악명 높은 101번 고속도로를 타고 계속 남쪽으로 달려서 18세기에 선교 정착지였고 히치콕이 매들린 엘스터의 타살과 주디 바턴의 자살 장면을 촬영한 산 후안 바우티스타 가까이까지 내려왔다. 하지만 나는 산호세를 지나기 전 101번 고속도로에서 나와 서쪽으로 방향을 돌렸다. 나는 히치콕의 자택이 있었던 산타크루스 산맥을 돌아, 인텔의 공동창립자이자 무어의 법칙을 만들어낸 고든 무어가 자라난 작은 어촌 마을 페스카데로의 약간 북쪽에 위치한 태평양 연안에 도착했다.

"마지막으로 이 한 가지 일만 하면 나는 과거로부터 자유로워질 거야." 스코티 퍼거슨은 〈현기증〉의 마지막 장면에서 샌프란시스코에서 캘리포니아 연안을 따라 산 후안 바우티스타가 있는 남쪽으로 내려오면서 주디 바턴에게 이렇게 말한다. 하지만 산타크루스 산맥을 넘은 내 이번 여행의 목적은 과거로부터의 해방보다는 미래로의 방문이었다. 나는 실리콘밸리의 열렬한 소셜미디어 전도사이자 윌리엄 깁슨의 세상의 초기 정착자 중 한 명인 로버트 스코블을 인터뷰하기 위해 이 태평양 연안의 마을에 왔다.

조시 해리스와 달리 스코블은 "멍청이"도 "실성한 몽상가"도 아니다. 그는 마이크로소프트 "최고 인간화 책임자Chief Humanizing Officer"를 역임했으며 잡지 ≪패스트 컴퍼니Fast Company≫의 칼럼니스트이자 투명한 대화의 가치에 대한 양질의 책도 집필했다.[18] 존경받는 소셜미디어 전도사인 그는 오늘날의 디지털 러브인에서 가장 영향력 있는 실리콘밸리의 치어리더로 인정받는 인물이다. ≪이코노미스트The Economist≫는 그를 "전 세계 컴퓨터광들의 비주류 스타"라고 소개했고,[19] ≪파이낸셜 타임스≫는 2011년 3월 세계에서 가장 영향력 있는 트위터리언 5인 중 한 명으로 20만 명의 팔로어를 지닌 @scobleizer (스코블의 트위터 계정—옮긴이)를 꼽았다.[20]

만약 윌리엄 깁슨이 옳았고 미래가 이미 도래해 있다면 그것은 아마도 @scobleizer의 모습 속에서 드러났을 것이다. 버락 오바마Barack Obama보다 클라우트 순위가 더 높은 그는 디지털 사회에서 매우 과잉가시적인 인물이다.[21] 2006년에 트위터에 가입해 5년 만에 5만 개가 넘는 게시물을 올렸는가 하면, 구글플러스에서는 6주 만에 11만 4500명의 팔로어를 끌어 모았다.[22] 그뿐 아니라 위치정보 서비스 포스퀘어와 사교생활 네트워크 플랜캐스트, 운전정보 네트워크 웨이즈, 여행정보 네트워크 트립잇, 사진 네트워크 인스타그램, 음식 네트워크 마이 패브 푸드, 텔레비전 네트워크 인투나우, 또 심지어 그가 실리콘밸리에서 자전거를 탈 때 팔로어들이 이를 추적할 수 있는 사이클 네트워크 사이클로미터 등에서 일찍부터 활약했다.[23] 그가 어디에 있든, 무엇을 하고 무엇을 생각하든, 스코블은 항상 네트워크 어디에선가 존재한다. 그는 트루먼 쇼의 배경인 시헤이븐Seahaven과 같이 모든 활동이 항상 방송되는 거대한 전자 무대인 윌리엄 깁슨의 세상에 살고 있다.

무엇보다 스코블은 '오픈 웹open web'과 공개된 삶의 챔피언이다. 그는 자주 사생활의 종말에 대해 말했고, 2010년 10월 테크크런치 TV 프로그램에서는 "우리가 아무리 사적인 대화를 나누려 해도 그 내용이 끝까지 비밀로 남을 확률은 매우 적다"라고 시인했다. 자신의 일상 대부분을 공개적으로 트윗하는 @scobleizer가 사적인 영역의 소멸을 딱히 걱정하는 것 같지는 않다. "나는 내 인생을 공개한 채 살고 싶다. …… 나는 이런 사생활 보호 논란 따위에서 좀 빼주기를." 그는 2010년 5월 자신의 블로그에서 "난 페이스북에 아예 비공개 정보가 없었으면 좋겠다!"라고까지 밝혔다.[24]

이 공개성의 챔피언은 그의 아내와 아이들과 함께 전원적인 해안 피서지인 태평양 연안의 해프 문 베이Half Moon Bay에 위치한, 매우 배타적인 마을에서 살고 있다. 지중해 양식을 본뜬 스코블의 집은 호화로운 리츠칼튼 호텔Ritz-Carlton Hotel에서 조금만 가면 나오는데, 지중해 양식을 본뜬 집들이 울타리로 둘러싸인 개인 소유의 주택지 안에 모여 있는 것을 볼 수 있다. 스코블의 공동체를 외부 세계로부터 안전하게 지키는 경비원이 내 신원을 확인하는 동안, 나는 공개된 삶을 지향하는 우리의 전도사가 도대체 왜 세상과 단절된 태평양 연안의 울타리 속 주택단지 안에서, 즉 고립지 안의 고립지에서 살아가고 있는지 궁금해졌다.

"로버트 스코블의 집이 몇 호죠?" 나는 주거단지의 전자식 대문을 통제하는 제복 차림의 경비원에게 물었다.

하지만 내가 그의 답을 잘못 들었나보다. 왜냐하면 내가 초인종을 누르자 문을 열어준 남자는 야구 모자에 반바지를 차림을 한 이로, 그는 과잉가시적인 스코블에 대해 들어본 적도 없었다. "누구요?" 그는 인터넷에서 가장 유명한 브랜드를 가진 세계적인 명사를 찾는 내 말에 멍하게 대답했다. 분명 이 사람은 실제 이웃들을 서로 이어주는 야타운, 넥스트도어닷컴 또는 헤이네이버!의 소셜네트워크 이용자가 아닐 것이다.

공교롭게도 스코블은 그의 길 건넛집에 살고 있었다. 그는 특유의 "이봐, 잘 지냈어?"라는 인사말로 나를 반갑게 맞아주었고, 우리는 그의 스튜디오가 있는 위층으로 올라갔다. 마치 트루먼 쇼의 트루먼 버뱅크를 상기시키는 쾌활한 태도, 반들반들한 얼굴, 짙은 색깔의 눈을 가진 이 호감 가는 소셜미디어의 전도사는 내 맞은편에 앉았다. 그의 뒤에 있던 30인치 컴퓨터 모니터에는 @scobleizer 트위터 페이지가 떠 있었다. 몇 초마다 스코블의 트위터 친구들의 새로운 트윗이 스크린상에 나타났다. 그러니까 앉은 자리에서 나는 진짜 스코블과 트위터상의 스코블을 동시에 볼 수 있었다. 나는 순간 내 앞에 자신의 전자화된 오토아이콘 속에서 살고 있는 디지털 버전의 제러미 벤담이 앉아 있음을 깨달았다. 그는 자신의 이미지들에 근사한 인물일 뿐만 아니라 사실상 정보 그 자체이기도 했다. 이것은 이상할 뿐만 아니라 내게 굉장히 소름 끼치는 일이었다.

"얼마나 오랫동안 그분이랑 같은 동네에 사셨나요?" 나는 스코블에게 그 이웃에 대해 물었다.

"한 2년요."

"그런데 어떻게 그분이 당신을 모를 수가 있죠!?"

세상에서 가장 인지도가 높고 인기 많은 소셜미디어 전도사가 자신의 건넛집 사람에게는 알려지지 않았다는 아이러니는 스코블과 그의 트위터 피드를 동시에 바라보는 초현실적인 경험과 합쳐져 나를 더 복잡하게 만들었다. 나는 스코블의 인간적인 내면을 찾으려 했지만 실패했다. 순간, 나는 그가 실제로 존재하기는 하는 것일까라는 의문에 사로잡혔다. 어쩌면 스코블은 @scobleizer에 더 가까울지도 모른다. 아니면 대중 속에서 살기로 마음먹은 이 소셜미디어 전도사는 사실상 네트워크에서만 존재할 수도 있다.

어떤 의미에서 그는 실제로 헤이네이버!나 넥스트도어닷컴을 제외한 모든 네트워크 속에서 살고 있다. 우리가 그날 오후 온갖 미디어 장비로 채워진 그의 방에 앉아 있는 동안, 그의 스크린에서 나오는 불빛은 깜빡이며 그의 트루먼 같은 얼굴을 비췄다. 그는 해프 문 베이의 물리적 이웃보다 소셜네트워크를 통해 사귀는 친구들이 더 좋다고 했다. 알지 못하는 이웃보다는 베이징의 웹 프로그래머나 베를린에 있는 미디어 기업가와 더 잘 통하고, 인터넷으로 소셜네트워크를 이용해 그와 비슷한 관심사를 가진 이들을 친구로 사귀게 되었다는 것이다.

스코블은 옥스퍼드 토론회에서 나나 @quixotic조차도 놓친 미래를 보여주고 있었다. 개체화되고 개인화되어 개인성에 대한 숭배와 소셜에 대한 숭배가 기이하게 종합되는 스코블의 사회는 21세기에 소셜미디어 커뮤니티가 어떤 식으로 정체성의 원천으로서 민족국가를 대체할 것인지에 대한 답을 제공한다. 어니스트 겔너는 19세기와 20세기에 개인은 공통의 언어와 문화를 중심으로 하나의 물리적 공동체를 이룬다고 했지만, 오늘날의 공동체는 그 개인들의 반영이 되어가고 있다. 그러므로 스코블의 소셜미디어 커뮤니티는 그의 자아의 연장이고, 스코블 자신의 불투명한 이미지를 반사하는 무한한 거울의 방이기도 하다. 이것이 그가, 그에 따르면 개방적인 성격에 원기가 넘침에도 불구하고, 트루먼 버뱅크처럼 고립되고 길을 잃은 듯해 보이는 이유다. 고립지 안의 고립지에 살면서 동시에 모든 이 또는 아무와도 연결되지 않은 스코블. 그러므로 '스코블 스토리The Scoble Story'는 말하자면 우리가 어떻게 전부 홀로 비영속적인 21세기를 영원히 살아나갈지에 대한 시사회인 것이다.

그리고 나는 이것이 인간의 새로운 (불)통합이고 자아를 가두는 새로운 수정 감옥임을 깨달았다. 자신을 항상 방송하기 위해 그가 가지고 다니는 카메라와 모니터와 비밀스러운 장비로 꽉 찬 미디어 방에서 스코블을 바라보니, 다시 말해종 옥스퍼드의 A동에 돌아온 듯한 착각이 들었다. 그의 전자 감시구는 이 소셜미디어 전도사가 그의 이웃과 소통하는 것을 방해하고 있었다. 리처드 세넷이 말했듯이, "전자기기를 통한 소통은 공적 생활이라는 개념 자체의 종말을 가져왔다".[25] 그리고 자주적 행위자로서의 정체성과 트루먼 버뱅크로서의 존재적 혼란을 지닌 스코블은 사회가 개인이 원하는 것의 연장에 불과한 디지털 사회의 첫 주민이라고 할 수 있다.

하지만 '스코블 스토리'와 〈트루먼 쇼〉에는 중요한 차이점이 있다. 피터 위어의 픽션 영화에서 트루먼 버뱅크는 자신의 일상이 실시간으로 텔레비전을 통해 방송되고 있다는 것을 전혀 몰랐다. 그에 반해 로버트 스코블은 '스코블 스토리'의 주인공일 뿐만 아니라 연출자이며 이 논픽션 쇼의 감독이기도 하다. 스코블의 과잉가시적인 일상에는 전혀 불가항력적인 면이 없다. 그는 외부에 공개적으로 살기를, 그의 현 위치를 포스퀘어의 팔로어에게 드러내기를, 트위터에 5만 1000개의 글에 올리기를, 그가 하프 문 베이의 리츠칼튼 호텔에서 먹었던 시저 샐러드 사진을 마이 패브 푸드에 올리기를,[26] 자신의 사진을 인스타그램에 올리기를, 그리고 웨이즈, 트립잇, 인투나우, 사이클로미터 등 다른 모든 투명한 소셜웹 네트워크에서 활동하기를 선택했다.

"우리는 모두 로버트 스코블이 되어가고 있는가." 이것은 2010년 12월 내 테크크런치 TV 프로그램의 헤드라인이었다. "좋든 싫든 우리 모두는 로버트

스코블이 될 가능성을 안고 살아가고 있다"라고 나는 경고했다.[27]

하지만 사실 우리 중 상당수는 스코블이 되기를 거부한다. 우리 대부분은 @scobleizer처럼 전자 기기를 통해 대중의 스포트라이트를 받으며 사는 것을 거북하게 느낀다. 리드 호프먼의 믿음과는 달리, 우리는 원래부터 사회적 존재인 것은 아니다. 따라서 소셜 혁명에도 불구하고 우리는 자신의 사진, 위치, 식사, 생각, 여행계획, 자전거 이동경로 등의 정보가 모든 이들이 볼 수 있게 게재되는 것을 원치 않는다.

그러면 이제 어떻게 해야 하는가? 우리의 삶이 '스코블 쇼'처럼 되지 않도록 하고, 우리를 이웃으로부터 철저히 분리하는 호화 감옥의 관음증적 피수용자가 되지 않으면서도 평생 본 적도 볼 일도 없는 수십만 명의 '친구'를 가질 수 있을까? 현재와 같은 전시주의의 시대 속에서 오늘날의 섬뜩함이 내일의 숙명이 되지 않게 하기 위해 우리는 어떻게 사생활과 비밀에 대한 권리를 보장할 것인가? 무엇보다도 이미 으스스한 화려함을 지닌 말매종 옥스퍼드와 조시 해리스의 급진적으로 가시적인 캡슐 호텔의 기묘한 합성물이 되어가며 우리를 현기증 나게 하는 웹 3.0 세계에서, 우리는 어떻게 인간으로서 자기 자신에게 진실되도록 좀 내버려두어질 수 있을까?

오늘날의 디지털 현기증에 대한 치료법을 찾기 위해서는 절대로 대중에게 공개하려 의도되지 않았던 그림들을 생각해볼 필요가 있다. 다시 한 번 우리는 19세기 중반, 지금의 우리처럼 과학기술 혁신 때문에 대중의 시선에서 사생활을 보호할 권리를 위해 투쟁해야 했던 과거로 돌아가야 한다.

제8장

2011년 최고의 그림

@amgorder: 앤드리아 미셸 이보르Andrea Michelle Ybor(지저분한 턱수염에 파란색 셔츠, 갈색 반바지에 상업용 트럭을 운전하는 키 188cm의 흑인 남자)가 절 부르더니 [내가] 웨인wayne 이라고 부르는 개조된 학교버스 안으로 불법 침입하고 강간을 했습니다. 살아 있다는 것이 감사하네요.

_ 2011년 5월 27일 훗스위트 페이버릿Hootsuite Favorite 리트윗 답변

@amgorder: 법원에서 제게 이와 관련해서 트위터 사용을 중단할 것을 요청해왔습니다. 제가 허가 논의를 하는 동안은 법원의 협조부서로 연락 바랍니다. 여러분의 지지는 정말 이루 말할 수 없이 값졌습니다.

_ 2011년 5월 27일

1848년의 가장 가치 있는 그림

한 전시회에 나왔던 그림들에서 이야기는 시작된다. 하지만 이번에는 한 개의 그림이 아닌, 19세기의 귀감이 되었던 앨버트 공과 빅토리아 여왕이 결혼 초기에 제작한 일련의 동판 에칭이다. 개인적으로 제작된 63개의 에칭화에는 가정 속 모습뿐 아니라 그들의 친구와 가장 나이가 많았던 두 자녀, 즉 옥스퍼드 대학교 학생회에서 학부생으로서 토론을 즐겼던 빅토리아의 왕위 후계자 버티와 비키Vicky를 포함한 가족이 그려져 있다. 엄연히 자신들만을 위해, 친밀한 관계를 기념하기 위해 만들어진 이 사적인 에칭화는 그들의 의도와는 관계없이 대중에게 공개되고 말았다.

1840년 10월과 1847년 11월 사이, 빅토리아와 앨버트는 이 동판들의 사본을 제작하기 위해 인쇄업자에게 이 에칭화들을 보냈다. 하지만 인쇄공은 주문받은 것 외에 또 하나의 사본을 찍어냈고, 이를 런던의 출판업자 윌리엄 스트레인지William Strange에게 팔았다. 그는 이 그림들을 「빅토리아 여왕과 앨버트 공의 에칭화 해설 카탈로그A Descriptive Catalogue of the Royal Victoria and Albert Gallery of Etchings」라는 제목으로 발표했다.[1] 스트레인지는 뻔뻔스럽게도 구매자에게 그림에 어울리는 여왕이나 앨버트 공의 모조 자필 서명까지 약속했다.

1848년에 시작된 앨버트 공과 스트레인지 사이의 소송은, ≪하버드 로 리뷰≫에 기고했던 「프라이버시에 대한 권리」라는 상징적 글에서 프라이버시를 "혼자 있을 수 있는" 법적 권리라고 정의한 보스턴 출신의 변호사 새뮤얼 워런과 루이스 브랜다이스에 따르면 "유명한 법적 공방"이 되었다. 새뮤얼 워런은 ≪워싱턴 포스트Washington Post≫에 딸의 결혼식 사진이 아무런 동의 없이 실리자,[2] 1890년에 브랜다이스와 발표한 글에서 산업적 변혁을 일으킨 과학기술이 우리의 사생활권을 침해하고 있다고 주장했다. "즉석 사진과 신문사는 신성한 사생활과 가정의 영역을 침범했다. 수많은 기계들은 '옷장 속의 비밀도 집 꼭대기에서 발표될 것'이라는 예측을 실현시키고 말 것"이라고 그들은 적었다. "허락되지 않은 개인사진의 유통에 대한 해결책을 법적으로 마련해야 한다는 데에 수년에 걸쳐 의견이 모아지고 있다"는 것이다.[3]

영국 법원이 빅토리아와 앨버트의 사생활권을 옹호하면서 '앨버트 공 대 스트레인지' 사건은 원고의 승리로 끝났고, 법원은 판례법을 따라 에칭화의 재생산을 금지했다. 워런과 브랜다이스는 이 판결이 산업시대에 사람들의 초상권을 보호하는 데에 중요한 선례를 제공할 것이라고 주장했다.

이 사례와 유사하게 오늘날의 웹 3.0 혁명은 개인의 사생활을 존중하는 전통적인 법률에 도전하고 있다. 예를 들면, 축구선수인 라이언 긱스 사건에서 영국 고등법원은 그의 사생활에 대한 공적 언급을 금지했지만, 7만 5000명의 사람들은 그의 혼외 성생활에 대해 트윗을 올리며 열을 올렸다. 이 사건은 결과적으로 ≪파이낸셜 타임스≫의 편집장 라이어널 바버Lionel Barber가 "우리 시대의 자유에 대한 논쟁"이라고 이른 것을 초래했다.[4] 긱스의 성생활에 대해 트윗글을 게시한 7만 5000명의 사람들을 모두 처벌하는 것이 불가능하기는 하지만, 한편으로는 법은 사회로부터 개인의 권리를 지켜내야 하고, 따라서 누구라도 다른 누군가에 관한 무엇이든지 게재할 수 있는 디지털 시대에 사회적 조롱에 대한 얼마간의 방어 또한 제공해야 한다.

라이어널 바버는 오늘날의 소셜미디어 혁명을 두고 "현실의 법이 명백히 시대에 뒤떨어지고 있다"라고 결론 내렸다. 불행히도 긱스 사건은 오늘날 법률적 문제의 빙산의 일각일 뿐이다. 불륜을 저지른 아내에 대해 트윗을 날린 영국의 한 배관공부터[5] 위키리크스의 줄리언 어산지와 트위터에서 아무 말이나 쏟아내는 셀 수 없이 많은 사람들까지, 결과에 대한 책임은 망각한 채 자신이 원하는 것은 바로 인터넷에 올리는 사람들이 도처에 널려 있다. 그러면 도대체 어떻게 법은 우리의 정보망 기술의 발전에 발맞춰 진보할 수 있을까? 웹 3.0 세계를 사는 우리는, 19세기의 사생활권 옹호자 워런과 브랜다이스가 말한 대중들의 "꼴사나운 험담"으로부터 "신성한 사생활과 가정의 영역"을 보호할 수 있도록 더 많은 법률을 제정해야만 할 것인가?

마크 저커버그와 에릭 슈밋은 이에 절대 동의하지 못한다. 2011년 5월 말 프랑스 도빌Deauville에서 G8 정상회담이 열린 주에, 프랑스 대통령 니콜라 사르코지Nicolas Sarkozy는 저커버그와 슈밋, 나를 포함한 소셜네트워크상의 핵심 인물 몇백 명을 파리로 초청해 정부의 인터넷 규제에 대해 논의했다. 사르코지는 'e-G8'에서 정부가 인터넷을 "교화"시키고 사용자의 사생활을 보호해야 한다고 호소했고, 이에 슈밋은 그것을 "멍청한" 정부의 규제라고 비난하며 반대 입장을 표하면서 "과학기술은 항상 정부보다 항상 빠르게 진화할 것이다. 그러니 그 결과를 제대로 이해하기 전에 법률을 제정하지 말라"라고 주장했다.[6] 저커버그는 슈밋보다는 좀 더 외교적으로 대답했지만, 그 역시 정부가 오늘날 소셜미디어 회사들의 혁신을 규제하는 것은 어리석은 일임을 분명히 했다.

여러 가지 면에서 저커버그가 옳을지도 모른다. 현대의 사생활 파괴에 대한 가장 효과적인 치료법이 새로운 법률을 끝도 없이 만들어내는 것은 아닐 것이다. 이미 주장한 바와 같이, 나는 영국과 멕시코 정치인들이 민간 소요사태를 우려하여 소셜네트워크를 중단하도록 요구한 것에 대해 반대한다. 아니면 탈레반의 트위터 계정을 차단하라는 미국 의회의 요구나[7] 타국의 당선된 정치인의 트위터 계정에 대한 미국 법무부의 일방적인 조사를 합법화하는 것에도 찬성하지 않는다.[8] 좋든 싫든 21세기 민주주의는 더욱더 소셜미디어에 의해 형성될 것이고, 그러므로 민주적인 정부가 어떠한 네트워크라도 중단시키거나 장악할 수 있는 권력을 쥔다는 것은 말도 안 된다.

게다가 에릭 슈밋이 주장했듯이, 소셜미디어는 여러모로 그저 거울과 같은 것이다. 아무도 우리에게 인스타그램에 사진을 업데이트하라거나 미맵에 자신의 위치를 공개하라거나 점심에 먹은 음식을 마이 패브 푸드에 올리라고 강요하지 않는다. 우리가 살아가고 있는 대전시주의 시대를 가장 있는 그대로 드러내는 모습은 스코블 스토리다. 그래서 난 소셜미디어 시대에서 점점 증가하고 있는 일상의 공공화가 걱정되기도 하지만, 우리 자신이 선택한 전시주의로부터 우리를 보호하기 위해 정부나 법안을 끌어들인다는 발상에 대해서도 마찬가지로 동의하지 못한다.

존 스튜어트 밀이 『자유론』에서 주장한 바와 같이, 정부는 우리를 우리 자신으로부터가 아닌 타인으로부터 보호하기 위해 존재한다. 좋든 싫든 사진이 일단 네트워크에 업데이트되거나 트윗이 공개적으로 게시가 되는 순간, 그것은 사실상 공공의 소유물이 된다. 에릭 슈밋이 번드르르하게 하는 말처럼 들리고 싶지는 않지만, 그러니 자신의 사생활을 철저히 보호하는 방법은 아예 처음부터 아무것도 게재하지 않는 것뿐이다.

그래도 2011년 3월 미국 연방 통상위원회American Federal Trade Commission: FTC가 구글이 출시 예정이었던 소셜네트워크 버즈의 터무니없이 "기만적인 개인정보보호정책"에 대해 내놓은 합의안[9] 같은 수준의, 정부에 의한 법률 제정은 필요하다. 페이스북이 2011년 6월 자사의 서비스에 '얼굴 감지' 서비스를 추가한다는 내용의 발표를 통해 개인의 프라이버시를 더 노골적으로 외면한 것에 대해 정부가 대응했던 것이나 앞으로 20년 동안 페이스북 사측에서 개인정보 설정을 바꾸기에 앞서 사용자의 동의를 필수화한 개인정보 이용 합의안 등도 마찬가지로 적절한 측면이 있다.[10] 하지만 트위터와 페이스북 같은 새로운 네트워크의 자본력, 스피드, 활력과 정부의 굼뜬 대응을 견주어볼 때 느끼는 것은, 정말 중요한 것은 어디에 집중하는가라는 것이다. MSNBC의 법률 전문기자 밥 설리번Bob Sullivan이 2011년 3월에 지적했듯이, "지금껏 미국 하원의회에 제출되었거나 제출이 예정된 개인정보 및 사생활 관련 법안은 고작 일곱 개 이하다".[11] 그것이 아마도 2010년 12월 바마 정권이 인터넷 상의 '프라이버시권 보호법안'의 제정을 촉구하고 나선 이유일 것이다. 88쪽의 미국 상무부 보고서는 "상업용 데이터의 프라이버시 정책 전문성의 센터로 작용"할 프라이버시 정책실Privacy Policy Office의 수립을 요청하고 있다.[12] 웹 3.0 혁명에 대해 더 집중적인 정부 측 대응이 요구되었고, 2011년 5월 백악관은 마침내 주별로 각기 다른 법을 단일화할 '국가 데이터 위반 법률National Data Breach Law'을 제안했다.[13]

현재 가장 특출한 법안은 아마도 웨스트버지니아 주의 상원의원 존 D. 록펠러John D. Rockefeller가 2011년 5월에 소개한 '추적 금지Do Not Track' 법안일 것이다. 이는 웹 3.0 데이터 회사들이 이용자에게 데이터 수집을 선택적으로 기피할 수 있는 버튼을 제공하게 한다. 미국 상원 상무위원회 위원장인 록펠러가 "소비자들은 자신의 위치정보 같은 개인정보가 온라인에서 수집되고 사용될지 말지를 결정할 권리가 있다"라고 주장한 것은 지당하다.[14] 마이크로소프트와 모질라Mozilla를 포함한 다수의 회사들은 이미 록펠러 법안을 준수하고 있고, 미국 연방 통상위원회의 존 리버위츠Jon Leibowitz 의장은 2011년 4월 구글에게 "늑장부리지 말고" 인터넷 브라우저 크롬Chrome에 "추적 금지" 툴을 포함시킬 것을 요구했다.[15]

다른 법률은 법이 기술에 비해 계속 뒤처지지 않도록 보장하려 하고 있다. 2011년 4월 사용자를 지속적으로 추적하는 구글과 애플의 스마트폰을 둘러싸고 벌어진 논란은 미네소타 상원의원 앨 프랭컨Al Franken에 의해 주도되는 미국 의회의 면밀한 조사를 받을 가치가 있는 것이다.[16] 〈새터데이 나이트 라이브Saturday Night Live: SNL〉의 스타이기도 했던 그는 2011년 5월 구글과 애플 사측에 스마트폰 앱을 위한 "명확하고 이해가능한 개인정보 정책"을 만들 것을 촉구했다.[17] 클라우드 시장의 발전에서 구글과 애플의 선도적인 역할을 고려할 때, 프랭컨이 아이클라우드iCloud같이 매우 강력한 새로운 서비스에 대해서도 유사하게 투명한 프라이버시 정책을 요구하는 것은 현명한 처사라고 볼 수 있다.

클라우드로의 전환은 프라이버시를 보호하기 위한 전쟁에 새로운 국면을 열 것이다. "우리의 디지털 자유 위에 구름이 끼고 있다"라고 비평가 찰스 리드비터Charles Leadbeater는 경고한다. 그는 가까운 장래에 그가 "앱북Appbook"과 "페이스구글Facegoogle"이라 부르는 개인정보를 관리하는 기업의 세계가 올 것이라고 예고한다.[18] 그 구름을 걱정하는 이는 리드비터뿐만이 아니다. 슬로베니아 출신의 문화비평가 슬라보이 지젝Slavoj Žižek은 기술의 개인화와 기업 권력 간의 공생적인 성장에 대해 "손안에 든 새로운 기기가 점점 더 개인화되어가고, 기능이 사용하기 더 편해지고 투명해질수록 그것의 전반적인 구성은 다른 곳에서 수행되는 작업에, 즉 사용자의 경험을 조정하는 방대한 기계회로에 의존할 수밖에 없다"라고 지적했다.[19] 그래서 개인의 프라이버시는 특히 클라우드의 '앱북'이나 '페이스구글'에 무방비로 노출될 것이고, 앨 프랭컨과 같은 책임 있는 정치인들이 주도하는 정부 차원의 감시는 더욱 절실해질 것이다.

2011년 상원의원 존 케리John Kerry와 존 매케인John McCain이 발의한 '상업적 프라이버시 권리 법안Commercial Privacy Bill of Right'도 효율적일 것으로 보이지만 시카고 대학교의 경제학자 리처드 탈러Richard Thaler가 주장했듯이 소비자가 자신의 정보에 접근할 수 있는 권리가 보장되어야만 제구실을 할 것이다.[20]

그리고 아이들 사이에서 엄청난 인기를 끌고 있는 디즈니의 투게더빌이나 13세 미만의 아동도 페이스북에 가입할 수 있어야 한다는 마크 저커버그의 잘못된 믿음을 고려했을 때, 상원의원 제이 록펠러(존 D. 록펠러의 애칭—옮긴 이)가 끊임없이 주장해온 바와 같이 '어린이 온라인 프라이버시 보호법안 Children's Online Privacy Protection Act: COPPA'도 더 강화할 필요가 있다.[21]

유럽연합은 소셜네트워크에서 미국 정부보다 더 강력한 프라이버시 보호 정책을 펼치고 있다. 예를 들면, 가장 논란이 많았던 소셜미디어 회사들의 온라인 추적 문제에 관해서 유럽의 프라이버시 규제당국은 소비자가 자발적으로 '승인opt in'하거나 마케터에게 정보 수집을 허락하지 않는 한 추적할 수 없도록 하는 협의안을 추진하고 있다.[22] 유럽은 주요 웹 3.0 회사들에 대해서도 더 과감한 조치를 취하고 있다. 예를 들면, 2011년 4월 네덜란드 정부는 구글이 스트리트뷰 기술과 관련해 계속해서 정보보호 요구를 무시할 경우 1400만 달러의 벌금을 부과하겠다고 경고했다.[23] 유럽연합이 스마트폰을 통해 수집된 위치정보를 개인정보로 분류하면서 애플과 구글은 유럽에서 더욱 강력한 규제에 직면하게 되었다.[24] 유럽연합 정보보호 규제당국은 페이스북이 2011년 5월 사용자의 동의 없이 신원을 공개하는 얼굴 감지 소프트웨어를 출시했던 것과 관련해 엄격한 조사활동을 펼쳤다.[25] 유럽 기술업계의 거물인 거대 무선기업 보다폰Vodafone의 CEO 비토리오 콜라오Vittorio Colao조차 웹이 세상을 개화하는 힘이 되려면 온라인상의 신뢰성을 높이고 프라이버시를 확실히 보호해야 한다며 저커버그가 e-G8에서 보여준 반정부적 입장을 비판하고 나섰다.[26] e-G8에서 프라이버시와 개인정보 보호에 대한 토론에 참여했던 패널들은 확연히 미국파와 유럽파로 나뉘어 있었다. 브라우저 모질라의 미첼 베이커Mitchell Baker와 『퍼블릭 파츠』의 저자 제프 자비스는 정부의 정보보호 정책에 대해 인텔의 유럽지역 총괄임원 크리스천 모랄레스Christian Morales와는 달리 공감하지 않는 입장을 보였다.

유럽연합 법무집행위원 비비안 레딩Viviane Reding은 소셜네트워크상에서 "잊혀질 권리"가 과거에 게시되었던 정보에 대해서도 보장될 수 있도록 하는 법안을 검토 중이다. 2011년 3월 유럽연합 의회에서 레딩은 "사람들에게 데이터 처리 과정에 대한 동의를 철회할 수 있는 가능성만이 아니라 그럴 권리가 있음을 확실히 명시하고자 한다"라며 "입증에 대한 책임은 데이터를 처리하는 기관에서 져야 할 것이며, 개개인이 데이터 수집의 불필요함을 증명하는 대신 사측에서 데이터가 왜 필요한지를 설득해야 할 것"이라고 밝혔다.[27]

하지만 법적 조치나 정치적 조치만큼이나 웹 3.0 비즈니스의 근원적 성질에 대한 소비자의 이해를 높이는 것도 시급하다. 소비자들은 인터넷상의 '무료' 서비스는 진짜 무료로 제공되는 것이 아님을 기억해야 한다. 레퓨테이션닷컴의 CEO 마이클 퍼틱은 페이스북 같은 무료 소셜네트워크의 비즈니스 모델이 광고주들에게 우리의 정보를 제공하는 것에 기반을 두고 있다고 고백했다. 우리는 무료 네트워크들의 정보 생산자로서 그들의 친구나 파트너가 아니라 그들에게 정보를 제공해주는 상품에 가깝다. 그러므로 웹 3.0 시대를 살아가는 소비자들은, 간결하고 모두가 이해할 수 있도록 쉽게 쓰여 있어야 하지만 보통은 링크드인의 6400단어짜리 약관과 같이 중편소설의 길이를 자랑하는[28] 소셜네트워크의 약관을 꼼꼼히 살펴야 할 뿐만 아니라 페이스북, 트위터, 구글, 징가, 그루폰, 애플, 스카이프 등 (@quixotic에 따르면 일명) 개인정보 혁명의 선도기업들이 엄청난 이윤을 창출하고 있으며 투자은행이나 정유회사, 제약회사들과 다를 바가 없다는 점을 명심해야 한다.

프라이버시: 웹상에서 가장 핫한 상품

프라이버시를 보호하는 가장 효과적인 해결책은 법에 대한 과도한 의존보다는 시장과 과학기술 자체에서 찾을 수 있을지도 모른다. 독자는 ≪뉴욕 타임스≫의 나타샤 싱어가 "거대 정유회사, 거대 식품회사, 거대 제약회사. 그리고 이러한 거대한 기업들이 우리를 작고 무력하게 만든다고 걱정하고 있다면 이 목록에 '빅데이터' 회사를 추가해야 한다"라고 했던 것을 기억할 것이다.[29] 하지만 평판경제 속에 사는 우리가 "빅데이터 회사"를 걱정하면서, 퍼틱의 레퓨테이션닷컴, 레플러닷컴Reppler.com, 퍼스널 사Personal Inc., 세이프티 웹Safety Web, 어바인 사Abine Inc., 트러스트이TRUSTe, 인텔리프로텍트IntelliProtect, 얼라우Allow 등과 같이 프라이버시 보호 서비스를 제공하는 신생기업이 급증했다. ≪월스트리트 저널≫은 프라이버시를 "웹상에서 요즘 가장 핫한 상품"이라 칭하며 "인터넷 사용자들에 대해 남몰래 행해지는 정보 추적은 점점 더 과감해지고 더 널리 확산되는 양산을 보이고 있다. 작은 신생기업들과 첨단기술주들은 한결같이 프라이버시를 새로운 상품처럼 이용하고 있다"라고 언급했다.[30]

물론 시장은 그저 우리들의 집단적 열망과 행동의 반영일 뿐이기도 하다. 그리고 우리가 시장의 주인으로서, 현대의 소셜 골드러시로부터 부를 찌우고 있는 소셜네트워크의 불합리성과 위험성을 깨닫고 거부할 수 있으면 좋을 것이다. 여기서 논란의 중심에 서 있는 것은 신뢰다. 예전에 나와 온라인 프라이버시 침해를 두고 공개적으로 대립했던 페이스북의 최고 기술 책임자 브렛 테일러Bret Taylor[31]는 신뢰에 대해 아주 도발적으로 정리했다. 2011년 5월 아동에 대한 페이스북의 방침에 대한 상원의회 청문회에서 그는 소셜네트워크의 신뢰성에 대해 의문을 제기했던 제이 록펠러에게 "신뢰란 소셜웹의 기초"라고 설명했다. "사람들이 만약 우리의 서비스를 믿지 못한다면 그들은 페이스북 사용을 중단할 것입니다."[32] 하지만 그 신뢰는 이미 무너져가고 있을지도 모른다. ≪뉴욕 타임스≫의 제나 워섬은 지난 2011년 9월 "페이스북 저항가Facebook Resisters"라고 불리는 사람들이 많아지는 현상을 언급한바 있는데, 이들은 이미 2011년 9월에 페이스북 계정을 폐쇄해버린 나와 같이 페이스북 활동이 "소외감을 감소시키기는커녕 예전보다 사람들을 더 외롭게 한다"라는 이유로 "사이트 근처도 가지 않는" 사람들을 일컫는다.[33] 테크크런치의 설립자 마이크 애링턴과 같은 실리콘밸리의 슈퍼노드와 많은 인기를 얻고 있는 르 웹Le Web 회의의 주최자 로이크 르 뫼르Loïc Le Meur마저도 페이스북에 대한 믿음을 잃어가는 듯하다. 애링턴은 "너무 혼잡한" 나머지 이제는 아무도 페이스북에 접속하지 않는다고 말했고,[34] 르 뫼르는 유명인사들도 이미 사생활이 보호되는 패스Path 같은 네트워크를 이용하고 있다고 언급했다.[35]

하지만 이런 저항의 움직임에도 불구하고, 한 조사결과에 따르면 오늘날 페이스북 사용자들의 신뢰도는 평균 인터넷 이용자들보다 더 높다고 한다.[36] 이는 사용자들이 자신의 개인정보를 '친구'들에게 대범하게 공개하는 이유 중 하나일 것이다. 빅데이터 회사의 과제는 사용자들이 그들을 더 신뢰하게 만들고, 그래서 네트워크 서비스를 더 많이 이용하게 하는 것이다. 하지만 다행히도 우리는 급진적인 소셜 신생기업들에 대해서는 이런 점에 잘 주의하고 있는 것 같다. 2009년 퍽트 컴퍼니Fucked Company(2000년 닷컴 버블 붕괴 때 창립된 악명 높은 웹사이트로 많은 온라인 업체의 파산을 축하했다)의 필립 캐플런Philip Kaplan이 공동 설립한 소셜 신생기업 블리피Blippy를 예로 들어보자. 벤처 투자로 1300만 달러를 모은 블리피는 이용자에게 자신의 신용카드 결제 내용을 공개적으로 게시할 것을 요구했다. 다행히도 명백하게 말도 안 되는 이런 생각은 시장에서 차갑게 거절당했다. 2011년 5월 테크크런치의 알렉시아 초치스Alexia Tsotsis는 "아무도 자신의 구입 내역을 다른 사람들에게 보이고 싶어 하지 않는다는 것이 드러났다"라고 설명했다.[37] 분명히 블리피의 이용자 수는 한번도 '환상적'인 적이 없었고 이용자 대부분도 사이트를 의심했다. "아, 아픈 결말이네요." 초치스는 블리피의 종말을 두고 말했다. 고객의 신용카드 내역 공개를 부추기는 소셜네트워크라니, 난 그 최후에 할렐루야라고 소리치고 싶다. 진짜로 빌어먹을 놈의 회사Fucked Company다.

블리피만이 시장에서 살아남지 못한 것이 아니다. 제1장에서 나는 2010년 1월에 새로 설립된 소셜아이즈라는 회사에 대해 경고한 바 있다. 소셜아이즈는 서로가 서로를 볼 수 있는 온라인 비디오 큐브로 된 투명한 벽을 만들었다. 500만 달러 이상을 모았음에도 소셜아이즈는 많은 이용자를 끌어 모으지 못했고, 마침내 2012년 1월에는 서비스가 중단되었다. 제발 이 결과가 우리 중 대다수는 다른 누군가의 분할화면 속에 있는 투명한 큐브 속에 있고 싶지 않다는 뜻이기를 바란다. 아마도 우리의 눈은 디지털 공동사회주의자들이 원하는 만큼 사회적이지는 못한가 보다.

소셜네트워크 기업의 서비스에서 프라이버시 보호가 더욱 중요한 것이 되도록 시장이 압력을 행사할 수도 있다. 빅 군도트라와 브래들리 호로비츠는 나와의 테크크런치 TV 인터뷰 중 구글플러스가 친구들과의 연결망인 '서클들Circles' 내에서 공개보다는 프라이버시 보호를 기본 설정으로 한다는 점에서 페이스북과 차별화된다고 강조했다. 공공성 논란과 버즈 및 웨이브가 시장에서 실패한 후, 구글은 대중이 모든 이의 정보를 세계에 공개하는 완전 개방 네트워크를 원하지 않는다는 것을 드디어 깨달은 것 같다. ≪뉴욕 타임스≫의 닉 빌턴Nick Bilton은 "멋진 새 기능 개발에만 집중하기보다 …… 구글은 자신과 페이스북의 실수에서 배우고자 했고 프라이버시 보호를 새로운 서비스의 주안점으로 삼았다"라며 구글플러스에 주목했다.[38] 철저한 프라이버시 보호는 구글플러스가 비공식적인 출시 후 3주 만에 2000만 명의 사용자를, 100일 후에는 그 수를 두 배로 늘릴 수 있었던 중요한 요인으로 작용했다. 그리고 사용자들이 직접 구글 데이터가 어디에 이용되고 있는지 알아볼 수 있는 '굿 투 노Good to Know'[39] 같은 새로운 기능은 우리에게 구글이 부디 웹 3.0 시대에 프라이버시를 보호하는 모범적인 회사가 될 수 있기를 소망하게 한다.

사실은 우리 대부분은 우리가 읽거나 보고 들은 모든 것을 온라인상에서 꼭 나누고 싶어 하지 않는다. 독자들은 저커버그가 도입한 '마찰 없는 공유' 정책으로 인해 우리가 미디어를 이용할 때마다 자동적으로 그것이 뉴스피드에 공개된다는 불쾌한 진실을 기억할 것이다. 따라서 이런 시장의 혁신은 페이스북의 오픈그래프 플랫폼과 같이 불쾌한 서비스에 대항하는 가장 효과적인 방어책이 될 수 있다. 예를 들면, 2011년 9월 f8 컨퍼런스에서 업데이트된 오픈그래프가 공개된 후 많은 제3의 개발자들은 페이스북 유저들을 위해 오픈그래프를 피해 뉴스를 접할 수 있는 경로를 제공하기 시작했고, ≪워싱턴 포스트≫, ≪가디언≫, ≪월스트리트 저널≫, ≪인디펜던트The Independent≫ 등은 독자들이 '마찰 없는 공유' 기능을 끌 수 있는 다양한 방법을 시도했다.[40] 그리고 음악 구매 서비스 스포티파이Spotify도 페이스북 사용자들이 불만을 호소하자 '비공개 감상' 모드를 도입하는 등 비슷한 조치를 취했다.[41]

시장 말고도, 과학기술 자체가 빅데이터 회사의 완벽한 기억에 대한 해결방안을 소비자에게 제시하기도 한다. ≪뉴욕 타임스≫의 폴 설리번Paul Sullivan과 닉 빌턴에 의하면, 인터넷은 조슈아 포어Joshua Foer가 발표한 『아인슈타인과 문워킹을Moonwalking with Einstein』에서[42] 완벽한 기억력을 자랑하는 인물로 그려진 20세기 초반의 러시아의 기자 'S'처럼 "절대 아무것도 잊어버리지 않는"[43] "한 마리의 코끼리"같다.[44] 하지만 빌턴과 설리번은 놓친 것이 있다. 인터넷은 꼭 'S' 같지는 않다. 옥스퍼드 학생회 도서관의 벽처럼 이것은 망각할 수 있는 역량이 있다. 유럽연합 법무집행위원 비비안 레딩이 제안한 법안뿐아니라 최근 개발된 두 개의 혁신적인 기술은 인터넷이 이미 저장된 정보도 잊을 수 있다는 사실을 증명했다. 예를 들면, BBC에 보도된 바에 따르면 자를란트 대학교의 독일 연구원은 "이미지에 암호키를 입력하여 유효기간을 지정하는" 엑스파이어X-pire라는 소프트웨어를 개발했다. 자를란트 대학교에서 정보보안 및 암호해독을 가르치는 미하엘 바케스Michael Backes 교수의 말을 빌리면 엑스파이어는 "사회적 압력으로 소셜네트워크에 가입하고 …… 첫날부터 모든 것을 올린 후 인터넷에서 자신들을 무방비로 노출시키는" 사람들을 위해 고안되었다고 설명했다.[45]

BBC는 또한 네덜란드 트벤테 대학교의 연구팀이 정보가 시간이 지남에 따라 퇴화될 수 있도록 하는 기술을 개발 중이라고 보도했다. 트벤테 대학교의 텔레매틱스와 정보기술 센터Center for Telematics and Information Technology가 진행 중인 이 연구는 자료를 비영구적으로 만들기 위한 목적으로 실시되고 있다. 예를 들면, 위치정보의 경우 시간이 지날수록 주소가 동네에서 도시로, 도시에서 권역으로 바뀌며 점차 더 모호해진다. 프로젝트 관리자 하롤트 판헤이르더Harold van Heerde 박사는 "세부 정보를 더 일반적인 값으로 대체하게 된다"라고 설명했다. 그래서 적어도 장기적으로 보았을 때는 프라이버시가 유지될 수 있게 하는 것이다. 인터넷이 조슈아 포어가 "세상에서 가장 건망증이 심하다"라고 묘사한 뇌손상을 입은 84세의 연구기술자 'EP' 같아져야 한다고 주장하는 것은 아니다.[46] 하지만 적어도 모든 것을 망각하도록 만든 설계는 모든 것을 기억하는 것보다 인간적이기는 하다. 만약 인터넷이 정말로 21세기에 우리들의 집이 되려면 인터넷은 완벽한 기억력을 가진 'S'와 기억력이 전혀 없는 'EP'가 적절히 조화됨으로써 인간화되어야 할 것이다.

그리고 만약 이런 치료법이 하나도 통하지 않는다면 네덜란드에서 개발된 웹 2.0 자살기계Suicide Machine가 존재한다. 시간이 지남에 따라 데이터가 없어지거나 유효기간이 주어지는 것과 달리, 웹 2.0 자살기계는 소프트웨어 폭탄처럼 우리의 모든 소셜네트워크 정보를 소멸시키기 때문에 "인터넷에서 나의 존재를 통째로 날려버릴" 원자폭탄과 같은 선택이 될 것이다.[47]

"당신의 진짜 이웃을 다시 만나고 싶으신가요?" 웹 2.0 자살기계는 극단적인 넥스트도어닷컴 같은 질문을 한다.[48] 하지만 사실 원자폭탄 같은 웹 2.0 자살기계는 오늘날의 웹 3.0 세계에서 진지한 해결책이 되지 못한다. 자신의 이웃을 한 번도 만난 적이 없는 로버트 스코블 같은 슈퍼노드에게도 말이다.

가상의 삶을 아예 없애버리기보다는 웹의 바람직한 사용법을 배워야 할 것이다. 한 번의 웹 자살 버튼을 클릭하여 수천 명의 온라인 친구들을 한꺼번에 없애는 대신, 우리는 관리 가능한 범위 내로 친구의 수를 줄이고 그들이 그저 나르시시즘의 거울의 전당에 모셔놓은 숫자가 아닌, 진짜로 가까운 친구가 될 수 있도록 해야 한다.

그렇다면 과연 한 사람은 최대 몇 개까지의 복잡한 인간관계를 유지시킬 수 있을까?

크리스털 메스

≪뉴욕 타임스≫의 편집국장에 따르면, 친구맺기는 디지털 시대의 크랙 코카인같이 인터넷상에서 일종의 마약이 되어가고 있다. 2011년 5월 ≪뉴욕 타임스≫의 빌 켈러Bill Keller는 "지난주 우리 부부는 열세 살짜리 딸에게 페이스북에 가입할 수 있다고 말해주었다"라고 고백했다. "불과 몇 시간 만에 딸은 171명의 친구를 모았고, 나는 내 아이에게 크리스탈 메스Crystal Meth(메스암페타민이라고도 불리는 중독성 강한 신종 마약—옮긴이) 파이프를 넘겨준 것 같은 느낌이 들었다."[49]

2011년 6월 퓨 리서치 센터는 미국인 2000명 이상을 대상으로 한 연구결과를 발표했는데, 켈러의 딸과 같이 웹으로 연결된 사람들은 자신이 페이스북이나 트위터를 하지 않는 우리—한 진부한 소셜미디어 해설가에 따르면 "괴짜 왕따"인[50]—보다 "가까운 친구"가 많다고 느낀다고 했다. 퓨 보고서는 페이스북 사용자는 평균적으로 페이스북 네트워크상에 229명의 친구가 있고(이 중 7%는 한 번도 만난 적 없는 사람들이다),[51] 보통의 미국인보다 더 "가까운 관계들"을 갖고 있다는 결론을 도출했다.[52]

하지만 2011년 6월에 발표된 이 퓨 연구결과는 '우정'을 정의하지도, 그 정도를 제대로 측정하지도 않은 채, 친구 한 명에 우정이 하나라는 식으로 수량화하며 페이스북이나 트위터가 꼭 우리 사회에서 친교를 주도하는 것처럼 소개한다. 이 조사가 놓친 점은 사람은 무한히 확장 가능한 하드 드라이브와 메모리를 장착한 컴퓨터가 아니라는 점이다. 네트워크상에서 더 많은 사람을 알게 되었다고 해도 우리에게는 그들을 모두 친구로 사귈 수 있는 능력이 없다.

그러면 우리에게는 몇 명의 진짜 친구가 있어야 하는가? 그리고 현실적으로 우리가 제대로 사귈 수 있는 친구는 몇 명인가?

말메종 옥스퍼드로부터 북쪽으로 한 2마일을 가면 회색의 벽돌 건물이 나오는데, 그곳이 바로 옥스퍼드 대학교의 인지진화인류학연구소Institute of Cognitive and Evolutionary Anthropology다. 옥스퍼드의 북쪽 변두리에 위치한 이 학문적 환경 속에 우리에게 몇 명의 친구가 필요한지 말해줄 수 있는 사람이 있다. 이곳의 연구소장인 인류학자 로빈 던바Robin Dunbar 교수는 원숭이, 유인원, 인간 등을 포괄하는 생물학적 분류인 영장류의 습성을 연구하는 이 분야의 권위자다. 그리고 그는 '던바의 수Dunbar's Number'라 불리는 우정에 관한 이론을 만든 소셜미디어 이론가이기도 하다.

"지난 몇 년간 일어난 큰 사회적 변혁은 거대한 정치적 사건이 아니라 우리의 사회적 세계가 페이스북, 마이스페이스 혹은 베보Bebo 같은 소셜네트워크 사이트들에 의해 재정의된 것입니다"라고 던바는 그의 이름을 딴 숫자에 대해 설명했다.[53] 그는 말하기를, 이 사회적 변혁은 @scobleizer처럼 매우 잘 연결되어 있는 영장류가 "시공간적 제약"을 뛰어넘어 온라인을 통해 수만 명의 다른 영장류를 사귈 수 있게 하려는 시도라고 했다.

"그럼 왜 영장류는 그토록 큰 두뇌를 갖고 있을까요?"[54] 던바가 수사적인 질문을 던졌다. "마키아벨리적 지능 가설Machiavellian intelligence hypothesis"을 빌려 그는 큰 두뇌는 "영장류가 사는 사회적 세계의 복잡성"으로 빚어진 결과라고

했다. 던바는 "뒤얽히고" "상호의존적인" 개인적 친밀감으로 정의되는 "그들의 사회적 관계의 복잡성"이 영장류를 다른 동물들로부터 구별 짓는다고 주장했다.[55] 그리고 그는 이어서 영장류 중 가장 성공적으로 광범위한 지역으로 퍼져 나간 인간의 두뇌는 "강한 사회적 유대관계"의 복잡성 때문에 가장 완전한 형태로 진화했다고 말했다.

인간의 사교성에 대한 던바의 이론에서 가장 핵심적인 역할을 하는 것은 기억력과 망각력이다. 독자는 ≪뉴욕 타임스≫의 폴 설리번이 인터넷이 결코 잊어버리는 법이 없는 "한 마리의 코끼리" 같다고 한 것을 기억할 것이다. 하지만 로빈 던바는 코끼리 같은 동물과 영장류의 차이점을 지적했는데, 그것은 영장류들이 "자신이 살아가는 사회적 세계에 대한 지식을 더 복잡한 협력관계를 형성하기 위해 다른 어떤 동물보다도 많이 사용한다는 것"이다.[56] 그러므로 우리 영장류는 코끼리보다 사회적 관계에 대해 기억할 것이 더 많다. 그리고 이것이 왜 인간은 때때로 무언가를 잊어버리지만 코끼리는 그렇지 않다고 하는지에 대한 한 가지 이유일 것이다.

좋든 싫든 우리의 뇌의 크기와 기억 용량은 무어의 법칙처럼 2년마다 두 배씩 증가하도록 만들어지지 않았다. 복잡한 사회관계가 우리의 뇌 크기는 늘렸을지 몰라도 여전히 우리의 기억력은 제한되어 있다. 그리고 던바는 큰 공동체의 복잡한 사회적 정보를 모두 기억하는 것은 생물학적으로 불가능하기 때문에 우리가 형성하고 유지할 수 있는 친밀한 관계에는 한계가 있다고 설명한다.

"우리는 150명의 사람만 기억할 수 있습니다"라고 던바는 말한다. "아니면 150명으로 구성된 공동체 속에서의 모든 관계만을 기억할 수 있지요." 이것이 각 개인에게 주어진 최적의 사회적 공동체 구성원의 수이자 제대로 사귈 수 있는 친구의 수, 던바의 수다. 던바의 연구는, 우리의 뇌가 효과적으로 관리할 수 있는 복잡한 관계의 수는 전통적인 학문공동체나 군사공동체부터 과거에 사로잡힌 매클루언 추종자들이 낭만적으로 묘사하는 '구전문화'를 지닌 마을 공동체에 이르기까지 인류 역사 전체에 걸쳐 내내 같았다는 것을 밝혀 냈다. 인류의 통합에 대한 필립 로즈데일의 천년왕국설 같은 믿음은 더 이상 말하지 않아도 될 것이다. "유동적" 개인은 방대한 친구들로 이루어진 전자 네트워크를 구축할 수 있다는 @quixotic의 믿음도 마찬가지일 것이다.

웹 2.0에 대한 반론을 담은 내 책(한국어 번역본『구글, 유튜브, 위키피디아, 인터넷 원숭이들의 세상』)에서 나는 원숭이와 블로거를 비교하면서 화를 잘 내는 영장류를 모욕하는 무례를 저지른다. 하지만 웹 3.0은 우리를 원숭이보다 더 작은 뇌를 가진 종으로 변화시키고 있을지 모른다. 코끼리? 아니면 양? 어쩌면 곤충 떼? 그 이유인즉슨, 로빈 던바가 주장하듯이 "우리는 특정 수준 이상의 친밀함을 나눌 수 있는 사람의 수에 한계가 있기 때문이다".[57] 페이스북을 시작한 지 몇 시간 만에 빌 켈러의 딸이 '모은' 171명의 친구들은 영장류의 진정한 '친구'가 될 수 없을뿐더러 그들의 존재 자체가 공동체의 복잡성을 파악할 줄 아는 인류의 일원으로서 그녀가 지닌 잠재력이나 이미 고도로 개발된 그녀의 두뇌를 모욕하는 것이다.

그러면 우리는 어떻게 켈러의 소녀에게 사회의 복잡성에 대해 설명해줄 수 있을까? 그녀에게 진정한 인간의 우정과 친밀감에 대해 알려줄 수 있는 최고의 그림은 무엇일까?

2011년 최고의 그림

정부의 규제나 새로운 법보다 디지털 현기증에 더 좋은 치료법은 어떤 그림을 보게 되는 것일 듯하다. 정확하게 말하자면 두 편의 영화 속 장면을 말이다.

수량화가 가능한 축적 자산이 아닌 인간 상황의 질을 정의하는 것으로서의 이상적인 우정은 2011년 제83회 할리우드 아카데미 시상식에서 만날 수 있었다. 요즘 웹 3.0 혁명을 둘러싼 사람들의 광적인 반응을 볼 때, 2011년 오스카에 대한 뉴스도 대다수가 소셜미디어에 관한 것이리라는 점은 충분히 예상가능했다. ≪월스트리트 저널≫은 소셜미디어와 앱이 "완전 도배한" 제83회 할리우드 연례행사를 "소셜화되고 앱화된 오스카"라고 표현했다.[58] 시상식이 텔레비전에서 생방송으로 중계되는 동안 트위터에서는 38만 8000명의 사용자가 120만 개의 게시물을 올렸다.[59] 하지만 소셜미디어는 2011년 오스카 작품상 후보로 올랐으며 마크 저커버그의 페이스북 설립 이야기를 다룬, 데이비드 핀처(감독)와 애런 소킨Aaron Sorkin(시나리오 작가)의 〈소셜네트워크〉를 통해서도 조명을 받았다.

〈소셜네트워크〉는 소셜미디어로서 페이스북의 초기 성장과정을, 소셜미디어 혁명의 최고 재설계자 마크 저커버그와 페이스북의 전 사장이자 소셜 동영상 네트워크 에어타임의 공동설립자 숀 파커 등 이 책에도 언급되었던 인물들을 반허구적으로 그려낸다. 영화에는 소셜 지식 네트워크 쿼라의 공동설립자 애덤 디안젤로, 우리의 친구이자 실리콘밸리 인맥의 왕 @quixotic을 통해 파커와 저커버그의 페이스북에 최초로 투자하게 되었던 피터 틸Peter Thiel의 역할도 있었다.

벤 메즈리치Ben Mezrich가 2009년 자신의 일화를 바탕으로 집필하고 출판해 논란이 되었던 『우연한 억만장자Accidental Billionaires』를 원작으로 한 핀처와 소킨의 영화는 2003/2004년 겨울에 뉴잉글랜드에서 탄생한 페이스북의 탄생에 가려진 우정과 정체성, 배신에 관한 우화다. 뉴저지에 거주하는 유대인 치과의사의 총명한 아들로 태어난 저커버그는 역사 깊은 클럽들과 비밀주의적인 관습, 폐쇄적인 미국 특권계층이 주를 이루는 하버드의 복잡한 사교 세계에서 밀려난 아웃사이더를 대표한다. 옥스퍼드 대학교의 인지진화인류학연구소장 로빈 던바 교수는 "공동체를 통합, 유지시키는 동력은 상호 간의 의무와 상호성"이라며 우리의 뇌는 하버드의 사회적 계약의 복잡성을 이해할 수 있도록 개발되었다고 말했다. 〈소셜네트워크〉는 저커버그의 뇌 크기를 의심하지는 않지만 그를 복잡한 사회적 의무나 상호성을 이해하지 못하는, 아니면 그러고 싶어 하지 않는 인간으로 그려낸다. 그것이 바로 우리가 코끼리와는 다르게 다른 영장류와 우정을 나눌 수 있게 하는 것임에도 말이다.

〈소셜네트워크〉에 나오는 반허구화된 저커버그는 20세기 독일 사회학자 게오르크 지멜이 현대 민주사회를 정의하면서 밝힌 "차이의 개인주의"의 전형이라고 볼 수 있다.[60] 저커버그는 사회적 책임감이나 상호성 따위에 대한 개념을 전혀 모른다. 그는 고의적으로 하버드 사교계의 복잡성이나 비밀주의를 무시한다. 친구들과의 '소셜네트워크'인 페이스북을 창립하면서 저커버그는 가장 친한 친구이자 그의 창업에 자금을 댔던 초기 파트너를 배신하고, 온라인으로 여자친구에게 모욕을 주고, 처음부터 그에게 웹 사이트를 개발해달라며 돈을 지불했던 다른 두 학부생의 사업 아이디어를 가로챈다. 저커버그는 비록 비상한 컴퓨터 천재이자 명민한 사업가이지만 결국에는 인간의 미덕을 모르는, 현실에서는 인간관계를 맺지 못하는 외로운 컴퓨터 프로그래머로 그려진다. 사회에 적응하지 못한 이 프로그래머가 21세기 초기에 지배적인 소셜네트워크―웹 3.0의 중심에 있는 '좋아요' 시장을 개척한 회사이자 거의 10억 명의 분리된 개인이 각자 호화 감방에 감금되어 있는 '개인화된 공동체'―를 만들었다는 것은 우연이 아닐지도 모른다.

마침 2011년의 다른 유명한 영화가 이 책의 다른 인물들과 연관이 있다. 독자도 기억하겠지만 앨버트와 빅토리아의 장남이자 '앨버트 공 대 스트레인지' 소송의 원인이 된 개인 소장용 에칭화의 주인공 중 한 명인 버티는 1859년 옥스퍼드 대학교를 졸업했다. 그는 벤저민 우드워드의 학생회 건물에 매주 목요일 오후면 드나들고는 했다. 1901년에 빅토리아 여왕이 죽은 후, 왕세자 버티는 에드워드 7세로 왕위에 올랐다. 버티가 1910년에 사망하자 그의 아들 조지 5세가 그의 뒤를 잇는데 2011년 톰 후퍼Tom Hooper의 영화 〈킹스스피치The King's Speech〉의 이야기는 이를 배경으로 시작된다.

조지 5세에게는 에드워드Edward와 (측근들에게는 그의 할아버지와 마찬가지로 버티라고 알려졌던) 앨버트 조지Albert George, 두 아들이 있었다. 조지 5세가 1936년 세상을 떠나자 그의 장남은 왕위에 오르지만 그는 미국 국적의 미망인 월리스 심프슨Wallis Simpson과 결혼하기 위해 스스로 퇴위한다. 〈킹스스피치〉는 1936년 세간을 놀라게 했던 형의 퇴위로 왕위에 오르는 조지 6세, 곧 버티의 이야기를 전한다.

마크 저커버그가 2003/2004년 겨울을 보냈던 하버드만큼이나 나치 독일과의 대립과 역사상 가장 심각했던 헌법적 논란을 겪고 있던 1936/1937년 겨울의 영국도 무척이나 복잡한 사회였다. 〈킹스스피치〉는 마크 저커버그보다 똑똑하지는 않았던 버티가 이 사회적, 개인적 위기를 성공적으로 헤쳐나가는 영화다.

〈킹스스피치〉는 버티와 평민 신분에 자격증도 없던 호주 출신의 음성치료사 라이어널 로그Lionel Logue의 믿기 힘들지만 두터웠던 우정에 관한 실화다. 버티는 비밀이 한 가지 있었는데 바로 그가 말더듬이라는 점이었고, 이는 그가 대중 앞에 설 수 없었던 이유이기도 했다. 〈킹스스피치〉의 탁월함은 미래의 조지 6세와 로그가 왕과 평민이라는 복합한 사회적 전제 속에서 감정적으로 격렬한 물리적 교류를 나누는 과정을 그리는 데 있다. 카메라는 두 남자를 계속 비추면서 그들이 서로 친밀감을 쌓으며 상호적 신뢰를 만들어가고, 서로에 대한 사회적 책임감과 의리를 지키며, 가끔은 말다툼도 하고 농담을 하면서 점점 서로에 대해 알아가고 서로를 사랑하게 되는 과정을 조명한다.

2011년 아카데미 시상식은 우리에게 배신과 인간관계의 붕괴를 그린 영화와 친밀한 인간관계와 우정의 아름다움을 그린 두 영화 중 하나를 택하게 했다. 〈소셜네트워크〉는 '좋아요' 경제를 발명한 외로운 억만장자에 관한 내용이고, 〈킹스스피치〉는 끝까지 자기 자신을 지켰고 결국에는 나라 전체도 단결시켰던 사랑스러운 아버지이자 남편, 그리고 친구에 대한 영화다. 이것이 우리가 빌 켈러의 딸에게 제시해야 할 선택이다. '좋아요'와 사랑 간의 선택, 또는 인간으로 살 것인가 아니면 코끼리나 양 같은 동물로 살 것인가에 대한 선택.

"세상에 모든 것 하나하나에서 호감을 줄 수 있는 사람은 없다. 이것이 '좋아요'로만 이루어진 세계가 결국에는 거짓말뿐일 수밖에 없는 이유"라며 소설가 조너선 프랜즌은 빌 켈러의 딸이 몇 시간 만에 171명의 친구를 사귈 수 있었던 바로 그 소셜 과학기술을 비판한다. "하지만 모든 것 하나하나를 사랑할 수 있는 사람은 세상에 존재한다. 이것이 사랑이 기술-소비자 지상주의의 질서 자체를 위협하는 이유다. 사랑은 거짓을 폭로하기 때문이다."[61]

독자는 제83회 아카데미 시상식에서 감독상, 남우주연상, 최우수작품상 등 네 개의 오스카를 거머쥔 영화가 어떤 것이었을지 추측할 수 있으리라 믿는다.[62]

결론

푸른 옷의 여인

DIGITAL VERTIGO

"자기 자신을 지키세요." 그는 오래전 내게 경고했다. 내가 만약 그의 말대로 했다면 어땠을까. 그건 알 수 없다.

_ 트레이시 슈발리에Tracy Chevalier, 『진주 귀걸이를 한 소녀Girl with a Pearl Earring』

벤담의 악령 쫓기

결론적으로 우리는 이 책의 시작점, 런던에서 내게 현기증을 주었던 제러미 벤담의 시체와의 만남으로 돌아가야 한다. 오토아이콘 앞에서의 어지러움을 경험하고 나는 술을 한두 잔 마셔야 했다. 런던대학교에서 다윈이 한때 살기도 했고 1848/1849년 겨울에 라파엘 전파가 결성되기도 했던 블룸즈버리의[1] 가워 스트리트로 휘청거리듯이 나오면서 나는 인접한 옆 골목에 있는 술집을 들여다보았다. 시간을 확인하기 위해 블랙베리 볼드를 켜고, 나는 런던에서 한 시간가량 더 있을 수 있음을 확인했다. 다음날 소셜미디어 회의에 참석하기 위해 암스테르담행 비행기를 타러 공항에 가기 전까지 이 부드러운 도시에서 한 시간의 자유를 더 누릴 수 있는 것이다.

내가 남쪽 런던 중앙부로 향하는 검은 택시와 빨간 2층 버스 속을 가르며 재빨리 가워 스트리트를 건넜을 때 이미 날은 어두워지고 있었다. 손을 주머니에 넣고 나는 기운차게 11월 오후의 한기 속을 걸었다. 술집은 벤담의 오토아이콘이 있는 대학의 남쪽 회랑에서 몇백 야드 떨어지지 않은 유니버시티 스트리트University Street에 있었다. 런던의 가게들이 보통 그렇듯이 문 위로 간판이 높게 걸려 있었다. 커다란 펜던트 모양으로 만들어진 간판에는 작고 둥

글게 빛나는 눈과 흰머리가 어깨까지 오는 할아버지가 그려져 있었다. 어둑한 늦은 오후였지만 나는 그가 누군지 바로 알아볼 수 있었다. 그는 내가 도망쳐 나온 시체의 주인, 제러미 벤담이었다.

제러미 벤담이라는 이름의 술집은 오래전 세상을 떠난 사회개혁가를 위한 살아 있는 기념비였다. 술집 밖의 벽에 걸려 있는 검은색의 패에는 제러미 벤담JEREMY BENTHAM이라고 굵게 새겨져 있었다. 거기에는 길 건너 런던대학교에 전시되어 있는 그의 유명한 시체에 대한 설명과 함께 그의 공리주의적 철학에 대한 찬사가 쓰여 있었다.

그가 "오토아이콘"이라고 부른 것은 사실 자신의 옷이 입혀져 있고, 밀랍 처리된 머리를 얹어놓은 그의 뼈다. 그의 진짜 머리는 미라화되어 대학의 금고에 보관되고 있다. 그의 시체는 대학 총회 때마다 꺼내져 회의에 참석은 하지만 투표는 하지 않는 것으로 아직도 기록된다. 위층에서 대학의 학생들이 만든 그의 밀랍 머리를 볼 수 있다. 우리가 그의 위대한 이념 "최대 다수를 위한 최대의 행복"을 기억했으면 좋겠다는 바람으로 술집을 제러미 벤담이라 개명한다.

내 가슴은 무너져 내렸다. 스코티 퍼거슨이 히치콕의 〈현기증〉에서 매들린 엘스터의 시체로부터 도망치지 못했듯이 나도 제러미 벤담의 과잉가시적인 시체로부터 절대 도망치지 못할 것같이 느껴졌다. 바에 앉아 맥주와 감자칩을 먹으며 벤담의 재현된 왁스 머리를 보고 싶지 않아서, 나는 나선형의 계단을 올라가 다행히도 파놉티콘 창안자를 기리는 물건이 하나도 없는 것같이 보이는 방으로 향했다. 드디어 찾은 벤담의 기운이 뻗치지 않는 방에서 나는 제러미 벤담 술집의 쓰디쓴 술을 마시며 같은 날 오후 마주했던 유명한 시체에 대해 깊은 생각에 빠졌다.

역사는 정말이지 되풀이되는 것 같다. 벤담의 오토아이콘이라는 단순한 구조물은 말하자면 소셜미디어 세계에 빠진 우리의 디지털 나르시시즘을 반영하고 있다. 물론 벤담의 공리주의적 이상, 특히 최대 다수를 위한 최대 행복이라는 원칙은 '총 행복 지수'를 개발 중인 회사의 창립자 마크 저커버그 같은 현대 디지털 몽상가들의 이상과 크게 다르지 않다. 순간, 나는 그렇다면 벤담에 대한 비판이 오늘날의 소셜네트워크 혁명에 대한 비판의 기반을 제공해줄 수 있다는 생각이 들었다. 그러면 19세기만큼이나 지금도 영향력을 지닌 공리주의 원리를 무너뜨릴 수 있는 가장 효과적인 방법에는 무엇이 있을까.

나는 맥주를 삼키고 벽에 밀랍 머리가 매달려 있지 않은 것을 확인하며 내 머릿속에서 어떻게 제러미 벤담의 귀신을 쫓을 수 있을지 고민하기 시작했다.

디지털 자유론

맥주를 두 잔째 비우고서야 나는 그 답을 찾을 수 있었다. 다른 이념들과 마찬가지로 가장 유효한 비판은 한때 그것을 추종했던 이들에게서 나온다는 것을 깨달았다. 제러미 벤담 술집에서 멀지 않은, 블룸즈버리에서 멀어봐야 2마일밖에 되지 않는 펜토빌Pentoville에 있는 로드니 테라스Rodney Terrace에서 태어난 한 사람이 생각났다.[2] 바로 19세기 영국에서 가장 영향력 있는 사회적, 정치적 사상가 중 한 명이었던 존 스튜어트 밀이다.

여러분은 밀이 한때 "공리주의 사도"[3]였다는 점을 기억할 것이다. 그는 "정신사적" "위기" 상태를 경험하고는,[4] 그의 법적 후견인이던 벤담에게서 등을 돌리고 "마지막까지 어린아이"로 남은 그를 비난했다. 벤담은 사람을 단순하게 모든 것을 계산하는 기계로 해석했고 밀은 거기에 대한 반론을 제기했다. 밀은 〈킹스스피치〉에 등장했던 고결한 인물들이 그랬던 것처럼, 우리의 정체성은 쾌락의 극대화와 고통의 최소화가 아닌 사랑, 영혼의 관대함, 낭만, 독창성, 생각의 독립성 등으로 정의되는 훨씬 더 복잡하고 특별한 것이라고 믿었다.

1806년에 태어나 1873년에 세상을 떠난 밀의 삶은 영국 산업혁명과 나란히 흘러갔다. 과학기술의 대변동으로 인해 전통적인 마을은 잘 연결된 거대한 도시 사회로 대체되었다. 오늘날처럼 이 시대는 연결성의 기술로 정의될 수 있는 혁명적인 시대였으며, 경제사학자 에릭 홉스봄의 말을 빌리자면 "연기와 증기의 시대"였다. 예를 들면, 1821년부터 1848년까지 철도회사들은 영국 내에 5000마일의 철로를 깔았고, 존 라우던 "타맥" 매캐덤John Loudon "tarmac" McAdam이 1823년에 개발한 혁신적인 도로건설 기술은 로마제국 이후 세계에서 가장 뛰어난 도로체계를 영국에 선물해주었다. 밀의 전기를 쓴 리처드 리브스Richard Reeves는 "새로운 세상은 새로운 사상가를 필요로 했고, 밀은 그들 중 최고였다"라고 설명한다.[5]

밀이 연결이 용이해진 이 새로운 세상에 대한 영국 최고의 사상가가 될 수 있었던 이유는 두 가지다. 첫 번째는 현실주의다. 그는 좋든 싫든 산업혁명은 피할 수 없다고 생각했기 때문에 산업혁명 이전을 낭만적으로 여겼던 라파엘 전파 같은 문화적 보수층을 "이미 죽어 움직이지 않는 정치적, 종교적 시스템의 시체에 자신을 묶으려는 이들"이라며 비판했다.[6] 하지만 그는 마르크스주의의 덫에 빠져 이 모든 것이 인류의 영원한 통합을 가능케 할 것이라 상상하며 새로운 연결성의 기술을 예찬하지도 않았다. 그는 새롭게 생겨난 산업노동자층을 염려하면서 정부가 사회에서 큰 역할을 해야 함을 알고 있었다. 밀은 당시 많은 진보적 학자들을 유혹했던 유토피아주의에 절대로 현혹되지 않았다.

하지만 밀의 사상을 다른 사상들과 구분 짓고, 그를 19세기 최고의 사회적, 정치적 사상가의 반열에 올려놓은 것은 그가 이 새로운 연결된 세계가 개인의 자율성에 어떠한 영향을 미칠 것인지를 이해했었다는 점이다. 벤담 같은 공리주의자는 모든 개인의 권리에 대해서만 너무 몰두했지만,[7] 밀은 연결된 도로, 철로, 신문 등의 새로운 구조가 대중사회를 조성하며 어떤 사회에서나 가장 귀중히 여겨지는 것, 즉 개인이 대중의 의견으로부터 독립적으로 생각하고 자율적으로 행동할 수 있는 능력을 위협하고 있다는 것을 인지하고 있었다. 밀은 1859년에 펴낸『자유론』에서 대중사회에 대한 이러한 비판적 입장을 보였다. 밀이 잘 연결된 산업사회에서 가장 두려워했던 것은 대중적 기호, 습관, 견해 등의 "독창적 평범함"이었다. 그는 "사람은 양이 아니다"라고 말하며 현대 정부는 인간을 그 자신으로부터 보호하는 것이 아니라 대중적 견해의 횡포로부터 보호해야 한다고 주장했다.[8] 그는 남에게 피해를 주지 않는 한 우리가 원하는 것을 할 수 있어야 한다고 단언했다. 벤담의 신조가 "최대 다수의 최대의 행복"이었다면 밀의 신념은 개인이 새로이 연결된 대중의 요구에 따라 획일화되지 않고 진정 자기 자신에게 충실해야 한다는 데 있었다. 따라서 밀은 개인의 자율성, 사생활, 자아발전은 인간의 진보와 가치 있는 삶의 발전에 모두 중요하다고 생각했다.

제러미 벤담 술집의 위층에서 맥주를 마시며 존 스튜어트 밀에 관해 생각하고 있으니, 편만한 연결성의 기술로 변혁이 일어나고 있는 오늘날과『자유론』이 얼마나 관련이 많은지가 내 머리를 강타하고 지나갔다. 마크 저커버그에 따르면 이 시대는 교육, 상업, 건강, 금융 모두가 소셜화되어가고 있다.[9] 연결된 세상은 수십억 대의 '스마트' 기기들, 실시간으로 마녀사냥을 하는 군중, 모르는 사람의 성생활에 대한 내용을 방송하는 수만 명의 사람들, 우정의 체계화, 스몰브러더들의 집단적이고 순응적인 사고, 외로움의 제거, 자발적인 트루먼 쇼로 변화된 개인의 삶 등으로 정의된다.

무엇보다도 이 세계는 우리 대다수가 인간으로서 산다는 것이 어떤 것인지를 잊고 살아가는 곳이다. 조너선 프랜즌과 게리 슈테인가르트와 함께 소셜미디어에 대한 현대의 특출한 비평가 중 한 명으로 평가받는 소설가 제이디 스미스는 "하지만 여기서는 내가 점점 향수에 빠져들고 있는 것 같아 두렵다"라고 적는다. "나는 더 이상 존재하지 않는 사람들을 위한 웹을 꿈꾼다. 사생활을 공개하기 꺼려하는 사람들, 세상과 그 자신에 대해 비밀을 간직한 사람들. 미스터리로서의 인간. 인간성의 개념은 확실히 바뀌고 있고, 어쩌면 이미 바뀌었을지 모른다."[10]

스미스, 프랜즌, 슈테인가르트와 다른 여러 비평가들이 갈수록 투명해지고 사회적으로 변해가는 우리 시대를 두고 한탄하는 바는 이 사적인 인간의 소멸, 비밀과 신비의 소멸, 사랑을 지배하는 '좋아요', 밀이 주장한 개인의 자유를 이긴 벤담의 공리주의, 무엇보다도 인간으로서의 자신의 존재를 망각한 집단적 기억상실증에 있다. 이것은 우리 스스로 자신이 누군지 자각하지 못하는 '슈퍼 새드 트루 러브 스토리'다.

제이디 스미스가 말한 인간으로서 산다는 것의 의미에 대해 생각하면서, 나는 내 사타구니가 근질거리는 것을 느꼈다. 물론 내가 마시고 있던 제러미 벤담 술집의 맥주에 취해서 그런 것은 아니었다. 주머니에 있는 블랙베리 볼드의 진동이 계속 울렸기 때문이다. 내 스마트폰은 이제 런던에서의 시간은 다 지나갔음을 알려주었다. 나는 공항으로 가야 한다. 암스테르담과 암스테르담 국립 미술관이 나를 기다린다.

소셜픽처스

마크 저커버그는 한때 그림 때문에 골치를 앓은 적이 있다. 하버드 학부생 시절, 그는 미술사 과목을 수강했다. 하지만 더 페이스북The Facebook(페이스북의 그때 당시 이름)을 만드느라 그는 공부할 시간도 강의에 들어갈 시간도 없었다. 기말고사를 일주일 앞두고 그는 공포에 사로잡혔다. 저커버그는 수업에 나온 예술가나 그림에 대해 아무것도 아는 것이 없었다. 그래서 어쩔 수 없이 그는 자신의 문제에 대한 소셜 해법을 고안했다.

"저커버그는 인터넷광다운 방법을 찾았죠. 그는 인터넷에 들어가서 시험에 나올 모든 그림을 다운받았습니다." 2007년 다보스에서 열린 세계경제포럼에서 저커버그로부터 얘기를 직접 들은 제프 자비스가 설명했다. "그는 그것들을 웹페이지에 넣고 그 아래에 빈칸을 하나씩 넣었습니다. 그리고 그는 자신이 학습 가이드를 만들었다며 같은 수업을 듣는 친구들에게 이 페이지의 주소를 이메일로 보냈죠. ······ 그들은 충실히 각 작품에 대한 중요한 지식으로 빈칸을 채워나갔고 서로 고쳐주기도 하며 다 맞을 때까지 힘을 합쳤습니다."[11]

나는 가끔 저커버그가 그 미술사 시간에 어떤 예술가들을 공부했는지 궁금해진다. 아마도 한 번도 존재한 적이 없었던 세계를 그리워한 라파엘 전파는 아니었을까? 아니면 무한한 힘을 지닌 서부의 풍경을 극적으로 표현했던 앨버트 비어슈타트 같은 19세기 풍경화가? 아니면 각기 다른 화법으로 우리가 누구인지를 일깨워준 17세기의 두 천재 거장 요하네스 베르메르와 렘브란트 판 레인? 소셜네트워크가 우리 모두를 더 효율적이고 행복하게 만들어준다고 믿는 공리주의자 저커버그는 아마도 베르메르와 렘브란트의 그림을 다 다운받았을 것이다. 어쩌면 그 그림들은 그가 더 페이스북 출시를 위해 하버드 대학교 학생명단을 해킹할 때 스크린에 떠 있었을지도 모르는 일이다.

특히 내 호기심을 자극하는 것은 저커버그가 이 소셜 미술 실험에서 그림 아래에 달아놓았던 빈칸들이다. 이 칸들은 프로그래밍과 같이 정답과 오답이 있었을, 작품에 대한 '필수적인 지식'을 위해 마련된 것이었다. 난 저커버그가 자신을 사도 바울처럼 그려놓은 늙은 렘브란트의 자화상 밑에 뭐라고 썼을지 궁금하다. 그가 '필수적인 지식'이라고 그림 아래에 적은 정답은 무엇이었을까? 어떤 그림에 대한 필수적인 지식—그런 것이 존재한다고 한다면—은 그것이 지닌 비밀이나 신비로움이 그 그림에 관한 정답보다 훨씬 더 흥미롭다는 것이다. 이 그림들의 의미는 페이스북의 업데이트처럼, 혹은 컴퓨터 스크린의 그 빈칸처럼 소셜의 방식으로 끼워 맞출 수 없다. 명작에 대해 우리가 꼭 알아야 할 필수적인 지식은 베르메르가 그렸든지 렘브란트가 창조했든지 아니면 히치콕이 제작했든지 간에, 그것들이 우리가 누구인가를 일깨워준다는 것이다.

푸른 옷의 여인

초상화들의 잔상이 머리에서 떠나지 않았다. 암스테르담에서 소셜미디어에 대한 발언을 한 다음날 아침, 나는 17세기 네덜란드의 명화 다수를 소장하고 있는 국립 미술관에 갔다. 나는 블랙베리 볼드를 끄고 주머니 안에 쑤셔 넣었다. 나는 블랙베리 기기, 내 팔로어들, 전 세계의 네트워크로부터 떨어져 나왔다. 나는 인터넷에 연결된 카메라, 트위터, 페이스북, 링크드인 업데이트, 얼굴 감지 기능, 내 위치의 공개를 허용해달라고 묻는 앱 모두에서 잠시 떠났다. 21세기의 대전시주의는 더 멋졌던 약 2시간 동안의 17세기 네덜란드 미술 전시회로 대체되었다.

크리스틴 로젠은 그림들의 '그려진 인류학painted anthropology'에 대해 "수세기 동안 부자와 권력자들은 자신들의 존재와 지위를 초상화로서 기록했다. 부의 표시와 영생에의 시도인 초상화는 그들의 직업, 야심, 몸가짐 그리고 가장 중요한 사회적 지위 등 일상적 관심사에 대해 흥미로운 바를 시사한다"라고 지적한다.[12] 로젠은 페이스북 같은 소셜네트워크 웹사이트들을 언급하며 우리의 초상화는 "민주적이며 전자적이다. 그것들은 붓자국 대신 픽셀로부터 탄생한다"라고 설명한다.[13] 하지만 그녀는 항상 이렇지만은 않았다고 우리에게 상기시킨다. 자기도취의 한 형태이기 이전에 초상화는 보편적인 표현이었다. 언젠가 그림들은 현대 소셜미디어의 개인화된 언어로 말하는 대신 인류 전체에 집단적으로 말했다.

암스테르담 국립 미술관에서 나는 렘브란트의 자화상 두 점을 뚫어져라 바라보았다. 하나는 마크 저커버그 또래로 오만해 보이는 빨간 머리의 젊은이였고, 다른 하나는 역사학자 사이먼 샤마Simon Schama가 "렘브란트의 눈"이라 부르는 눈의 소유자인 한 지친 노인이었다. 이 그림은 렘브란트의 재산이 급격히 줄어든 후 그린 초상화로 자신을 쭈글쭈글한 사도 바울처럼 표현하고 있다. 개인적인 성격을 띠고 있지만, 두 그림은 모두 젊음의 자신감과 노년을 맞은 인간의 극도의 피로를 보편적으로 표현해낸다. 그것이 400년이 지난 지금 내가 암스테르담 국립 미술관에 서서, 크리스틴 로젠의 말을 빌리자면 영생의 시도이자 17세기 네덜란드의 개인주의적인 문화에 대한 '그려진 인류학'인 그림들을 바라보고 있는 이유다.

그리고 나는 그녀를 보았다. 다른 아무것도 아닌, 자기 자신 그대로인 여자를 보았다. 우리가 진짜 누구인지를 나는 이 그림에서 보았다.

요하네스 베르메르가 1663년에서 1664년 사이에 완성한 〈편지를 읽는 푸른 옷의 여인Woman in Blue Reading a Letter〉은 임신 중인 듯한 네덜란드 여성이 넋을 잃고 자신의 두 손에 쥔 편지를 읽는 모습을 그린 그림이다. 뒤로는 지도가 벽에 걸려 있고, 그녀 앞으로는 열려 있는 상자가, 정면으로는 빈 의자가 보인다. 이것들은 베르메르가 우리를 이해시키기 위해 심어놓은 단서이자 상실, 기회, 여행을 나타내는 보편적 상징이다. 방은 밝지만 창문은 보이지 않으며 자연채광으로 보이는 그 어떤 것도 없다. 젊은 여인은 자신의 세계에 갇혀서, 누군가가 그녀를 지켜보고 있는지도 모른 채 손에 편지를 꼭 붙들고 있다.

〈푸른 옷의 여인〉을 감상하는 것은 물론 가장 순수한 관음증적 행위다. 나는 그녀에 대해 아무것도 모르는 동시에 모든 것을 알고 있기도 하다. 그녀의 집중은 나를 매혹시킨다. 그 편지는 죽음과 탄생에 대한 새로운 소식으로 가득 차 있을 수도 있고, 오래된 친구 또는 병든 부모 아니면 새로운 연인으로부터 온 편지일 수도 있다. 하지만 내가 더 그녀를 바라볼수록 그림은 더욱 비밀스러워졌고, 그림이 더 이해가 갈수록 그녀의 손에 든 편지가 더 절박하고 영원하며 신비해보였다.

히치콕의 〈현기증〉에서 스코티 퍼거슨이 처음으로 매들린 엘스터를 만나는 장면이 있다. 그들은 샌프란시스코의 북쪽 해변에 있는 오래된 호화 스테이크집 어니스Ernie's에서 만난다. 스코티는 마티니를 마시며 바에 앉아 있고 매들린은 식사 중이다. 그녀가 문간을 지나 그를 향해 걸어올 때 그는 그녀를 알아차린다. 그녀는 녹색 솔을 두르고 짧은 검정 드레스를 입고 있다. 버나드 허만의 곡을 연주하는 바이올린 소리가 점점 커진다. 불쌍한 바보 스코티는 그녀에게 빠지고 만다. 그리고 나 같은 관객도 함께 빠져든다. 나는 사실 이 장면에서 매들린을 캡처해놓은 사진을 내 트위터 계정(@ajkeen)에 올려놓았다.[14] 지금은 바탕화면으로, 내 트위터 게시물의 배경화면으로 쓰이고 있다.

내가 베르메르의 〈푸른 옷의 여인〉을 본 암스테르담 국립 미술관에서의 11월 아침도 비슷했다. 매들린이 샌프란시스코 예술의 전당San Francisco Palace of Fine Arts에서 19세기에 살았던 그녀 친척의 그림 앞에서 그랬듯이, 나도 이 그림 앞에 앉아 얼어붙은 자세로 한참 동안 앉아 있었다. 하지만 매들린과는 다르게 나의 심취는 나를 보는 사람을 혼동시키려는 속임수나 행동이 아니었다. 나는 정말 넋을 잃고 온정신을 쏟아, 풀 수 없는 수수께끼를 계속 뚫어져라 보았다. 그 작품은 내게 친밀한 구조물이 되었다. 제러미 벤담의 시체마저 내 머릿속에서 쫓아냈다.

과학기술, 즉 크리스틴 로젠이 말한 전자 픽셀이 오늘날 우리가 이런 대작을 낳지 못하는 이유라고 보수적이고 쉽게 향수에 젖은 주장을 펼치는 것은 쉬운 일이다. 극악무도한 개빈 엘스터는 19세기 중반 샌프란시스코의 전원 풍경을 짐작해 솔직하지 않게 "그때 거기 살았더라면 좋았을 거야. 색조, 흥분, 강인함, 자유"라고 말한다. 하지만 절대 "제러미 학파"에 합류하지 않았던 존 스튜어트 밀이 상기시키듯이,[15] 현재를 경시하기 위해 우리를 죽은 정치적, 사회적 시스템에 옭아매는 것은 멍청한 짓이다. 게다가 내가 이미 주장한 바와 같이 그런 기술지상주의적인 분석이 바로 이 책의 맥거핀이다. 여느 21세기의 컴퓨터광만큼이나 기술을 좋아했던 요하네스 베르메르도 그 시대에 알려졌던 모든 정교한 기술을 최대한 이용했기 때문에 자신의 그림을 좀 더 현실적으로 표현할 수 있었다. 필립 스테드먼Philip Steadman은 『베르메르의 카메라: 거장 뒤에 감춰진 진실Vermeer's Camera: Uncovering the Truth Behind the Masterpieces』이라는 책에서 17세기 광학 기술에 대한 베르메르의 지식이 그가 현대 카메라의 초기 버전인 "어둠상자"를 만들 수 있게 했고, 이것이 그가 사물을 사진과 같이 정밀하게 그려낼 수 있었던 이유였다고 주장한다.[16]

〈푸른 옷의 여인〉은 우리에게, 마크 저커버그가 한 말을 빌리자면, 어떤 "필수적인 지식"을 가르쳐주는가? 베르메르의 명화 뒤에서 우리가 찾아낼 수 있는 진실은 무엇일까? 트레이시 슈발리에는 자신의 소설 『진주 귀걸이를 한 소녀』에서 다른 베르메르의 작품 뒤에 감춰진 이야기를 훌륭하게 재복원한다. 소설의 여주인공인 어린 하녀 그리엣Griet은 한 지역 상인으로부터 "자신을 잃지 말도록 스스로를 잘 돌보라"라는 얘기를 듣는다.[17] 그리고 이것이 바로 〈푸른 옷의 여인〉이 잃지 않고 있는 것이다. 우리는 그녀가 자신을 잃지 **않도록** 스스로를 잘 돌봤다는 것 외에는 그녀에 대해 아무것도 모른다. 그녀는 존 스튜어트 밀이 말한 '독특한 개인'일 수도 아닐 수도 있다. 하지만 그녀는 스스로 일을 처리할 줄 알고 자율적이며 고독하지도 않은 사적인 인간으로서 밀이 정의한 가치 있는 삶의 조건을 대변하고 있다. 그녀의 진실성은 다

까발려 보여주는 솔직함이 아닌 신비로움에 있다. 〈푸른 옷의 여인〉은 그녀
도 모르는 그녀의 모습이다. 자신의 오토아이콘을 통해 반응하지 않는 자기
만족 속에서 밖을 응시하는 제러미 벤담의 박제된 시체나 완전히 공개되어
있는 침묵의 호텔에서 사는 조시 해리스, 또는 깜박거리는 컴퓨터 모니터에
앉아 그를 보고 있는 그의 팔로워를 바라보는 반들반들한 얼굴의 과잉가시적
인 로버트 스코블과는 정반대다.

나는 계속 매료된 상태로 앉아 〈푸른 옷의 여인〉을 응시했다. 나는 이 시
대를 초월한 작품이 우리가 잃을 위기에 처한 것임을 깨달았다. 과잉가시적
인 웹 3.0 세계의 대전시주의 속에서 우리가 영원히 카메라에 노출된 채 항
상 대중들에게 보여지고 있을 때, 우리는 우리 자신을 지킬 수 있는 힘을 잃
게 된다.

우리는 우리 자신이 누구인지를 잊어버리고 있다.

자신을 지킨다는 것

한참 뒤에 나는 나가려고 일어났다. 다른 작은 두 개의 전시방을 둘러보다
가 세계에서 가장 유명한 그림 중 하나로 한 무리의 네덜란드 중산 계급 시민
을 그린 렘브란트 판 레인의 1642년 작 〈야경The Night Watch〉 앞에 멈춰 섰다.
미술관의 벽 한 개 전체를 가릴 정도로 커다란 이 400년 된 그림을 본 후 나
는 옆에 있는 설명을 보았다.

렘브란트의 작품 중 가장 유명하고 가장 큰 캔버스에 그려진 이 그림은 암스테
르담의 한 시민군 화승총 부대의 건물을 위해 제작되었다. 모든 중산층 시민은 복무
가 필수였지만 초상화 속 주인공이 되는 영광을 누리려면 돈을 지불해야 했다. 여기

에 그려진 이들도 이 부대에서 가장 부유했던 자들이었다. 동적인 대상을 초상화 속에 담아낸 사람은 렘브란트가 최초였다.

나는 눈을 한 번 깜빡이고 마지막 문장을 다시 한 번 읽었다. "동적인 대상을 초상화 속에 담아낸 사람은 렘브란트가 최초였다." **최초라니!** 인류 전체를 통틀어 보았을 때 400년은 오랜 기간이 아니다. 하지만 렘브란트의 〈야경〉부터 현재까지, 즉 산업화가 처음 나타난 시기와 지금의 디지털 혁명까지의 400년이란 세월은 영원같이 길게만 느껴진다. 세계적 통신의 투명한 시대에 동적인 단체 초상화가 존재하지 않는 순간이란 상상하기 힘들다. 우리는 매순간 인류의 단체 초상화를 직접 제작하고 있고, 구체적인 예를 들자면 2011년 5월 1일 오사마 빈 라덴Osama Bin Laden이 사살되었을 때 트위터에는 매초 3440개의 관련 게시물이 올라왔다.[18]

나는 머릿속으로 400년이 아닌 40년의 세월을 고속으로 감아 21세기 중반을 전망해보았다. 나는 우리의 동적인 단체 초상화가 얼마나 빨라지고 소셜화가 되어 있을까 궁금해졌다. 미래의 기술에 대한 BBC 프로그램을 위해 내가 옥스퍼드에서 가진 인터뷰 중, 나는 비즈 스톤에게 우리의 소통이 실시간보다 더 빠르게 진행될 수는 없을지 질문했다. 그는 황당한 이 질문에 특유의 익살스러운 웃음을 보였다. 하지만 40년이 지나고 @quixotic의 웹 3.0 세계가 렘브란트의 〈야경〉이나 베르메르의 〈편지를 읽는 푸른 옷의 여인〉같이 옛것으로 여겨질 때쯤, 우리는 여전히 스스로를 잘 지키고 있을까? 우리는 원래의 페인트가 보이지 않는 벤저민 우드워드의 옥스퍼드 학생회 벽 같은 탈을 쓰고 있을까? 우리는 정말 자신이 누구인지를 망각하게 될까?

이 책을 과거로부터 온 살아 있는 시체에 대한 얘기로 시작했으니, 끝은 미래로부터 와서 끊임없이 나를 괴롭히는 송장에 대한 얘기로 맺도록 하겠다. 독자도 기억하겠지만 옥스퍼드 학부생 시절 제러미 벤담은 귀신을 무서워했다. 파놉티콘의 창시자는 평생 악귀가 너무 무서운 나머지 밤에 혼자 잠에 들지 못해 조수들이 자신의 침실에서 자도록 했다.[19] 벤담과 다르게 나는 유령이나 악귀가 무섭지 않다. 하지만 나는 인류의 유령, 인간이기를 잊어버린 영혼은 두렵다. 이와 같은 유령은 과거와 미래의 모든 소셜네트워크상에서 셀 수 없이 많은 팔로어, 동료, 친구에게 둘러싸여 과잉가시적으로 살아갈 것이다. 이런 유령의 존재는 고백컨대 나도 밤에 혼자 잠들지 못할 정도로 무섭게 만든다.

모든 명작 뒤에는 강렬한 시체가 놓여 있다는 말을 한 이가 앨프리드 히치콕이었던가. 인류를 그림에 비유할 수는 없지만 자신의 정체성을 망각해버린 송장이 되는 것은 좋은 일이 아니다. 벤담에 대항한 19세기의 유명한 비평가 존 스튜어트 밀이 자신을 지키려면 가끔은 사회로부터 우리를 단절시키고 사생활을 보호하고 자율적이며 비밀을 간직하는 것이 필요하다고 주장한 것은 하나도 틀리지 않았다. 그 외의 대안은 '다수의 횡포'나 개인의 자유의 몰락이라고 밀은 말한다. 이것은 현실에서 동떨어진 공포가 아니다. 가장 창의적인 21세기의 벤담 비평가 미셸 푸코가 경고했듯이 "인간은 인간의 지식에 주어진 가장 오래되지도 가장 오래 풀리지 않은 숙제도 아니다." 그러므로 그는 쉽게 "마치 바닷가의 모래 위에 그려진 그림처럼 잊혀질 수 있다".[20]

밀이 『자유론』을 펴낸 지 150년이 지난 오늘날, 더 새롭고 치명적인 연결성의 혁명은 더욱 격렬해지고 있고 우리는 온라인상의 수정궁에서 현기증이 나도록 자신을 방송해대고 있다. 우리는 반反 벤담 사상가 존 스튜어트 밀의 조언을 다시 들어야 한다. 인간은 양이 아니라고 밀은 말한다. 인간은 개미 떼도 코끼리 무리도 아니다. 우리가 원래부터 사회적 존재라는 @quixotic의 믿음만큼이나 미래가 사회적일 것이라는 비즈 스톤의 예측, 지금은 섬뜩한 것이 내일은 필수적인 것이 되리라는 숀 파커의 예언은 모두 틀렸다. 그 대신 존 스튜어트 밀의 말처럼 우리가 특별한 종인 이유는 무리로부터 떨어져 나올 수 있는, 사회로부터 자신을 해방시킬 수 있는, 내버려두어질 수 있는, 그리고 스스로 행동하고 생각할 수 있는 능력에 있다.

그러므로 미래는 전혀 소셜이 아닌 무엇이어야만 한다. 그것이 개인정보가 넘쳐 나는 @quixotic의 웹 3.0 세계, 곧 인터넷이 어쨌든 우리 모두의 집이 되어가는 21세기의 새벽을 살아가는 인간으로서 우리가 꼭 기억해야 할 점이다. 그리고 이것이 오늘날과 같은 거대한 전시주의 시대 속에서 디지털 현기증의 그림으로부터 당신이 배워가야 할 "필수적인 지식"이다.

주

권두 인용구

1 W. G. Sebald, *Vertigo* (New Directions 2000), 94~95.

서론 과잉가시성

1 Alexia Tsotsis, October 30, 2010.

2 벤담의 시체에 관한 이야기는 James E. Crimmin, *Introduction to Jeremy Bentham's Auto-Icon and Related Writings* (Bristol 2002). http://www.utilitarian.net/bentham/about/2002----.htm 을 참조하라.

3 C. F. A. Marmoy, "The Auto-Icon of Jeremy Bentham at University College," *History of Medicine at UCL Journal*, April 1958. http://www.ncbi.nlm.gov/pmc/articles/PMC1034365/

4 Aldous Huxley, *Prisons* (Trianon & Grey Falcon Presses 1949). http://www.john-coulthart.com/feuilleton/2006/08/25/aldous-huxley-on-piranesis-prisons/을 참조하라.

5 John Dinwiddy, *Bentham* (Oxford 1989), 18.

6 캐나다 최대의 첨단 기업인 리서치 인 모션(RIM)에 의해 만들어진 기기이다. 내가 보유했던 기종은 블랙베리 볼드였다.

7 EF-S 55-250mm f/4-5.6 IS 줌 렌즈를 장착한 캐논 디지털 레벨 XSi 12.2 MP 디지털 SLR 카메라였다.

8 "Infographic: A Look at the Size and Shape of the Geosocial Universe in 2011," by Rip Empson, Techcrunch, May 20, 2011. http://techcrunch.com/2011/05/20/infographic-a-look-at-the-size-and-shape-of-the-geosocial-universe-in-2011/

9 Chris Dixon, "An Internet of People," cdixon.org, December 19, 2011. http://cdixon.org/2011/12/19/an-internet-of-people/를 참조하라. 딕슨은 인터넷을 신용과 평판의 경제로 묘사한 벤처 캐피탈리스트 롤로프 보타Roelof Botha를 인용했다.

10 Matthew Ingram, "The Daily Dot Wants to be the Web's Hometown Paper," Gigaom, April 1, 2011. http://gigaom.com/2011/04/01/the-daily-dot-wants-to-be-the-webs-home-town-paper/

11 벤담의 '최대 행복의 원리'는 1931년에 그가 저술한 소책자인 *Parliamentary Candidates Pro-*

*posed Declaration of Principles*에 기술되어 있다. 이 글에서 그는 최대 다수에게 최대의 쾌락과 행복을 부여하는 것이 정부의 목적이라고 주장했다. John Dinwiddy, *Bentham* (Oxford), Chapter 2, "The Greatest Happiness Principle"를 참조하라.

12 성인이 된 후 40여 년 동안 벤담은 세인트 제임스 파크^{St. James Park}가 내려다보이는 웨스트민스터 의 집에서 살았다. 아마도 우연의 일치겠지만 형법 개혁에 관심을 기울였던 벤담의 이 거주지는 현재 102 페티 프랑스^{Petti France}로 불리며, 영국의 법무부가 자리 잡고 있다.

13 Richard Florida, *The Rise of the Creative Class* (Basic 2002), 74; John Hagel, John Seely Brown, *The Power of Pull* (Basic 2010), 90.

14 "The Metropolis and Mental Life," by Georg Simmel, from *The Sociology of Georg Simmel*, ed. Kurt H. Wolff (Free Press 1950), 409.

15 Jonathan Raban, *Soft City* (15). 라반은 또한 디지털 시대의 전자 감시가 언제 어디서나 이루어 지고 있다는 점을 훌륭하게 풀어낸 소설 *Surveillance* (Pantheon 2006)의 저자이기도 하다.

16 "진실부는 누가 보기에도 다른 것들과는 차별화되어 있었다." 오웰은 소설 『1984』에서 진실부 에 대해 다음과 같이 적었다. "그것은 번쩍거리는 흰색 콘크리트로 만들어졌고 테라스가 줄줄이 이어진, 높이가 300미터에 달하는 우뚝 솟은 피라미드 구조의 건물이었다. 윈스턴은 자신이 서 있는 곳에서 당의 세 가지 표어를 읽을 수 있었다. '전쟁은 평화다', '자유는 노예제다', '무지는 힘이다'."

17 Richard Cree, "Well Connected," *Director* magazine, July 2009.

18 Leena Rao, "Boom! Professional Social Network Linkedln Passes 100 Million Members," Techcrunch, March 22, 2011. http://techcrunch.com/2011/03/22/boom-professional-social-network-linkedin-passes-100-million-members/를 참조하라.

19 *Laptop Magazine*, February 2011, 71.

20 "Linkedln Founder: Web 3.0 Will Be About Data," by Ben Parr, Mashable, March 30, 2011. 호프먼의 인터뷰 영상을 보려면 http://www.web2expo.com/webexsf2011/public/schedule/detail/17716을 참조하라.

21 다른 넷은 넷스케이프의 공동창립자 마크 앤드리슨, 전설적인 투자자 론 콘웨이^{Ron Conway}, 호프 먼의 동료이자 페이팔에서 근무하고 있으며 페이스북의 초기 투자자 중 한 명인 피터 틸이다. "The 25 Tech Angels, 11 Good Angels and 18 Geeks Everyone Wants to Fly With," *San Francisco Magazine*, December 2010. http://www.sanfranmag.com/story/25-tech-angels-11-good-angels-and-18-geeks-everyone-wants-fly-with을 참조하라.

22 "The Midas List: Technology's Top 100 Investors," *Forbes*, April 6, 2011. http://www.forbes.com/lists/rnidas/2011/midas-list-complete-list.html

23 "Reid Hoffman," Soapbox, *The Wall Street Journal*, June 23, 2011. http://online.wsj.com/article/SB10001424052702303657404576363452101709880.html

24 Evelyn M. Rusli, "The King of Connections Is Tech's Go-To-Guy," *The New York Times*, No-

vember 5, 2011. http://www.nytimes.com/2011/11/06/business/reid-hoFfman-of-linkedin-has-become-the-go-to-guy-of-tech.html?pagewanted=all

25 2010년 8월에 나의 테크크런치 TV쇼에서 진행한 리드 호프먼과의 인터뷰를 참고하라. http://techcrunch.com/2010/08/30/keen-on-reid-hoffman-leadership/

26 "Fail Fast Advises LinkedIn Founder and Tech Investor Reid Hoffman," BBC, January 11, 2001. http://www.bbc.co.uk/news/business-12151752

27 Leena Rao, "LinkedIn Surpasses MySpace to Become No. 2 Social Network," Tech-crunch, July 8, 2011. http://techcrunch.com/2011/07/08/linkedin-surpasses-myspace-for-u-s-visitors-to-become-no-2-social-network-twitter-not-far-behind/

28 링크드인의 IPO는 2011년 5월 18일에 이루어졌다. 처음에는 40달러였던 가격이 세 배 가까이 치솟기도 했으며, 그날 최종적으로 94달러의 가격으로 막을 내렸다. 회사 전체의 가치가 90억 달러에 가까운 금액으로 평가된 것이다. 호프먼에게는 20억 달러가 넘는 거금이 돌아가게 되는 셈이다. Ari Levy, "Linkedin's Top Backers Own $6.7 Billion Stake," Bloomberg News, May 18, 2011. http://www.bloomberg.com/news/2011-05-19/linkedin-s-founder-biggest-backers-will-own-2-5-billion-stake-after-ipo.html 또한 IPO에 대한 분석과 어떻게 리드 호프먼이 20억 달러를 벌게 되었는지에 관해서는 Nelson D. Schwartz, "Small Group Rode Linked-In to a Big Payday," *The New York Times*, June 19, 2011. http://www.nytimes.com/2011/06/20/business/2obonanza.html?hp를 참조하라.

29 2010년 12월 29일 올싱스디AllThingsD의 리즈 갠스Liz Gannes와의 인터뷰를 참고하라. http://networkeffect.allthingsd.com/20101229/video-greylocks-reid-hoffman-and-david-sze-on-the-future-of-social/

30 팜빌Farmville이라는 유명한 소셜 게임을 보유하고 있는 징가는 세계에서 두 번째로 거대한 게임 개발사인 일렉트로닉 게임스Electronic Games, EA에 버금가는 규모를 갖게 될 정도로 빠르게 성장했다. 셰어즈포스트Sharespost의 2010년 연구 결과에 의하면 징가의 가치는 약 51억 달러에 달하며, 일렉트로닉 게임스는 51.6억 달러의 가치를 기록했다. 자세한 정보는 Bloomberg Business week, 10/26/2010. http://www.businessweek.com/news/2010-10-26/zynga-s-value-tops-electronic-arts-on-virtual-goods.html을 참조하라.

31 Samuel Warren and Louis Brandeis, "The Right to Privacy," *Harvard Law Review*, Vol. IV, December 15, 1890, No.5. 이 논문은 '전설적'이며, '법학 분야에서 가장 영향력 있는 논문'으로 손꼽힌 바 있다. 학자들은 이 논문이 미국의 프라이버시에 관한 법률의 토대가 된 것으로 평가하고 있다. 자세한 것은 Daniel J. Solove, *Understanding Privacy* (Harvard University Press 2008), 13~18를 참조하라.

32 "한번 갇히면 빠져 나올 수 없다!"는 전통적인 호화 호텔에 질린 현대의 여행자들을 상대로 한 말메종의 홍보문구다. 말메종을 트위터에서 팔로우하고 싶다면 http://twitter.com/#!/TheOxfordMal로 접속하라.

33 아리스토텔레스가 『정치학』에서 주장한 "인간은 사회적 동물이다. 자연적으로든 의도적으로든 사회화가 되지 않은 개인은 인간으로 여겨질 수 없다. 사회는 개인을 넘어서는 것이다"라는 문구는 집단주의를 주장하는 자들이 사회를 개인보다 우선시하며 2000년 동안 주장해온 문구들의 일선에 있다. "평범하게 살지 못하거나 지나치게 자기 충족적이어서 그러할 필요가 없는 자들은 짐승이거나 신일 것이다"라고 주장한 아리스토텔레스의 진술은 흥미롭게도 프리드리히 니체[Friedrich Nietzsche]의 『우상의 황혼』에서 다음과 같이 변형되었다. "혼자 살기 위해서는 동물이거나 신이어야 한다고 아리스토텔레스가 말했다. 가능한 세 번째 경우가 여기에서 빠져 있다. 바로 철학자가 되는 길이다."

34 사카는 10억 달러에 이르는 규모의 소셜미디어 투자 시장에 관여하고 있다. 2010년 2월 말 기준으로 그의 로워케이스 캐피털[Lowercase Capital]은 트위터의 주식 9%를 보유해 트위터의 최대 주주가 되었다. Evelyn Rusli, "New Fund Provides Stake in Twitter for JP Morgan," *The New York Times Deal Book*, February 28, 2011. http://dealbook.nytimes.com/2011/02/28/new-fund-gives-jpmorgan-a-stake-in-twitter/

35 옥스퍼드에서 내가 스톤과 나눈 대화와 함께 찍은 사진을 보려면 http://andrewkeen.independentminds.livejournal.com/3676.html을 참조하라.

36 2008년 11월 23일 일요일 옥스퍼드 학생회 토론.

37 트위터의 성장 속도는 무시무시하다. 2010년 12월까지 클라이너퍼킨스의 실리콘밸리 벤처 회사는 37억 달러의 가치를 가진 트위터에 2억 달러 규모의 투자를 유치해냈다. 2011년 2월에는 구글과 페이스북이 트위터를 80억 달러에서 100억 달러 규모의 자금으로 인수하려고 한다는 루머가 나돌기도 했다. 2011년 3월, 2차 시장에서 트위터의 가치는 77억 달러로 치솟았으며, 4월에는 ≪포천≫이 구글이 트위터를 100억 달러에 인수하고자 제의했다고 보도했다. 7월, 트위터는 또다시 4억 달러 규모의 벤처 투자를 유치해냈으며, 시장 가치는 80억 달러에 달하게 되었다. 2011년 8월, ≪파이낸셜 타임스≫는 트위터가 80억 달러의 시장 가치를 갖고 있으며, 러시아의 인터넷 회사인 DST에 의해 투자되고 있다고 보도했다.

38 Leena Rao, "New Twitter Stats: 140M Tweets Sent Per Day, 460K Accounts Created Per Day," Techcrunch, March 14, 2011. http://techcrunch.com/2011/03/14/new-twitter-stats-140m-tweets-sent-per-day-460k-accounts-created-per-day/

39 트위터 이전에 스톤은 구글을 비롯한 몇몇 기술 회사들의 관리직을 맡고 있었다. 그는 *Blogging: Genius Strategies for Instant Web Content* (2002), *Who Let The Blogs Out: A Hyperconnected Peek at the World of Weblogs* (2004) 등의 책을 써낸 바 있다.

40 2011년 6월, 스톤은 트위터에서 은퇴하여 "투자 모금자이자 스토리텔러, 미래학자"의 자리에서 물러났다. Claire Cain Miller, "Twitter Co-Founder Joins Venture Capital Firm," *The New York Times*, July 7, 2011. http://bits.blogs.nytimes.com/2011/07/07/twitter-co-founder-joins-venture-capital-firm/를 참조하라.

41 Dominic Rushe, "Twitter Founder to Join Huffington Post," *The London Guardian*, March 15,

2011. http://www.guardian.co.uk/media/2011/mar/15/twitter-founder-joins-huffington-post

42 C. F. A. Marmoy, "The Auto-Icon of Jeremy Bentham at University College, London," *The History of Medicine at UCL Journal*, April 1958.

43 벤담은 존 스튜어트 밀이 출생한 이후 6년 동안 법적인 후견인을 맡았다. 이 기간에 밀의 아버지 제임스 밀^{James Mill}은 건강이 아주 좋지 않았다. Richard Reeves, *John Stuart Mill: Victorian Firebrand* (Atlantic 2007), 11을 참조하라.

44 John Stuart Mill, "Bentham," in *John Stuart Mill and Jeremy Bentham: Utilitarianism and Other Essays* (Penguin 1987), 149.

45 밀은 '공리주의'라는 표현을 그가 '공리주의자 모임'을 결성한 1822년에서 1823년의 겨울 동안 널리 알렸다. J. S. Mill, *Autobiography*, 49를 참조하라. 그러나 용어 자체는 벤담이 18세기 프랑스 정치 이론가인 피에르 에티엔 루이 뒤몽트^{Pierre Etienne Louis Dumont}와의 서신 교환에서 처음 사용했다. Richard Reeves, *John Stuart Mill*, 37.

46 J. S. Mill, "Bentham," 149.

47 Umberto Eco, *Travels in Hyperreality* (Harcourt, Brace, Jovanovich 1983), 6~7.

48 Pierre Boileau and Thomas Narcejac, *The Living and the Dead* (Washburn 1957).

49 Nicholas Carr, "Tracking is an Assault on Liberty", *The Wall Street Journal*, August 7, 2010.

50 "Soapbox: Reid Hoffman," *The Wall Street Journal*, June 23, 2011. http://online.wsj.com/article/SB10001424052702303657/104576363452101709880.html

51 "'Fail fast' advises LinkedIn founder and tech investor Reid Hoffman," BBC Business News, January 11, 2011. http://www.bbc.co.uk/news/business-12151752.

52 2011년 3월, 리드 호프먼은 웹 3.0에 대한 자신의 정의를 다음과 같이 발표했다. 웹 1.0이 "찾아서 데이터를 얻어라"는 구조였다면, 웹 2.0은 "진짜 정체성"과 "진짜 관계"란 무엇인지에 대한 것이었고, 웹 3.0은 "진짜 정체성들이 어마어마한 양의 데이터를 생산해내는 것"에 해당한다는 것이다. Anthony Ha, "LinkedIn's Reid Hoffman explains the brave new world of data," *VentureBeat*, March 15, 2011. http://venturebeat.com/2011/03/15/reid-hoffman-data-sxsw/를 보라.

53 시스코^{Cisco}의 예측에 따른 것이다(http://www.electrictv.com/?p=4323). 에릭슨^{Ericsson}의 CEO이자 회장인 한스 베스트베리^{Hans Vestberg}가 모나코 미디어 포럼에서 2010년 11월에 발표한 영상도 참조하라(http://www.youtube.com/watch?v=vTT-Wve1WWo). 그러나 단기적으로만 보아도 상호 연결된 인간과 기계들의 숫자가 드라마틱하게 증가할 것임은 자명하다. 2011년 2월, 바르셀로나에서 열린 모바일 세계 의회^{Mobile World Congress}에서 노키아의 CEO 스티븐 엘롭^{Stephen Elop}은 "연결되지 않은 것들을 연결시킬 것"이라고 천명한 바 있다. Jenna Wortham, "Nokia Wants to Bring 3 Billion More Online," *The New York Times*, February 18, 2011. http://bits.blogs.nytimes.com/2011/02/16/nokia-wants-to-bring-3-billion-more-online/을 참조하라.

제1장 아키텍처에 대한 간단한 아이디어

1 Jeremy Bentham, *The Panopticon Writings*, ed. Miran Bozovic (Verso), 31.

2 John Dinwiddy, Bentham, 38 (Oxford 1989).

3 감시자의 집에 대한 계획은 원래 정부에 의해 시행될 계획이었다. 1813년, 정부는 계획의 불이행에 대한 보상으로 벤담에게 2만 3000파운드를 지불했고, 이것으로 벤담은 영국 서부에 그가 여름과 가을을 주로 보내게 될 "거대한 저택"을 지을 수 있었다. John Dinwiddy, *Bentham*, 16~17을 보라.

4 그의 동생 새뮤얼 벤담과 함께, 제러미 벤담은 에카테리나 대제의 애인이자 제정 러시아 최대의 영주 중 한 명이었던 그레고리 포템킨Grigory Potemkin을 도와 벨로루시 동부에 근대적인 산업 공장이 들어선 영국인 마을의 건설을 구상하고 있었다. 물론 포템킨은 오늘날 '포템킨 마을'로 유명한, 오직 에카테리나 대제를 감동시키기 위해 인위적으로 만든 마을로 기억되고 있는 그 인물이다. Simon Sebag Montefiore, "The Bentham Brother, their Adventure in Russia," *History Today* (August 2003)를 참조하라.

5 Jeremy Bentham, *Panopticon Letters*, 1787, University College London Library(미출간 원고)를 보라.

6 Aldous Huxley, *Prisons* (Trianon & Grey Falcon Presses 1949). http://www.johncoulthart.com/feuilleton/2006/08/25/aldous-huxley-on-piranesis-prisons/를 보라.

7 Michel Foucault, *Discipline and Punishment: The Birth of the Prison* (Vintage 1979), 200.

8 Jeremy Bentham, Letter 1, "Idea of the Inspection Principle, The Panopticon Writings," ed. Miran Bozovic (Versa 1995).

9 Norman Johnson, *Forms of Constraint: The History of Prison Architecture*, 56.

10 Georg Simmel, "The Metropolis and Mental Life," *The Sociology of Georg Simmel*, ed. Kurt H. Wolff (Free Press 1950), 409.

11 Michel Foucault, *Discipline and Punishment: The Birth of the Prison* (Vintage 1979), 200.

12 2010년 8월의 연구에 의하면 전 세계의 가구 중 2%만이 스마트 TV를 이용하고 있었다. 그러나 2014년까지 이 인구는 33%까지 증가할 것으로 전망되고 있다. http://www.f3.com/cms/s/2/9be3d412-b783-11df-8ef6-00l44feabdc0.html?ftcamp=rss

13 영상과 소리의 상호작용을 통해 모션 게임을 즐길 수 있게 하는 마이크로소프트의 키넥트 콘솔Kinect console과 같은 것을 말한다.

14 2011년 1월에 라스베이거스에서 열린 컨슈머 일렉트로닉스 쇼Consumer Electronics Show에서, 자동차 내에서 초고속 인터넷에 접속하는 380여 개의 네트워크 기기들이 선보인 바 있다. "At CES, Cars Take Center Stage," *The New York Times*, January 6, 2011. http://wheels.blogs.nytimes.com/2010/01/06/at-ces-cars-move-center-stage/를 참고하라.

15 제러미 벤담의 파놉티콘에 대한 비전은 1789년, 그가 크림 반도에서 영국의 한 친구에게 보낸 편지에서 나타났다. *The Panopticon Writings*, ed. Miran Bozovic (Verso 1995)을 참고하라. 벤

담은 1785년 그의 동생 새뮤얼 벤담과 함께 포템긴 경을 돕기 위해 러시아로 떠났다. Simon Sebag Montefiore, "Prince Potemkin and the Benthams," *History Today*, August 2003를 참조하라.

16 Clay Shirky, *Cognitive Surplus: Creativity and Generosity in a Connected Age* (Penguin 2010), 54.

17 클린턴이 2010년 1월 워싱턴 D.C.에서 한 "인터넷상의 자유에 대한 강조"라는 제목의 연설에서 한 말이다. 이 표현은 또한 마이크로소프트의 소셜미디어 전문가인 마크 데이비스^{Marc Davis}가 2010년 8월에 시애틀에서 열린 PII^{Privacy Identity Innovation} 컨퍼런스에서 사용하기도 했다. http://vimeo.com/14401407

18 *Cognitive Surplus*, 196~197.

19 "Julian Assange Tells Students That the Web Is the Greatest Spying Machine Ever," Patrick Kingsley, *The London Guardian*, March 15, 2011. http://www.guardian.co.uk/media/2011/mar/15/web-spying-machine-julian-assange

20 Matt Brian, "Wikileaks Founder: Facebook Is the Most Appalling Spy Machine That Has Ever Been Invented," The Next Web, May 2, 2012. http://thenextweb.com/facebook/2011/05/02/wikileaks-founder-facebook-is-the-most-appalling-spy-machine-that-has-ever-been-invented/

21 2011년 11월 퓨 리서치 센터의 연구에 의하면, 이미 온라인상에서 미국인의 4%가 이러한 위치 기반 서비스를 사용하고 있는 것으로 밝혀졌다(http://wwwpewinternetorg/Reports/2010/Location-based-services.aspx). 이는 고왈라^{Gowalla}와 같은 서비스들이 트위터처럼 폭발적으로 성장하고 있다는 것을 의미한다. http://www.businessinsider.com/location-based-services-2010-11을 참고하라.

22 셔키의 의중은 그가 BBC 월드 서비스^{BBC World Service} 라디오 쇼에 출연해 브리짓 켄들^{Bridget Kendall}과 한 인터뷰에서 가장 확실하게 드러난다. "The Forum," September 19, 2010. http://www.bbc.co.uk/programmes/poO9q3m3을 참고하라.

23 Katie Roiphe, "The Language of Fakebook," *The New York Times*, August 13, 2010.

24 YouCeleb.com에 대해서는 Rip Empson, "YouCeleb Lets You Look Like a Star For Cheap," Techcrunch, February 28, 2011. http://techcrunch.com/2011/02/28/youceleb-lets-you-look-like-a-star-for-cheap/을 참고하라.

25 The Forum, September 19, 2010.

26 Jean Twenger and W. Keith Campbell, *The Narcissism Epidemic: Living in the Age of Entitlement* (Free Press 2009).

27 Elias Aboujaoude, *Virtually You* (Norton 2011), 72.

28 "The Elusive Big Idea," Neal Gabler, *The New York Times*, August 13, 2011.

29 "The Insidious Evils of 'Like' Culture," Neil Strauss, *The Wall Street Journal*, July 2, 2011.

http://online.wsj.com/article/SB10001424052702304584004576415940086842866.html

30 Jonathan Franzen, "Liking Is for Cowards. Go for What Hurts," *The New York Times*, May 29, 2011. http://www.nytimes.com/2011/05/29/opinion/29franzen.html

31 Jonathan Franzen, "Liking Is for Cowards. Go for What Hurts," *The New York Times*, May 29, 2011. http://www.nytimes.com/2011/05/29/opinion/29franzen.html

32 Christine Rosen, "Virtual Friendship and the New Narcissism," *The New Atlantis: A Journal of Technology and Society*, Number 17, Summer 2007.

33 Ross Douthat, "The Online Looking Glass," *The New York Times*, June 12, 2011.

34 David Brooks, "The Saga of Sister Kiki," *The New York Times*, June 23, 2011. http://www.nytimes.com/2011/06/24/opinion/24brooks.html

35 Loretta Choa and Josh Chin, "A Billionaire's Breakup Becomes China's Social-Media Event of the Year," *The Wall Street Journal*, June 17, 2011. http://online.wsj.com/article/SB1000142405270230456310457635727131321894898.html

36 Steven Johnson, "In Praise of Oversharing," *Time* magazine, May 20, 2010.

37 Jeff Jarvis, "What If There Are No Secrets," Buzzmachine.com, 07/26/10.

38 베를린에서의 강연. http://www.buzzmachine.com/2010/04/22/privacy-publicness-penises/

39 자비스는 2009년 8월 10일 그의 BuzzMachine 블로그에 "나와 소문자 c"라는 제목의 글에서 그의 고환암에 대해 포스팅했다. http://www.buzzmachine.com/2009/08/10/the-small-c-and-me/

40 Jeff Jarvis, "Public Parts," May 20, 2010. http://www.buzzmachine.com/2010/05/20/public-parts/

41 Jeff Jarvis, *Public Parts: How Sharing in the Digital Age Improves the Way We Work and Live* (Simon and Schuster 2012).

42 웹상에서의 프라이버시에 대한 제프 자비스, 스티븐 존슨, 그리고 나의 입장을 다룬 2011년 3월 영국 ≪와이어드≫ 기사를 참고하라(http://www.wired.co.uk/magazine/archive/2011/03/features/sharing-is-a-trap). 또한 내가 2011년 2월 5일 BBC 투데이 쇼에 출연해 자비스와 벌인 논쟁도 참고하라(http://news.bbc.co.uk/today/hi/today/newsid_9388000/9388379.stm?utm_source=twitterfeed8cutm_medium=twitter). 내가 진행하는 테크크런치 TV쇼 "킨온Keen On"에서 2010년 8월에 방송한 자비스와의 인터뷰도 참조할 것. http://techcrunch.com/2010/08/12/keen-on-publicness-jeff-jarvis-tctv/

43 "공개성이 불멸성을 보장한다"라는 주장은 공개성에 대한 자비스의 열 개 논제 중 하나이다. 그는 이것을 2010년 8월에 시애틀에서 열린 공개성과 프라이버시에 대한 컨퍼런스에서 발표했다. 다른 아홉 개의 논제들은 다음과 같다. ① 관계를 만들고 발전시킨다. ② 협력을 가능하게 한다. ③ 신뢰를 구축한다. ④ 완벽성의 신화로부터 우리를 해방시킨다. ⑤ 터부를 없앤다. ⑥ 집단의 지혜를 가능하게 한다. ⑦ 우리를 조직화한다. ⑧ 우리를 보호한다. ⑨ 가치를 창출한다. 그가 "공개적이 됨으로써만 우리는 세상에 우리의 흔적을 남길 수 있다"는 아렌트적인 입장을 주장한

데 대해서는 *Public Parts*, 56~58을 보라.

44 David Kirkpatrick, *The Facebook Effect* (Simon & Schuster 2010), 67.

45 Jarvis, *Public Parts*, 11.

46 도어는 선마이크로시스템즈, 넷스케이프, 아마존, 구글과 같은 실리콘밸리의 많은 기업들에 초기 투자를 한 억만장자다.

47 "John Doerr on 'The Great Third Wave' of Technology," *The Wall Street Journal*, May 24, 2010.

48 Pui-Wing Tam and Geoffrey A. Fowler, "Kleiner Plays Catch-Up," *The Wall Street Journal*, August 29, 2011. http://online.wsj.com/article/SB10001424053111903366504576486432620701722.html.

49 "Kleiner Perkins Invests In Facebook at $52 Billion," *The Wall Street Journal*, February 14, 2011. "Kleiner Perkins Caufield & Byers and Facebook are together at last." http://blogs.wsj.com/venturecapital/2011/02/14/kleiner-perkins-invests-in-facebook-at-52-billion-valuation/

50 2011년 2월 25일 클라이너가 투자를 천명한 지 7일 만에, 이 520억 달러는 700억 달러로 불어났다. MG Siegler, "Facebook Valuation Back at a Cool $70 Billion on SecondMarket," February 25, 2011을 참조하라. http://techcrunch.com/2011/02/25/facebook-70-billion/

51 빙 고든이 테크크런치와 2010년 10월에 한 인터뷰를 참조하라(http://techcrunch.tv/whats-hot/watch?id=ZpYXZyMTqZYQbxJZVMzVi8-IMqliDi3). 특히 그가 향후 5년 동안 소셜 카테고리에 해당하는 사업이 10배에서 25배까지도 늘어날 수 있다고 말한 점에 주목하라.

52 영화 〈소셜네트워크〉는 벤 메즈리치의 베스트셀러 *The Accidental Billionaires: The Founding of Facebook—A Tale of Sex, Money, Genius, and Betrayal* (Doubleday 2009)을 원작으로 참고했다.

53 Zadie Smith, "Generation Why," *The New York Review of Books*, November 25, 2010. http://www.nybooks.com/articles/archives/2010/nov/25/generation-why/?page=1

54 저커버그는 이 문구를 프랑스 대통령 니콜라 사르코지가 조직해 2011년 5월에 파리에서 열린 e-G8(http://www.eg8forum.com/en/)에서 사용했다. 이 행사에는 나를 포함해 전 세계의 인터넷 사상가, 사업가, 경영자들이 참가했다. 나는 데이터 프라이버시에 관한 워크숍에 참가했다.

55 "Facebook's Grand Plan for the Future," David Gelles, *London Financial Times*, December 3, 2010. http://www.ft.com/cms/s/2/57933bb8-fcd9-11df-ae2d-oO144feab49a.html#axzz18UHJchkb

56 저커버그는 이것을 실리콘밸리의 소셜미디어 전도사인 로버트 스코블에게 말했다. 주커버그와 스코블 사이의 대화 전문은 로버트 스코블의 2010년 11월 3월 블로그 포스트에서 확인할 수 있다. "Great Interview: Candid Disruptive Zuckerberg," http://scobleizer.com/2010/11/03/great-interview-candid-disruptive-mark-zuckerberg/

57 Lev Grossman, "Mark Zuckerberg," *Time* magazine, December 15, 2010.

58 "A Trillion Pageviews for Facebook," labnol.org, August 23, 2011. http://www.labnol. org/internet/facebook-tril1ion-pageviews/20019/

59 "Facebook Now as Big as the Entire Internet Was in 2004," Pingdom, October 5, 2011. http://royal.pingdom.com/2011/10/05/facebook-now-as-big-as-the-entire-internet-was-in-2004/

60 "CIA's Facebook Program Dramatically Cut Agency's Costs," *The Onion*, March 21, 2011. http://www.theonion.com/video/cias-facebook-program-dramatically-cut-agencys-cos,l9753/

61 "CIA's 'vengeful librarians' stalk Twitter and Facebook," *The Daily Telegraph*, November 4, 2011. http://www.telegraph.co.uk/technology/twitter/8869352/CIAs-vengeful-librarians-stalk-Twitter-and-Facebook.html

62 M. G. Siegler, "Pincus: In Five Years, Connection Will Be to Each Other, Not The Web; We'll Be Dial Tones," Techcrunch, October 21, 2010. http://techcrunch.com/2010/10/21/pincus-web-connections/

63 http://www.asymco.com/2010/12/04/half-of-us-population-to-use-smartphones-by-cnd-of-2011/

64 Sarah E. Needleman, "Adult Use of Social Media Soars," *The Wall Street Journal*, August 30, 2011. http://blogs.wsj.com/in-charge/2011/08/30/adult-use-of-social-media-soars/

65 2006년에서 2009년의 기간 동안 퓨 리서치 센터에서 수행한 '인터넷과 미국인의 삶에 대한 프로젝트'에 의하면 10대들이 블로그를 사용하는 양이 절반으로 줄었다. Verne G. Kopytoff, "Blogs Wane as the Young Drift to Sites Like Twitter," *The New York Times*, February 20, 2011. http://www.nytimes.com/2011/02/21/technology/internet/21blog.html을 참조하라.

66 Sarah E. Needleman, "Adult Use of Social Media Soars," *The Wall Street Journal*, August 30, 2011. http://blogs.wsj.com/in-charge/2011/08/30/adult-use-of-social-media-soars/

67 Verne G. Kopytoff, "Blogs Wane as the Young Drift to Sites Like Twitter," *The New York Times*, February 20, 2011. http://www.nytimes.com/2011/02/21/technology/internet/21blog.html

68 Joe Nguyen, "Is the Era of Webmail Over?" Comscore.com, January 12, 2011. http://blog.comscore.com/2011/01/is_the_era_of_webmail_over.html

69 2010년 7월 페이스북 공식 수치.

70 인터넷 관련 통계 회사인 힛와이즈[Hitwise]에 의하면 페이스북이 2010년 미국 인터넷 트래픽의 8.93%를 차지했다. http://searchengineland.com/facebook-most-popular-search-term-website-in-201059875

71 에디슨 리서치[Edison Research]와 아비트론[Arbitron] 사의 2011년 보고서에 따르면 "페이스북이 주류가

되고 있다". http://www.edisonresearch.com/home/archives/2011/03/facebook_achieves_majority.php

72 "ShareThis Study: Facebook Accounts For 38 Percent of Sharing Traffic on the Web," Erick Schonfeld, Techcrunch, June 6, 2011. http://techcrunch.com/2011/06/06/sharethis-facebook-38-percent-traffic/

73 Leena Rao, "Zuckerberg: As Many As 500 Million People Have Been on Facebook In A Single Day," Techcrunch, September 22, 2011. http://techcrunch.com/2011/09/22/zuckerberg-on-peak-days-Soo-million-people-are-on-facebook/

74 "Facebook now as big as the entire Internet was in 2004," Pingdom, Royal Pingdom. http://royal.pingdom.com/2011/10/05/facebook-now-as-big-as-the-entire-internet-was-in-2004/

75 Alexis Tsotsis, "Twitter Is At 250 Million Tweets Per Day, iOS5 Integration Made Sign-Ups Increate 3X," Techcrunch, October 17, 2011(http://techcrunch.com/2011/10/17/twitter-is-at-250-million-tweets-per-day/). 또한 "Meaningful Growth," The Twitter Blog December 15, 2010(http://blog.twitter.com/2010/12/stocking-stuffer.html)도 참조하라.

76 Greg Finn, "Twitter Hits 100 million 'Active' Users," Searchengineland.com, Septmber 8, 2011. http://searchengineland.com/twitter-hits-100-million-active-users-92243

77 Evelyn M. Rusli, "Groupon Shares Rise Sharply After I.P.O.," *The New York Times*, November 4, 2011. http://dealbook.nytimes.com/2011/11/04/groupon-shares-spike-40-to-open-at-28/

78 Douglas MacMillian and Serena Saitto, "LivingSocial Said to Weigh Funding at $6 Billion Instead of IPO," Bloomberg, September 22, 2011(http://www.bloomberg.com/news/2011-09-22/livingsocial-said-to-weigh-funding-at-6-billion-rather-than-pursuing-ipo.html). 또한 Stu Woo, "LivingSocial's CEO Weathers Rapid Growth," *The Wall Street Journal*, August 29, 2011. http://blogs.wsj.com/venturecapital/2011/08/29/qa-with-livingsocial-ceo-tim-oshaughnessy/도 참조하라.

79 2010년 12월 초, 5,400만 명에 가까운 사용자들이 몰리던 팜빌은 페이스북의 앱 중 최고의 위치에 있었다(http://www.appdata.com/). 그러나 12월 말, 고작 한 달 전에 출시한 징가의 가상현실 소셜게임인 시티빌CitiVille이 6170만 명의 사용자들을 확보하면서 팜빌을 앞질렀다. http://techcrunch.com/2010/12/28/zynga-cityville-farmville/

80 Leena Rao, "Zynga moves 1 Petabyte of Data Daily; Adds 1,000 Servers a Week," Techcrunch, September 22, 2010. http://techcrunch.com/2010/09/22/zynga-moves-1-petabyte-of-data-daily-adds-1000-servers-a-week/

81 Kara Swisher, "Zynga Raising $500 Million at $10 Billion Valuation," All Things Digital, February 17, 2010. http://kara.allthingsd.com/20110217/zynga-raises-500-million-at-10-billion-valuation/

82 Pascal-Emmanuel Gobry, "Foursquare Gets 3 Million Check-Ins Per Day, Signed Up 500,000 Merchants," *SAI Business Insider*, August 2, 2011. http://articles.businessinsider.com/2011-08-02/tech/30097137_1_foursquare-users-merchants-ins

83 Casey Newton, "Foursquare's Dennis Crowley talks of check-ins," SFGate.com, December 25, 2011(http://articles.sfgate.com/2011-12-25/business/30556083_1_check-ins-location-based- service-social-service). 포스퀘어의 비즈니스 가치에 대해서는 2011년 12월에 테크크런치에서 *The Power of Foursquare* (2011)의 저자인 카민 갤로Carmine Gallo와 진행한 인터뷰를 참고하라. http://techcrunch.com/2011/12/21/keen-on-carmine-gallo-the-power-of-foursquare-tctv/

84 Erick Schonfeld, "Tumblr Is Growing by a Quarter Billion Impression Every Week," Techcrunch, January 28, 2011. http://techcrunch.com/2011/01/28/karp-tumblr-quarter-billion-impressions-week/

85 Jenna Wortham, "Tumblr Lands $85 Million in Funding," *The New York Times*, September 26, 2011. http://bits.blogs.nytimes.com/2011/09/06/tumblr-lands-85-million-in-funding/

86 내가 테크크런치에서 진행한 인터뷰를 참고하라. http://techcrunch.com/2011/05/27/quora-we-have-an-explicit-non-goal-of-not-selling-the-company/

87 Lydia Dishman, "Q&A Site Quora Builds Buzz with A-List Answerers," *Fast Company*, January 4, 2011. http://www.fastcompany.com/1713096/innovation-agents-charlie-cheever-co-founder-quota

88 Nicholas Carson, "Quota Investor Scoffs at $1 Billion Offer Price," *Business Insider*, February 22, 2011. http://www.sfgate.com/cgi-bin/article.cgi?f=/g/a/2011/02/22/businessinsider-quora-would-turn-down-a-1-billion-offer-says-investor-201l-2.DTL

89 "Personal Data: The Emergence of a New Asset Class," World Economic Forum Report, January 2011. http://www.weforum.org/reports/personal-data-emergence-new-asset-class

90 브린은 이것을 에릭 슈밋이 CEO 자리에서 사임하기로 발표한 바로 그 자리에서 말했다. Leena Rao, "Sergey Brin: We've Touched 1 Percent Of What Social Search Can Be"를 보라.

91 Dean Tsouvalas, "How to Use Facebook to Get Accepted to College," StudentAdvisor.com, February 22, 2011. http://blog.studentadvisor.com/StudentAdvisor-Blog/bid/53877/How-to-Use-Social-Media-to-Help-Get-Accepted-to-College-UPDATED.

92 Kelsey Blair, "Are Social Networking Profiles the Resumes of the Future?" SocialTimes.com, 25 February 2011. http://www.socialtimes.com/2011/02/are-social-networking-profiles-the-resumes-of-the-future/

93 Jennifer Preston, "Social Media History Becomes a New Job Hurdle," *The New York Times*, July 20, 2011. http://www.nytimes.com/2011/07/21/technology/social-media-history-becomes-a-new-job-hurdle.html

94 Elizabeth Garone, "Updating a Resume for 2011," *The Wall Street Journal*, June 3, 2011.

http://online.wsj.com/article/SB10001424052702303657404576363612674900024.html
?mod=WSJ_hp_us_mostpop_read

95 Dan Schawbel, "LinkedIn is About to Put Job Boards (and Resumes) Out of Business," *Forbes*, June 1, 2011(http://blogsforbes.com/danschawbel/2011/06/01/linkedin-is-about-to-put-job-boards-and-resumes-out-of-business/). 쇼벨은 또한 *Me 2.0: 4 Steps to Building Your Future* (2010)의 저자이기도 하다.

96 2010년 11월에 가진 실리콘밸리 벤처 투자가 로버트 스코블과의 인터뷰를 참고하라. "Great Interview: Candid, Disruptive Mark Zuckerberg," Scobleizer.com, November 3, 2010. http://scobleizer.com/2010/11/03/great-interview-candid-disruptive-mark-zuckerberg/

97 "Zuckerberg: Kids under 13 Should Be Allowed On Facebook," Mical Lev-Ram, *Fortune*, May 20, 2011. http://tech.fortune.cnn.com/2011/05/20/zuckerberg-kids-under-13-should-be-allowed-on-facebook/

98 Steven Levy, *In the Plex: How Google Thinks, Works and Shapes our Live* (Simon & Schuster 2011), 382.

99 Hussein Fazal, "Prediction: Facebook Will Surpass Google in Advertising Revenue," Techcrunch, June 6, 2011. http://techcrunch.com/2011/06/05/facebook-will-surpass-google/

100 Pui-Wing Tam, Geoffrey A. Fowler and Amir Efrati, "A Venture-Capital Newbie Shakes Up Silicon Valley," *The Wall Street Journal*, May 10, 2011. http://online.wsj.com/article/SB-10001424052748703362904576218753889083940.html

101 David Cohen, "Sequoia Capital's Mike Moritz Added to LinkedIn's Board," *Social Times*, January 18, 2011. http://socialtimes.com/sequoia-capital%E2%8096995-michael-moritz-added-to-linkedin%E2%8096998-board_b11438

102 Evelyn Rusli, "New Fund Provides Stake in Twitter JP Morgan," *The New York Times*, February 28, 2011.

103 MG Siegler, "With +1, Google Search Goes Truly Social: As Do Google Ads," Techcrunch, March 31, 2011(http://techcrunch.com/2011/03/30/google-plus-one/). 또한 "Google Wants Search to Be More Social," Amir Efrati, *The Wall Street Journal*, March 31, 2011도 참조하라.

104 Stephen Shankland, "Google Launches +1, a New Social Step," *CNET*, June 1, 2011. http://news.cnet.com/8301-30685_3-20068073-264.html.

105 "Doing more with the +1 button, more than 4 billion times a day," *Business Insider*, August 24, 2011. http://www.businessinsider.com/doing-more-with-the-1-button-more-than-4-billion-timcs-a-day-2011-8

106 Nicholas Carlson, "Larry Page Just Tied ALL Employees' Bonuses to the Success of Google's Social Strategy," *SAI Business Insider*, April 7, 2011. http://www.businessinsider.com/larry-page-just-tied-employee-bonuses-to-the-success-ofithe-googles-social-strategy-2011-4.

107 "Keen On: Why Google Is Now a Social Company," Techcrunch TV, July 23, 2011. http://techcrunch.com/2011/07/22/keen-on-why-google-is-now-a-social-company-tctv/

108 "Google+ Pulls In 20 Million in 3 Weeks," Amir Efrati, *The Wall Street Journal*, July 22, 2011. http://online.wsj.com/article/SB10001424053111904233404576460039403248286.html

109 Erick Schonfeld, "Google+ Added $20 Billion To Google's Market Cap," Techcrunch, July 10, 2011. http://techcrunch.com/2011/07/10/google-plus-20-billion-market-cap/

110 Jerey Scott, "Google Plus Users About to Get Google Apps, Share Photos Like Mad," reelseo.com, October 20, 2011. http://www.reelseo.com/google-plus-googlc-apps/

111 Paul Allen, "Google+ Growth Accelerating. Passes 62 million users. Adding 625,000 new users per day. Prediction: 400 million users by end of 2012," Google+, December 27, 2011. https://plus.google.com/117388252776312694644/posts/ZcPA5ztMZaj.

112 Steven Levy, "Is Too Much Plus a Minus for Google," Wired.com, January 12, 2012. http://www.wired.com/epicenter/2012/01/too-much-plus-a-minus/?utm_source=feedburner-8cutm_medium=feed8cutm_campaign=Feed%3A+wiredbusinessblog+9628Blog+-+Epicenter+%28Business%29%29

113 마이크로소프트가 구글에 대항해 페이스북과 맺은 동맹은 향후 5년 동안 소셜미디어 경제가 성숙함에 따라 더욱더 굳건해질 듯하다. "Bing Expands Facebook Liked Results," Bing.com, February 24, 2011(http://www.bing.com/community/site_blogs/b/search/archive/2011/02/24/bing-expands-facebook-liked-results.aspx?wa=wsignin1.0). 5년이 지나고 나면 무슨 일이 일어날지 알 수조차 없다. 페이스북이 마이크로소프트를 인수하기라도 하게 될지 누가 알까?

114 Anthony Ha, "Does Gmail's People Widget Spell Trouble for Email Startups?" Social Beat, May 26, 2011. http://venturebeat.com/2011/05/26/gmail-people-widget/

115 Steven Bertoni, "Sean Parker: Agent of Disruption," *Forbes*, September 21, 2011. http://www.forbes.com/sites/stevenbertoni/2011/09/21/sean-parker-agent-of-disruption/

116 2010년 5월에 창립한 그룹미는 2011년 2월 기준으로 매일 100만 개 이상의 문자를 발송하는 기업이 되었다. Erick Schonfeld, "GroupMe Is Now Sending One Million Texts Every Day," Techcrunch, February 14, 2011. http://techcrunch.com/2011/02/14/groupme-one-million-texts/를 참고하라. 또한 Michael Arrington, "Skype To Acquire Year-old Group Messaging System GroupMe," August 21, 2011. http://techcrunch.com/2011/08/21/skype-to-acquire-year-old-group-messaging-service-groupme/도 참고하라.

117 Leena Rao, "Cliqset Founder Takes On Personal Publishing And Social Conversations With Stealthy Startup Glow," Techcrunch, May 28, 2011. http://techcrunch.com/2011/05/28/cliqset-founder-takes-on-personal-publishing-and-social-conversations-with-stealthy-startup-glow/

118 클라이너퍼킨스가 패스에 투자한 것은 인터넷상에서 완벽한 프라이버시를 추구하는 모델은 더 이상 각광받지 못함을 보여준다. 2010년에 전 페이스북 임원 데이브 모린Dave Morin이 설립한 패스는 가까운 친구와 가족들을 위한 완벽하게 사적인 소셜네트워크였지만 2011년 1월 더 공개적인 모델로 전환하여 사용자들이 그들의 정보를 공개하여 공유할 수 있게 했다. Michael Arrington, "Kleiner Perkins, Index Ventures lead $8.5 Million Round For Path," February 1, 2011. http://techcrunch.com/2011/02/01/kleiner-perkins-leads-8-S-million-round-for-path/

119 Verne G. Kopytoff, "Companies Are Erecting In-House Social Networks," *The New York Times*, June 26, 2011. http://www.nytimcs.com/2011/06/27/technology/27social.html/page-wanted=all

120 David Kirkpatrick, "Social Power and the Coming Corporate Revolution," *Forbes*, September 7, 2011(http://www.forbes.com/sites/techonomy/2011/09/07/social-power-and-the-coming-corporate-revolution/). *Facebook Effect*의 저자 데이비드 커크패트릭David Kirkpatrick은 리플에 대해 나보다 더 공감한다. 그는 리플이 "사회적인 압력과 동료 간의 경쟁을 역동적인 업무수행에 더 효율적인 업무 평가로 전환시킨다"라고 말한다. 그러나 내 생각에 이것은 근로자의 프라이버시에 대한 받아들일 수 없는 침해이며 오늘날의 암울한 경제상황에서 이미 견디기 어려운 노동압력을 가중시킬 것이다.

121 Eric Eldon, "YouTube's New Homepage Goes Social With Algorithmic Feed, Emphasis On Google+And Facebook," Techcrunch, December 1, 2011. http://m.techcrunch.com/2011/12/01/newyoutube/?icid=tc_home_art&c

122 2011년 5월에 테크크런치 TV에서 사운드클라우드의 알렉산더 융Alexander Ljung 및 사운드트래킹의 스티브 탱Steve Tang과 한 인터뷰에 대해서는 "So What Exactly is Social Music?" http://techcrunch.com/2011/05/31/disrupt-backstage-pass-so-what-exactly-is-social-music-tctv/를 보라.

123 ≪엔터테인먼트 위클리Entertainment Weekely≫와 ≪피플People≫의 2011년 2월 기사들은 엑스팩터와 아메리칸 아이돌이 소셜 참여와 투표를 통해 자신들을 재창조하고 있다고 표현했다. Andrew Wallenstein, "Facebook TV Invasion Looms Via American Idol Voting," PaidContent.com, February 23, 2011. http://p11idcontent.org/article/419-facebook-tv-invasion-looms-via-american-idol-voting/

124 Ryan Lawler, "Miso Now Knows What You're Watching, No Check-In Required," *The New York Times*, September 1, 2011. http://www.nytimes.com/external/gigaom/2011/09/01/gigaom-miso-now-knows-what-youre-watching-no-check-in-requ-109.html

125 Erick Mack, "Report: Netflix Swallowing Peak Net Traffic Fast," *CNET*, May 17, 2011. http://news.cnet.com/report-netflix-swallowing-peak-net-traffic-fast/8301-17938_105-20063733-l.html

126 Leena Rao, "Reed Hastings: We Have a 'Five Year Plan' for Social Features and Facebook

Integration," Techcrunch, June 1, 2011. http://techcrunch.com/ 2011/ 06/01/reed-hastings-netflix-is-a-complement-to-the-new-release-business/

127 뉴스미는 베타웍스^{Betaworks}가 ≪뉴욕 타임스≫를 위해 개발한 것이다. 베타웍스는 뉴욕에 위치한 소셜미디어 개발업체이며, 트윗덱^{Tweetdeck}, 비트리^{bit.ly} 등 주목할 만한 신생기업들을 키워냈다. http://techcrunch.com/2011/01/24/kecn-on-john-borthwick-betaworks-tctv/

128 Mark Hefliinger, "Flipboard Raises $50 Million, Inks Deal With Oprah's OWN," *Digital Media Wire*, April 15, 2011. http://www.dmwmedia.com/news/2011/04/15/flipboard-raises-50-million-inks-deal-oprah039s-own

129 Sarah Perez, "First Look at ImageSocial, the Photo Sharing Start-Up That Just Raised $15 Million in Funding," Techcrunch, October 11, 2011. http://techcrunch.com/2011/10/11/first-look-at-imagesocial-the-photo-sharing-network-that-just-scored-15-million-in-funding/

130 "With $41 million in hand, Color Launches Implicit Proximity-Based Social Network," Liz Gannes, All Things D, March 23, 2011(http://networkeffect.allthingsd.com/20110323/with-41m-in-hand-color-deploys-new-proximity-based-social-network/). 또한 "Money Rushes Into Social Start-Ups," Geoffrey A. Fowler, *The Wall Street Journal*, March 23, 2011 또한 참고하라. 파울러에 의하면, 컬러의 "프라이버시에 대한 견해는 서비스를 이용하는 모두가 공개되어야 한다는 것이다. 대중은 서로 아직 모르더라도 서로의 삶을 들여다볼 수 있게 되어 있다". http://online.wsj.com/article/SB10001424052748703362904576218970893843248.html#ixzzIHTtSKXVl

131 Riley McDermid, "MeMap App Lets You Track Facebook Friends on One Central Map," *VentureBeat*, March 24, 2011. http://venturebeat.com/201l/03/24/memap-launches/

132 Jenna Wortham, "Focusing on the Social, Minus the Media," *The New York Times*, June 4, 2011. http://www.nytimes.com/2011/06/05/technology/05ping.html?_r=l8chpw

133 "Finding a seatmate through Facebook," CNN, December 10, 2011. http://articles.cnn.com/2011-12-14/travel/travel_social-media-seating_1_facebook-pals-seat-selection-klm-royal-dutch-airlines?_s=PM:TRAVEL

134 2011년 10월, 웨이즈는 클라이너와 중국의 억만장자이자 페이스북 투자자인 리카싱^{李嘉誠}으로부터 3000만 달러의 투자를 유치해냈다. Leena Rao, "Social Navigation and Traffic App Waze Raises $30 Million From Kleiner and Li Ka-Shing," Techcrunch, October 18, 2011. http://techcrunch.com/2011/10/18/social-navigation-and-traffic-app-waze-raises-30m-from-kleiner-perkins-and-li-ka-shing/

135 Katie Kindelan, "Is New Bump.com License Plate Fature A Privacy Car Wreck?" March 18, 2011. http://www.socialtimes.com/2011/03/is-new-bump-com-license-plate-feature-a-privacy-car-wreck/

136 Colleen Taylor, "Meet Proust, a social network that digs deeper," GigaOm, July 19, 2011.

http://gigaom.com/2011/07/19/proust/

137 M. G. Siegler, "Ditto: The Social App for What You Should Be Doing," Techcrunch, March 3, 2011. http://techcrunch.com/2011/03/03/ditto/

138 Richard Waters, "Microsoft in $8.5 billion Skype Gamble," Financial Times, May 10, 2011. http://www.ft.com/cms/s/2/9461dbb4-7ab8-11e0-8762-00144feabdc0.html#axzz1MPPBp iZb

139 Cari Tuna, "Software from Big Tech Firms, Start-Ups Take Page From Facebook," *The Wall Street Journal*, March 29, 2011.

140 David Kirkpatrick, "Social Power and the Coming Corporate Revolution," *Forbes*, September 7, 2011(http://www.forbes.com/sites/techonomy/2011/09/07/social-power-and-the-coming-corporate-revolution/). 커크패트릭의 "계몽된 기업들"의 의미는 감시자의 집을 받아들였던 러시아 예카테리나 대제의 "계몽"의 의미에 더 가까워 보인다.

141 "Social Network Ad Revenues to Reach $10 Billion Worldwide in 2013," eMarketer, October 5, 2011. http://www.emarketer.com/Article.aspx?R=1008625

142 Michael Arrington, "RadiumOne About to Corner the Market on Social Data Before Competitors Even Know What's Happening," Techcrunch, May 20, 2011. http://techcrunch.com/2011/05/20/radiumone-about-to-corner-the-market-on-social-data-before-competitors-even-know-whats-happening/

143 Edmund Lee, "SocialVibe Closes $20 Million Funding Round," *Ad Age*, March 22, 2011. http://adage.com/article/digital/socialvibe-closes-20-million-funding-round/149506/

144 캡링크드는 투자가들과 신생 기업들을 위한 협력적인 플랫폼을 제안한 바 있다. 2010년 10월에 만들어질 때 이미 캡링크드는 리드 호프먼이 마크 저커버그에게 소개하여 페이스북에 투자한 최초의 투자가가 되게 했던 피터 틸을 포함해 2000여 개의 기업과 수천 명의 투자가들을 확보했다.

145 식사 할인을 원하는 사람들을 위한 소셜네트워크인 치피즘은 이미 프라이버시에 대한 우려를 낳고 있다. Ann Carrns, "Do Tips on Nearby Bargains Outweigh Privacy Concerns?" *The New York Times*, May 20, 2011.

146 M. G. Siegler, "Investors Cough up $1.6 Million to Dine with Grubwithus, the Brilliant Social Dining Service," Techcrunch, May 6, 2011. http://techcrunch.com/2011/05/06/grubwithus-funding/

147 Owen Thomas, "Apps to Share Your Pride at the Gym," *The New York Times*, February 9, 2011. http://www.nytimes.com/2011/02/10/technology/personaltech/10basics.html

148 "Fitbit users are unwittingly sharing details of their sex lives with the world," *The Next Web*, July 3, 2011. http://thenextweb.com/insider/2011/07/03/fitbit-users-are-inadvertently-sharing-details-of-their-sex-lives-with-the-world/

149 Kenna McHugh, "A Social Network for Neighbors: Former Googlers Launch Yatown," *Social Times*, May 12, 2011. http://socialtimes.com/a-social-network-for-neighbors-former-googlers-launch-yatown_b62012

150 제너고는 리드 호프먼과 함께 1997년에 소셜넷을 창립한 패트릭 페렐Patrick Ferrell에 의해 만들어졌다. Rip Emerson, "Organizing Of라line: Zenergo Launches Social Network for Real World Activities," Techcrunch, May 5, 2011. http://techcrunch.com/2011/05/06/organizing-of-Hine-zenergo-launches-social-network-for-real-world-activities/을 참조하라.

151 차임인은 빌 그로스Bill Gross와 그의 우버미디어Ubermedia의 투자를 받고 있다. Leena Rao, "Bill Gross Explains What's Different About Chime.in: 'You Can Follow Part Of A Person,'" Techcrunch, October 18, 2011. http://techcrunch.com/2011/10/18/gross-chime-in-follow-part-person/

152 Liz Gannes, "LAL People Is Now ShoutFlow, A "Magical" Social Discovery App," AllThingsD, September 15, 2011. http://allthingsd.com/20110915/lal-people-is-now-shoutflow-a-magical-social-discovery-app/

153 Alexis Tsotsis, "Open Study Wants to Turn the World into 'One Big Study Group'" Techcrunch, June 8, 2011. http://techcrunch.com/2011/06/08/openstudy-wants-to-turn-the-world-into-one-big-study-group/

154 아사나는 페이스북의 공동 창립자인 더스틴 모스코비츠Dustin Moskowitz가 공동 창립자로 있다. 더스틴은 하버드에서 저커버그의 룸메이트이기도 했던 인물이다. 아사나는 페이스북과 마찬가지로 일종의 '유틸리티'가 되기 위해 안간힘을 쓰고 있다. Sarah Lacy, "Finally: Facebook Co-Founder Opens the Curtain on Two-Year Old Asana," Techcrunch, Feb 7, 2011. http://techcrunch.com/2011/02/07/finally-facebook-co-founder-opens-thecurtain-on-two-year-old-asana/

155 Liz Gannes, "Q&A: Joshua Schachter on How Jig Differs from Other Social Sites," AllThingsD, August 29, 2011. http://allthingsd.com/20110829/qa-joshua-schachter-on-how-jig-is-different-from-other-social-sites/

156 Matthew Lynley, "Endomondo Raises $800,000 To Make Cardio Training Virtually Social," Mobile Beat, March 22, 2011. http://venturebeat.com/2011/03/22/ctia-endcmondo-app-launch/

157 디즈니가 투게더빌을 인수한 것은 에코와 보드리야르의 '하이퍼리얼리티'가 무엇을 의미하는지 잘 보여준다. 나는 2011년 2월 트위터에 "풍자 작가라면 디즈니가 아이들의 소셜네트워크인 투게더빌을 인수한 것을 두고 뭐라고 말할까?"라고 올린 바 있다(http://bit.ly/fvPvPz). 디즈니가 투게더빌을 인수한 내막에 대한 자세한 정보는 Leena Rao, "Disney Acquires Social Network for Kids Togetherville," Techcrunch, 24 February 2011. http://techcrunch.com/2011/02/23/disney-acquires-social-network-for-kids-togetherville/을 참고하라.

158 Michael Arrington, "Techcrunch Disrupt Champion Shaker Shakes Down Investors For $15 Million," Uncrunched, October 9, 2011. http://uncrunched.com/2011/10/09/techcrunch-disrupt-champion-shaker-shakes-down-investors-for-15-million/

159 Richard MacManus, "Amazon Brings Social Reading to Kindle-But Will You Use It?" ReadWriteWeb, August 8, 2011. http://www.rcadwriteweb.com/archives/amazon_brings_social_reading_to_kindle.php

160 스크리브드의 사명선언문. http://www.scribd.com/about

161 Jason Kincaid, "Scribd Raises Another $13 Million, Aims To Bring Social Reading To Every Device," January 18, 2011, Techcrunch. http://techcrunch.com/2011/01/18/scribd-raises-another-13-million-aims-to-bring-social-reading-to-every-device/

162 Erick Schonfeld, "Rethinking the Bible as a Social Book," Techcrunch, January 24, 2011. http://techcrunch.com/2011/01/24/rethinking-bible-social-book/?icid=maing|main5|dl13|sec1_lnk3|39393

163 Joshua Brustein, A Social Networking Device for Smokers," *The New York Times*, May 10, 2011. http://www.nytimes.com/2011/05/11/technology/11smoke.html

164 Russ Adams, RealNetworks founder in Online Video-Again," *The Wall Street Journal*, March 1, 2011.

165 David Zax, "The New Technology of Creepiness: Online Ways to Date, Stalk, Home-Wreck, and Cheat," *Fast Company*, February 28, 2011. http://www.fastcompany.com/1732533/creepiness-innovation-new-ways-to-date-stalk-home-wreck-and-cheat

166 "Creepy app uses Twitter and Flickr data to track anyone on a map," WSJ.com, 25 February 2011. http://onespot.wsj.com/technology/2011/02/25/b2d19/creepy-app-uses-twitter-and-flickr-data

제2장 함께 옷을 벗자

1 www.twitter.com/ericgrant.

2 George Orwell, *Nineteen Eighty Four* (Penguin), 69.

3 Christopher Hitchens, *Why Orwell Matters* (Basic 2002). 히친스는 미셸 푸코와 같은 포스트모던 철학자들의 언어적 부적절성을 비판하면서 이 시대에 오웰이 얼마나 적절한지에 대해 논설한다. 그러나 나에게 푸코와 오웰은 모두 다 이 시대에 유효한 것으로 보인다. 소셜미디어에 대항하는 데에서만큼은 둘 사이에 일종의 연합 전선을 만들 수도 있을 것이다.

4 리들리 스콧 감독이 제작한 이 1분짜리 광고 영상은 1999년 "최고의 광고" 상의 영예를 거머쥐었다. 제작비용은 90만 달러.

5 Walter Kirn, "Little Brother Is Watching," *The New York Times*, October 15, 2010. http://

www.nytimes.com/2010/10/17/magazinc/17FOB-WWLN-t.html

6 Katharine Viner, "Adam Curtis: Have computers taken away our power?" *The Guardian*, May 6, 2011. http://www.guardian.co.uk/tv-and-radio/2011/may/06/adam-curtis-computers-documentary

7 *Ibid.*

8 David Gelles, "Picture this, social media's next phase," *London Financial Times*, December 28, 2010. http://www.ft.com/cms/s/0/a9-423996-11e2-l1e0-92d0-00144feabdc0.html#axzzl9UBnc-KAf

9 Umair Haque, "The Social Media Bubble," HBR.org, March 23, 2010.

10 http://twitter.com/umairh

11 "The Twitter 100," *London Independent Newspaper*, February 15, 2011. 프라이와 브랜드는 4등과 6등에 올랐다. http://www.independent.co.uk/news/people/news/the-twitter-100-2215529.html

12 2010년 11월 내가 돈 탭스콧과 진행한 인터뷰를 참고하라. http://techcrunch.com/2010/11/02/keen-on-don-tapscott-macrowikinomics/

13 Don Tapscott and Anthony D. Williams, *MacroWikinomics: Rebooting Business and the World* (Portfolio, 2010).

14 *Ibid.*, ch 2.

15 Brian Stelter, "Upending Anonymity, These Days the Web Unmasks Everyone," *The New York Times*, June 20, 2011. http://www.nytimes.com/2011/06/21/us/21anonymity.html

16 Rachel Botsford and Roo Rogers, *What's Mine Is Yours: How Collaborative Consumption Is Changing the Way We Live* (Harper Business 2010). 또한 Leo Hickman, "The End of Consumerism," *The Guardian*을 참고하라.

17 John Stuart Mill, *On Liberty* (Cambridge 1989). 67.

18 Neil Strauss, "The Insidious Evils of 'Like' Culture," *The Wall Street Journal*, July 2, 2011.

19 Jonas Lehrer, "When We're Cowed by the Crowd," *The Wall Street Journal*, May 28, 2011.

20 Bryce Roberts, "Why I Deleted My AngelList Account," Bryce.VC, February 21, 2011.

21 Mark Suster, "What's the Real Deal with AngelList?" Techcrunch, February 26, 2011.

22 Clive Cookson and Daryl Ibury, "United They Stand," *The Financial Times*, December 28, 2011. http://www.ft.com/intl/cms/s/0/9eec57ac-2c8e-11e1-8cca-00144feabdc0.htm/axzz1hy-S6HQ3p

23 Scot Hacker, "Let's Get Naked: Benefits of Publicness Versus Privacy," March 14, 2011. http://birdhouse.org/blog/2011/03/14/publicness-v-privacy/

24 Jeff Jarvis, "One Identity or More?" *Buzzmachine*, March 8, 2011.

25 A. G. Sulzberger, "In Small Towns, Gossip Moves to the Web, and Turns Violent," September

16, 2011. http://www.nytimes.com/2011/09/20/us/small-town-gossip-move-to-the-web-a-nonymous-and-vicious.html?_r=1

26 *Ibid.*

27 *Ibid.*

28 John Cloud, "How the Casey Anthony Murder Case Became the Social-Media Trial of the Century" *Time* magazine, June 16, 2011. http://www.time.com/time/nation/article/0,8599, 2077969,00.html

29 Walter Kirn, "Little Brother Is Watching," *The New York Times*, October 20, 2010.

30 Jennifer Preston, "Fake Identities Were Used on Twitter to Get Information on Weiner," *The New York Times*, June 17, 2011. http://www.nytimes.com/2011/06/18/nyrgion/fake-identi-ties-were-used-on-twitter-to-get-information-on-weiner.html?_r=2epartner:rss8cemc=rss8cpagewanted=all

31 Sheryl Gay Stolberg, "Naked Hubris": "When it comes to scandal girls won't be boys…"; Kate Zernike, "…while digital flux makes it easier for politicians to stray" *The New York Times*, June 12, 2011. http://www.nytimes.com/2011/06/12/weekinreview/12women.html?part-ner=rss8cemc=rss

32 Dick Meyer, *Why We Hate Us: American Discontent in the New Millenium* (Crown 2008), 6, 16.

33 예를 들면, George Vecsey, "Athlete-Fan Dialogue Becomes Shouting Match," *The New York Times*, June 18, 2011. http://www.nytimes.com/2011/06/19/sports/basketball/george-vec-sey-lebron-jamess-words-and-a-deeper-meaning.html

34 James Poniewozik, "Birdbrained," *Time* magazine, Vol. 177 No. 25, June 20, 2011.

35 2010년 8월, 브리티시 컬럼비아의 한 노동자가 페이스북에 다음과 같은 글을 남겼다. "어쩌다 보면 가끔씩 누구도 니가 밥 벌어먹기를 방해하지 않는 날도 있기 마련이지. …… 하지만 사고가 일어나기도 하지. 불행한 일이지만 그게 바로 우리가 그런 일을 사고라고 부르는 이유 아니겠어?"

36 Lester Haines, "Teen Sacked for 'Boring' Job Facebook Comment," *The Register*, February 26, 2009. http://www.theregister.co.uk/2009/02/26/facebook_comment/

37 Jonathan Zimmerman, "When Teachers Talk Out of School," *The New York Times*, June 3, 2011. http://www.nytimes.com/2011/06/04/opinion/04zimmerman.html

38 "Gilbert Gottfried Fired as Aflac Duck after Japanese Tsunami Tweets," *Huffington Post*, March 13, 2011. http://wwwhuffirigtonpost.com/2011/03/14/gilbert-gottfried-fired-aflac_n_835692.html

39 Press Assocation, "Man on Trial over Twitter 'Affair' Claims Says Case Has 'Big Legal Implica-tions," *The Guardian*, June 15, 2011. http://www.guardian.co.uk/technology/2011/jun/15/twi-

tter-affair-claims-legal-implications

40 Tereance Corcoran, "Kent Girls Harass Friend, 10, Make Lewd Posts on Her Facebook Account," Lohud.com, September 24, 2011. http://www.lohud.com/article/20110924/NEWS 04/109240353/Kent-girls-harass-friend-10-make-lewd-posts-her-Facebook-account

41 Somini Sengupta, "Case of 8,000 Menacing Posts Tests Limits of Twitter Speech," *The New York Times*, August 26, 2011. http://www.nytimes.com/2011/08/27/technology/man-accu-sed-of-stalking-via-twitter-claims-free-speech.html

42 George Orwell, *Collected Works* (Seeker & Warburg 1980), "Inside the Whale," 494~518.

43 Jarvis, *Public Parts*, 11.

44 Matt Rosoff, "Sean Parker: Yes, My New Start-Up Is Called Airtime," *Business Insider*, October 17, 2011. http://www.businessinsider.com/Sean-parker-yes-my-new-startup-is-called-airtime-2011-10?op=l

45 Sheryl Sandberg, "Sharing to the power of 2012," *The Economist*, November 12, 2011. http://www.economist.com/node/21537000

46 Sam Gustin, "Google's Schmidt: I Screwed Up on Social Networking," Wired.com, June 1, 2011. http://www.wired.com/epicenter/2011/06/googles-schmidt-social/

47 http://www.theregister.co.uk/2009/12/07/schmidt_on_privacy/

48 Holman W. Jenkins, "Google and the Search of the Future," *The Wall Street Journal*, August 14, 2010. http://online.wsj.com/article/SB10001424052748704901104575423294099527212.html

49 이것이 2009년 말 페이스북의 내부적인 목표였다. *Facebook Effect*, 332를 보라.

50 예를 들면, 2010년 1월 8일에 크런치 시상식에서 저커버그가 테크크런치의 마이클 애링턴과 가진 인터뷰를 보라. http://www.youtube.com/watch?v=LoWKGBloMsU

51 저커버그는 이 법칙을 2008년 11월 실리콘밸리의 한 행사에서 처음 발표했다. Saul Hansell, "Zuckerberg's Law of Information Sharing," *The New York Times*, November 6, 2008. http:// bits.blogs.nytimes.com/2008/11/06/zuckerbergs-law-of-information-sharing/

52 Erick Schonfeld, "Zuckerberg: 'We Are Building A Web Where The Default Is Social'," Techcrunch, April 21, 2010. http://techcrunch.com/2010/04/21/zuckerbergs-buildin-web-de-fault-social/

53 Liz Gannes, "The Big Picture of Facebook f8: Prepare for the Oversharing Explosion," September 22, 2011. http://allthingsd.com/20110922/the-big-picture-ofifacebook-f8-prepare-for-the-sharing-explosion/

54 Ben Elowitz, "Facebook Boldly Annexes the Web," AllThingsD, September 22, 2011. http://allthingsdcom/20110922/facebook-boldly-annexes-the-web/

55 Jeff Sonderman, "With 'Frictionless Sharing,' Facebook and News Orgs Push Boundaries of Online Privacy," September 29, 2011. http://www.poynter.org/latest-news/media-lab/social-

media/147638/with-frictionless-sharing-facebook-and-news-orgs-push-boundaries-of3rea-der-privacy/

56 Ben Elowitz, "Facebook Boldly Annexes the Web," AllThingsD, September 22, 2011. http://allthingsd.com/20110922/facebook-boldly-annexes-the-web/

57 Chris Nutall, "Take care how you share," Financial Times, October 6, 2011. http://www.ft.com/intl/cms/s/0/7409813c-ef48-11e0-918b-00144feab49a.html#axzzlavqVXfyt

58 Liz Gannes, "The Big Picture of Facebook f8: Prepare for the Oversharing Explosion," September 22, 2011. http://allthingsd.com/20110922/the-big-picture-of-facebook-f8-prepare-for-the-sharing-explosion/

59 Jeff Sonderman, "With 'Frictionless Sharing,' Facebook and News Orgs Push Boundaries of Online Privacy," September 29, 2011. http://www.poynter.org/latest-news/media-lab/social-media/147638/with-frictionless-sharing-facebook-and-news-orgs-push-boundaries-of-reader-privacy/

60 "The Facebook Timeline Is the Nearest Thing I've Seen to a Digital Identity," Benwerd.com, September 23, 2011. http://benwerd.com/2011/09/facebooletimeline-nearest-digital-iden-tity-creepy-hell/

61 Jenna Wortham, "Your Life on Facebook, in Total Recall," The New York Times, December 15, 2011. http://www.nytimes.com/2011/12/16/technology/facebook-brings-back-the-past-with-new-design.html?pagewanted=all

62 "The World's Most Powerful People List", Forbes, 2 November, 2011. http://www.forbes.com/powerful-people/

63 Ben Elowitz, "Facebook Boldly Annexes the Web," AllThingsD, September 22, 2011. http://allthingsd.com/20110922/facebook-boldly-annexes-the-web/

64 블룸버그에 따르면 페이스북의 가치는 2010년 말에 410억 달러를 넘어섰다(http://www.bloomberg.com/news/2010-12-17/facebook-groupon-lead-54-rise-in-value-of-private-companies-report-find.html). 그리고 이어서 2011년 1월 2일, ≪뉴욕 타임스≫는 골드만삭스가 500억 달러의 가치를 지닌 페이스북에 5억 달러의 투자를 감행했다는 뉴스를 전했다. http://dealbook.nytimes.com/2011/01/02/goldman-invests-in-facebook-at-50-billion-valu-ation/

65 페이스북의 가치인 450억 달러는 2009년 아프리카 40개국의 GDP를 모두 합한 것보다도 많다.

66 William D. Cohan, "Facebook's best friend," The New York Times, January 4, 2001. http://opinionator.blogs.nytimes.com/category/william-d-cohan/

67 Richard Waters, "Why $50bn may not be that much between friends," Financial Times, January 8/9, 2011. http://online.wsj.com/article/SB10001424052748703951704576091993394718716.html; James B. Stewart, "Why Facebook Looks Like a Bargain-Even at $50 Billion,"

Wall Street Journal, January 22, 2011. http://online.wsj.com/article/SB10001424052748703
95170457609199339471876.html

69 _The Facebook Effect_, 200.

70 _Ibid._

71 벤담에 대한 이런 인상적인 평을 남긴 사람은 바로 옥스퍼드 대학교의 하트[H. L. A. Hart] 교수다.
Dinwiddy, _Bentham_, 109.

72 _The Facebook Effect_, 199.

73 밍글버드는 2011년 2월 24일에 샌프란시스코의 출시 행사에서 소개되었다. Anthony Ha,
"MingleBird wants to make event networking less awkward," _VentureBeat_, February 24,
2011. http://venturebeat.com/2011/02/24/minglebird-launch/를 참고하라.

74 Jessica E. Vascellaro, "Wannable Cool Kids Aim to Game the Web's New Social Scorekeep-
ers," _The Wall Street Journal_, February 8, 2011. http://online.wsj.com/article/SB10001424
oS2748704637704576082383466417382.html

75 AOL은 어바웃미를 2010년 12월 그것이 정식 서비스를 실시한 지 고작 나흘 만에 '1000만 달러'
의 금액으로 인수했다. Michael Arrington, "AOL acquires Personal Profile Start-Up About.Me",
Techcrunch, December 20, 2010. http://techcrunch.com/2010/12/20/aol-acquires-person-
al-profile-startup-about-me/

76 Christine Rosen, "Virtual Friendship and the New Narcissism," _The New Atlantis: A Journal of
Technology and Society_, Summer 2007.

77 George Orwell, "Politics and the English Language."

78 Ben Zimmer, "The Rise of the Zuckerverb: The New Language of Facebook," _The New
Atlantis: A Journal of Technology and Society_, September 30, 2011. http://www.theatlan-
tic.com/technology/archive/2011/09/the-rise-of-the-zuckerverb-the-new-language-of-face-
book/245897/

79 _Ibid._

80 Stephanie Rosenbloom, "Got Twitter? You've Been Scored," _The New York Times_, June 26,
2011. http://www.nytimes.com/2011/06/26/sunday-review/26rosenbloom.html

81 밍글버드와 마찬가지로 e이벤트 또한 2011년 2월에 샌프란시스코에서 처음 소개되었다.
Anthony Ha, "eEvent Helps Spread the Word," _VentureBeat_, February 24, 2011. http://ven-
turebeat.com/2011.02/24.eevents-launch/를 참고하라.

82 John Dewey, _Experience and Nature_. 듀이의 생각에 대한 보다 자세한 정보는 Daniel J. So-
love, _The Future of Reputation_을 참고하라.

83 *Experience and Nature*, 166.

84 Peggy Noonan, "The Eyes Have It," *The Wall Street Journal*, May 22~23, 2010.

85 *The Facebook Effect*, 200.

제3장 가시성, 그것은 함정이다

1 이 페이스북 대화는 2011년 6월 16일 밴쿠버의 지역 아이스하키 팀이 스탠리컵 결승전에서 패배한 후 발생한 폭동 이후에 이뤄졌다. Brenna Ehrlich, "Vancouver Rioters Exposed on Crowdsourced Tumblr," Mashable, June 16, 2011. http://mashable.com/2011/06/16/vancouver-2011-tumblr/

2 *The Facebook Effect*, 200.

3 Walter Kirn, "Little Brother Is Watching," *The New York Times*, October 20, 2010. http://www.nytimes.com/2010/10/17/magazine/17FOB-WWLN-t.html

4 Keith Hampton, Lauren Session, Eun Ja Her and Lee Rainie, "Social Isolation and New Technology," November 2, 2009. http://www.pewinternet.org/Reports/2009/18-Social-Isolation-and-New-Technology.aspx

5 Rob Nyland, Raquel Marvez and Jason Beck, "My Space: Social Networking or Social Isolation?" Brigham Young University, Department of Communications. Paper presented at the AEJMC Midwinter Conference, Feb 23–24 2007.

6 "Empathy: College Students Don't Have as Much as They Used to, Study Finds," *Science Daily*, May 29, 2010. http://www.sciencedaily.com/releases/2010/05/100528081434.htm

7 Graeme McMillan, "Science Proves Twitter Really Has Become More Sad Since 2009," *Time*, December 22, 2011. http://techland.time.com/2011/12/22/science-proves-twitter-really-has-become-more-sad-since-2009/

8 내가 테크크런치에서 진행한 인터뷰를 참고하라. http://techcrunch.com/2011/02/15/keen-on-sherry-turkle-alone-together-in-the-facebook-age-tctv/

9 Sherry Turkle, *Alone Together: Why We Expect More from Technology and Less from Each Other* (Basic 2011).

10 *Ibid.*, 17.

11 *Ibid.*, 181.

12 *Ibid.*, 280~281.

13 "Facebook Fuelling Divorce Research Claims," *Daily Telegraph*, December 21, 2009. http://www.telegraph.co.uk/technology/facebook/6857918/Facebook-fuelling-divorce-research-claims.html

14 Hannah Miet, "Serendipity Is No Algorithm on College Dating Site," February 25, 2011.

http://www.nytimes.com/2011/02/27/fashion/27DATEMYSCHOOL.html.partner=rss
8cemc=rss

15 *Alone Together*, 192.

16 *Ibid.*, 160.

17 *Ibid.*, 173.

18 *Ibid.*, 192.

19 Dalton Conley, *Elsewhere U.S.A.* (Pantheon 2009), 7.

20 Guy Debord, *Society of the Spectacle* (Black and Red 1983), #167.

21 David Derbyshire, "Social Websites Harm Children's Brains: Chilling Warning to Parents from
Top Neuroscientist," *London Mail*, February 24, 2009. http://www.dailymail.co.uk/news/ar-
ticle-1153583/Social-websites-harm-childrens-brains-Chilling-warning-parent-neuro-
scientist.html

22 Malcolm Gladwell, "Small Change: Why the Revolution Will Not Be Tweeted," *The New
Yorker*, October 4, 2010(http://www.newyorker.com/reporting/2010/10/04/101004fa_fact_
gladwell). 또한 2011년 3월 27일에 글래드웰과 자카리아 사이에서 벌어진 CNN에서의 논쟁은
http://transcripts.cnn.com/TRANSCRIPTS/1103/27/fzgps.01.html을 참고하라.

23 슈밋은 2011년 8월 에든버러 국제 텔레비전 축제에서 인터넷에 대해 옹호하면서 이렇게 말했
다. "Google's Eric Schmidt: don't blame the internet for the riots," *The Daily Telegraph*, 27
August. http://www.telegraph.co.uk/technology/google/8727177/Googles-Eric-Schmidt-dont-
blam-the-internet-for-the-riots.html

24 Martin Beckford, "Louise Mensch MP calls for Twitter and Facebook blackouts during riots,"
The Daily Telegraph, August 12, 2011. http://www.telegraph.co.uk/news/uknews/crime/
8697850/Louise-Mensch-MP-calls-fot-Twitter-and-Facebook-blackout-during-riots.html

25 영국의 총리 데이비드 캐머런도 폭동 가담자들의 소셜미디어 사용을 금지해야 한다고 주장했던
정치인 중 한 명이었다. Josh Halliday, "David Cameron considers banning suspected rioters
from social media," *The Guardian*, August 11, 2011. http://www.guardian.co.uk/media/2011/
aug/11/david-Cameron-rioters-social-media

26 Joshua Cooper Ramo, *The Age of Unthinkable: Why the New World Disorder Constantly
Surprises Us and What We Can Do About It* (Little Brown 2009). 이 책은 2009년에 출간되었음
에도 불구하고 2011년 영국에서 벌어진 사건을 예측이라도 한 듯 생생하다.

27 Jennifer Preston, "Protests Spurs Online Dialogue on Inequity," *The New York Times*,
October 8, 2011. http://www.nytimes.com/2011/10/09/nyregion/wall-street-protest-spurs-on-
line-conversation.html

28 "Occupy Wall Street? These protests Are Not Tahir Square, but Scenery," *The Guardian*,
October 20, 2011. http://www.guardian.co.uk/commentisfree/2011/oct/20/occupy-wall-st-

reet-tahrir-scenery

29 Andrew Keen, "How Russia's Internet Hamsters Outfoxed Vladimir Putin," CNN, December 13, 2011. http://www.cnn.com/2011/12/13/opinion/andrew-keen-russia/index.html

30 Kurt Andersen, "The Protester," *Time* magazine, December 14, 2011. http://www.time.com/time/specials/packages/article/0,28804,210l745_2102132_2l02373,00.html

31 "Keen On···Kurt Andersen: Why 2011 Has Only Just Begun," TechcrunchTV, December 29, 2011. http://techcrunch.com/2011/12/29/keen-on-kurt-andersen-why-2011-has-only-just-begun/

32 Joe Klein, "People Power: A New Palestinian movement," *Time* magazine, March 31, 2011. http://www.time.com/time/magazine/article/0,9171,2062474,00.html

33 Ramesh Srinivasan, "London, Egypt and the Nature of Social Media," *The Washington Post*, August 11, 2011. http://wwwrwashingtonpost.com/national/on-innovations/london-egypt-and-the-complex-role-of3social-media/2011/08/11/gIQAIoud8I_story.html

34 George Friedman, *The Next* (Doubleday 2011).

35 Evgeny Morozov, "A Wake-up Call from a Fake Syrian Lesbian Blogger," *The Financial Times*, June 17, 2011.

36 경멸적인 이 용어는 기가옴GigaOm의 칼럼니스트 매튜 잉그럼Mattew Ingram이 모로조프와 글래드웰을 비판하면서 사용했다. "Malcolm Gladwell: Social Media Still Not a Big Deal", GigaOm, March 29, 2011.

37 Evgeny Morozov, *The Net Delusion: The Dark Side of Internet Freedom* (Public Affairs 2011).

38 "Keen On Yevgeny Morozov: Why America Didn't Win The Cold War and Other Net Delusions," Techcrunch, January 11, 2011. http://techcrunch.com/2011/01/11/keen-on-evgeny-morozov-why-america-didn%E2%809699t-win-the-cold-war-and-other-net-delusions-tctv/

39 "Thai Faccbookers warned not to 'like' anti-monarchy groups," *The Guardian*, November 25, 2001. http://www.guardian.co.uk/world/2011/nov/25/thai-facebookers-warned-like-button

40 Edward Wong, "Beijing Imposes New Rules on Social Networking Sites," *The New York Times*, December 16, 2011. http://www.nytimes.com/2011/12/17/world/asia/beijing-imposes-new-rules-on-social-networking-sites.html

41 Saeed Kamali Dehghan, "Iran Clamps Down on Internet Use," *The Guardian*, January 5, 2011. http://www.guardian.co.uk/world/2012/jan/5/iran-clamps-down-internet-use

42 예를 들면, 베라크루스에서는 주 의회가 트위터를 이용하는 것을 범죄로 지정했다. 자세한 정보는 Damien Cave, "Mexico Turns to Social Media for Information and Survival," *The New York Times*, September 24, 2011. http://www.nytimes.com/2011/09/25/world/americas/mexico-turns-to-twitter-and-facebook-for-information-and-survival.html을 참조하라.

43 Mariano Castillo, "Bodies hanging from bridge in Mexico are warning to social media users," CNN.com, September 14, 2011. http://articles.cnn.com/2011-09-14/world/mexico.violence_1_zetas-cartel-social-media-users-nuevo-laredo?_s=PM:WORLD

44 2010년 12월 29일 올싱스디의 리즈 갠스와의 대화에서 한 말이다. http://networkeffect.allthingsd.com/20101229/video-greylocks-reid-hoffman-and-david-sze-on-the-future-of-social/

45 "모든 동물은 평등하다. 그러나 어떤 동물들은 다른 동물들보다 더 평등하다." George Orwell, *Animal Farm*.

46 10억 개 이상의 트윗을 분석한 소셜미디어 모니터링 기업 시소모스Sysomos의 2010년 12월 보고서에서 발췌. http://www.sysomos.com/insidetwitter/twitter-stats-2010

47 Chris Anderson, "The Web is Dead, Long Live the Internet," *Wired*, August 17, 2011. http://www.wired.com/magazine/2010/08/ff_webrip/all/1

48 Stephanie Rosenbloom, "Got Twitter? You've Been Scored," *The New York Times*, June 26, 2011. http://www.nytimes.com/2011/06/26/sunday-review/26rosenbloom.html

49 Zachary Karabell, "To Tweet or Not to Tweet," *Time Magazine*, April 11, 2011. http://www.time.com/time/printout/0,8816,2062464,00.html#).

50 Vilfredo Pareto, *The Rise and Fall of Elites* (Bedminster Press 2008), 36.

51 Stephen Baker, *The Numerati* (Houghton Miflin 2008)을 참고하라.

52 Meglena Kuneva, Keynote Speech, "Roundtable on Online Data Collection, Targeting and Profiling," Brussels, March 31, 2009.

53 James Gleick, *The Information: A History, A Theory, A Flood* (Pantheon 2011), 8.

54 Julia Angwin, "The Web's New Gold Mine: Your Secrets," July 30, 2010. http://onlinewsj.com/article/SB10001424052748703940904575395073512989404.html

55 *Ibid.*

56 James Gleick, *The Information* (Pantheon 2011), 8.

57 Eli Pariser, *The Filter Bubble: What the Internet is Hiding from You* (Penguin 2011), 6.

58 Douglass Rushkoff, "Does Facebook Really Care About You?" CNN.com, September 23, 2011. http://edition.cnn.com/2011/09/22/opinion/rushkoff-facebook-changes/indexhtml?hpt=hp_bn11

59 Barney Jopson, "The Mobile Allure," *The Financial Times*, December 21, 2011. http://www.ft.com/intl/ems/s/0/8f992b56-2b0b-11el-a9e4-00144feabdc0.html#axzz1i4QIU1rn

60 Somini Sengupta, "Less Web Tracking Means Less Effective Ads, Researcher Says," *The New York Times*, September 15, 2011. http://bits.blogs.nytimes.com/2011/09/15/less-web-tracking-means-less-effective-ads-researcher-says/

61 Scott Thurm,, "Online Trackers Rake in Funding," *The Wall Street Journal*, February 25, 2011.

62 Zadie Smith. "Generation Why."

63 "The Web's New Gold Mine: Your Secrets"(July 30, 2010), "Microsoft Quashed Effort to Boost Online Privacy"(August 2, 2010), "Stalkers Exploit Cellphone GPS"(August 3, 2010) "On the Web's Cutting Edge, Anonymity in Name Only"(August 4, 2010), "Google Agonizes on Privacy as Ad World Vaults Ahead"(August 10, 2010).

64 Scott Thurm and Yukari Iwantani Kane, "Your Apps Are Watching You" *The Wall Street Journal*, December 18, 2010. http://online.wsj.com/article/SB10001424052748704694004576020083703574602.html

65 Amir Efrati, "Like" Button Follows Web Users," *The Wall Street Journal*, May 18, 2011. http://online.wsj.com/article/SB10001424052748704281504576329441432995606.html

66 Sarah Jacobsson, "Why Facebook's Facial Recognition Is Creepy," PC World, June 8, 2011. http://www.pcworld.com/article/229742/why_facebooks_facial_recognition_is_creepy.html

67 Julia Angwin, "How Facebook Is Making Friending Obsolete," *The Wall Street Journal*, December 15, 2009. http://online.wsj.com/article/SB126084637203791583.html

68 Kashmir Hill, "How Facial Recognition Technology Can Be Used to Get Your Social Security Number," *Forbes*, August 1, 2011. http://wwwforbes.com/sites/kashmirhill/2011/08/01/how-face-recognition-can-be-used-to-get-your-social-security-number/

69 Steve Lohr, "Computers That See You and Keep Watch Over You," January 1, 2011. http://www.nytimes.com/2011/01/02/science/02see.html

70 Steven Johnson, *Where Good Ideas Come From*, Chapter IV (Riverhead 2010).

71 "Computers That See You and Keep Watch Over You."

72 이 두 연구자는 애플 출신의 피트 워든[Pete Waden]과 데이터 시각화 전문가인 앨러스데어 앨런[Alasdair Allan]이다. Charles Arthur, "iPhone keeps record of everywhere you go," *London Guardian*, April 20, 2011. http://www.guardian.co.uk/teehnology/2011/apr/20/iphone-tracking-prompts-privacy-fears

73 Julia Angwin and Jennifer Valentino-Devries, "Apple, Google Collect User Data," *The Wall Street Journal*, April 22, 2011. http://online.wsj.com/article/SB10001424052748703983704576277101723453610.html.

74 Nicholas Carr, "Is Google Making Us Stupid?" *The Atlantic*, July/August 2008. http://www.theatlantic.com/magazine/archive/2008/07/is-google-making-us-stupid/6868/

75 Amir Efrati, "Google Calls Location Data 'Valuable'," *The Wall Street Journal*, May 1, 2011. http://online.wsj.com/article/SB10001424052748703703304576297450030517830.html?mod=googlenews_wsj

76 Eric Sherman, "Amazon Big Brother patent knows where you'll go," CBS News, December 14, 2011. http://www.cbsnews.com/8301505124_16257342567/amazon-big-brother-patent-kno-

ws-where-youll-go/

77 Brian Solis, "The Evolution of a New Trust Economy," BrianSolis.com, December 9, 2009.

78 Dan Gilmor, Google+. September 28, 2011. https://plus.google.com/113210431006401244 170/posts/YYwcR5Ua5JN

79 Robert Vamosi, *When Gadgets Betray Us: The Dark Side of our Infatuation with New Technologies* (Basic 2011). 바모시와 나의 2011년 4월 28일 테크크런치 TV 인터뷰 또한 참고하라. http://techcrunch.com/2011/04/28/keen-on-robert-vamosi-when-gadgets-betray-us-book-giveaway/

80 Jacob Aron, "Internet Probe Can Track You Down to Within 690 Metres," *New Scientist*, April 5, 2011. http://www.newscientist.com/article/dn20336-internet-probe-can-track-you-down-to-within-690-metres.html

81 Natasha Singer, "Data Privacy, Put to the Test," *The New York Times*, April 30, 2011.

82 "Who's Watching You? Data Privacy Day Survey Reveals Your Fears Online," PRNewswire, January 28, 2011. http://techcrunch.com/2011/01/28/karp-tumblr-quarter-billion-impressions-week/

83 "Report finds Internet users worry more about snooping companies than spying Big Brother," Associated Press, June 2, 2011. http://www.washingtonpost.com/business/technology/report-finds-internet-users-worry-more-about-snooping-companies-than-spying-big-brother/2011/06/03/AG7CyeHH_story.html

제4장 디지털 현기증

1 Dan Auiler, *Vertigo, The Making of Hitchcock Classic* (St Martin's 2000), xiii, 스코세이지의 서문에서.

2 벨 에어Bel Air의 파라마운트 스튜디오에서 1957년 10월 하반기에 촬영.

3 프랑스의 소설가 피에르 부알로Pierre Boileau와 토마 나르세자크Thomas Narcejac가 쓴 1954년 작 『산 자와 죽은 지』D'Entre Les Morts를 원작으로 앨릭 코펠Alec Coppell, 새뮤얼 A. 타일러Samuel A. Taylor, 그리고 히치콕 자신이 각본을 썼다.

4 소용돌이 나선은 영화의 가장 중심적인 모티브다. 예를 들면, 영화의 어지럽게 일그러진 오프닝 타이틀은 히치콕이 오랫동안 함께 일했던 솔 배스Saul Bass가 만들었으며, 매들린의 헤어스타일, 혹은 샌프란시스코의 꼬불꼬불한 거리 등도 이러한 모티브로부터 온 것이다.

5 Fitzgerald, *Tender Is the Night*.

6 Kevin Starr, *Americans and the California Dream 1850~1915* (Oxford University Press 1973), 58.

7 Gray Brechin, *Imperial San Francisco* (University of California Press 2006), 32.

8 둘 다 킴 노박Kim Novak이 연기했다. 깐깐한 히치콕을 노박이 좋아하지 않았음에도, 혹은 좋아하지 않았기 때문에 이 영화에서 그녀는 자신의 출연작 중 가장 뛰어난 연기를 펼쳤다고 회자되고는 한다.

9 영화의 모든 의상은 히치콕이 오랫동안 함께 작업한 팀원 중 하나인 이디스 헤드Edith Head가 만들었다.

10 Francois Truffaut, *Hitchcock Truffaut: The Definitive Study of Alfred Hitchcock* (Touchstone 1983), 111.

11 2002년 영국영화협회와 ≪사이트 앤드 사운드Sight and Sound≫ 지가 발표한 역대 최고의 영화 목록에서 발췌했다. 이 목록은 국제적으로 저명한 영화 평론가들의 의견을 바탕으로 작성되었으며, 히치콕의 〈현기증〉은 역대 최고의 영화 2위에 선정되었다. 최고의 영화의 영예는 오슨 웰스의 〈시민 케인〉이 차지했다. http://www.bfi.org.uk/sightandsound/topten/poll/critics.html

12 Universal DVD, chapter 31의 1:58:27 부분.

13 특히 시카고 대학교의 경제학자 로널드 코스Ronald Coase가 1937년에 쓴 글 「기업의 성격The Nature of the firms」을 참고하라. 이 글은 기업의 필요성과, 20세기 경제에서 기업의 핵심적인 역할에 대해 설명했다.

14 John Hagel III, John Seely Brown & Lang Davidson, *The Power of Pull: How Small Moves, Smartly Made, Can Set Big Things in Motion* (Basic 2010), 36.

15 William H. Whyte, *The Organization Man* (University of Pennsylvania Press 2000), 51.

16 David Halberstam, *The Fifties* (Villiard Books 1993), 526~527.

17 "실리콘밸리"라는 용어는 사업가 랠프 배어스트Ralph Vaerst가 처음 사용했으며, 1971년 ≪일렉트로닉 뉴스Electronic News≫의 기자 돈 회플러Don Hoefler에 의해 널리 퍼지게 되었다.

18 인터넷과 컴퓨터의 역사에 대해서는 많은 훌륭한 연구들이 있다. 특히 David Kaplan, *Silicon Boys And Their Valley of Dreams* (Perennial 1999); Tracy Kidder, *Soul of the New Machine* (Back Bay 2000); John Naughton, *A Brief History of the Future* (Overlook 2000); 그리고 Robert Cringley, *Accidental Empires* (Harper 1996)를 참고하라.

19 David Kaplan, *Silicon Boys and Their Valley of Dreams* (Perennial 1999) 40.

20 *Ibid.*, 49.

21 마이크 멀론은 이를 두고 "전자 기기 분야의 최고의 천재들이 모였다"라고 평했다. 무어와 노이스 외의 사람들은 줄리어스 블랭크Julius Blank, 빅터 그리니치Victor Grinich, 유진 클라이너Eugene Kleiner, 진 호어니Jean Hoerni, 제이 래스트Jay Last, 셸던 로버츠Sheldon Roberts다. *The Big Score*, 68~69.

22 Mike Malone, *The Big Score* (Doubleday 1985), 40.

23 Joseph Schumpeter, *Capitalism, Socialism and Democracy* (New York: Harper 1975[1942]), 82~85.

24 John Markoff, "Searching for Silicon Valley," *The New York Times*, April 16, 2009.

25 켈리의 *What Technology Wants* (Viking 2008)와 카의 *The Shallows* (2008)는 동전의 양면을 보여주고 있다. 켈리는 우리의 뇌로서의 기술을 보여주고 있으며, 카는 기술이 우리의 뇌를 망가트리고 있다고 지적한다. 나 또한 이러한 함정에 종종 빠진다고 고백하지 않을 수 없는데, 특히 2007년에 펴낸 나의 책 *Cult of the Amateur*에서도 인터넷과 문화 사이의 관계를 지나치게 단순화시키기도 했다.

26 Richard Florida, *The Rise of Creative Class*, 17.

27 DVD로는 The Complete Monterey Pop Festival: Criterion Collection (Blue-Ray)(2009)가 있다.

28 *San Francisco Oracle*, Vol.1, Issue 5, 2.

29 Todd Gitlin, *The Sixties: Years of Hope, Days of Rage* (Bantam 1993), 203.

30 David Halberstram, *The Fifties* (Villiard Books 1993) ch. 21, 306.

31 Theodore Roszak, *The Making of the Counter Culture* (Doubleday 1968), 184.

32 Mark Andrejevic, *Reality TV: The Work of Being Watched* (Rowman & Littlefield 2004), 26.

33 *A History of Private Life*, Volume III, "Passions of the Renaissance" (Harvard 1989), 376.

34 *Ibid.*

35 Karl Marx, "The 18th Brumaire of Louis Bonaparte," *Selected Writings*, ed. David McLellan (Oxford University Press 1977), 300.

36 Theodore Roszak, *The Making of a Counter Culture* (Doubleday 1968), chapter 1. 테크노크라시라는 용어는 로스작에 따르면, "산업사회가 조직적 통합의 최고봉에 오른 상태의 사회 형태를 뜻하며, 근대화, 업데이트, 합리화, 계획 등을 이야기할 때 떠오르는 이상적인 인간"을 뜻한다.

37 Andrew Potter, *The Authenticity Hoax: How We Get Lost Finding Ourselves* (Harper Collins 2010); Andrew Keen, "Public and Private," March 22, 2010. http://bnreview.barnesandnoble.com/t5/Reviews-Essays/Public-and-Private/ba-p/2322

38 Sennett, *The Fall of Public Man*, 220.

39 Christopher Lasch, *The Culture of Narcissism: American Life in an Age of Diminishing Expectations* (Norton 1991), 10.

40 Alvin Toffler, *Future Shock* (Random House 1970), 284.

41 "Adam Curtis: Have Computers Taken Away our Power?" Katharine Viner, *The Guardian*, May 6, 2011. http://www.guardian.co.uk/tv-and-radio/2011/may/06/adam-curtis-computers-documentary

제5장 소셜에 대한 숭배

1 Patrick McGilligan, *Alfred Hitchcock: A Life in Darkness and Light* (ReganBooks 2003), 159.

2 *The Power of Pull*, 42. 헤이글과 실리 브라운의 '대이동' 이론에 대한 자세한 내용은 내가 테크크런치 TV에서 2010년 9월에 진행한 인터뷰를 참고하라. http://techcrunch.com/2010/09/08/ke-

en-on-power-of-pull-tctv/

3 Ross Douthat, "The Online Looking Glass," *The New York Times*, June 12, 2011.

4 John Markoff, *What the Dormouse Said: How the 60s Counterculture Shaped the Personal Computer Industry* (Viking 2005).

5 Fred Turner, *From Counterculture to Cyberculture: Stewart Brand, The Whole Earth Network, and the Rise of Digital Utopianism* (Chicago University Press 2006).

6 James Harkin, *Cyburbia, The Dangerous Idea That's Changing How We Live and Who We Are* (Little Brown 2009).

7 Tim Wu, *The Master Switch: The Life and Death of Information Empires* (Knopf 2010).

8 *Ibid.*, 169.

9 Tim Berners-Lee, *Weaving The Web: The Original Design and Ultimate Destiny of the World Wide Web* (Harper Business 2000).

10 *Ibid.*, 201.

11 *Ibid.*, 172.

12 Turner, *From Counterculture to Cyberspace*, 14.

13 David Brooks, *Bobos in Paradise: The New Upper Class and How They Got There* (Touchstone 2000).

14 "다르게 생각하라"라는 애플의 상징적인 마케팅 전략은 매디슨 가의 광고 회사인 TBWA/Chiat/ Day에서 만들어졌는데, 이들은 마찬가지로 1984년, 시대를 풍미했던 애플의 매킨토시 개인용 컴퓨터 슈퍼볼 광고를 만들기도 했다.

15 Thomas Frank, *The Conquest of Cool: Business Culture, Counterculture, and the Rise of Hip Consumerism* (University of Chicago 1997).

16 David Kirkpatrick, "Social Power and the Coming Corporate Revolution," *Forbes*, September 7, 2011. http://www.forbes.com/sites/techonomy/2011/09/07/social-power-and-the-coming-corporate-revolution/

17 Peter Drucker, "The Challenge Ahead," *The Essential Drucker* (Harper Business, 2001), 347.

18 *Ibid.*, 348.

19 *Ibid.*, 348.

20 Daniel Pink, *Free Agent Nation: The Future of Working for Yourself* (Warner Business Books 2001).

21 "While We Weren't Paying Attention the Industrial Age Just Ended," Techcrunch.tv, 7 February 2011. http://techcrunch.com/2011/02/07/keen-on-seth-godin-while-we-werent-paying-attention-the-industrial-age-just-ended-tctv/

22 Seth Godin, *Linchpin: Are You Indispensable?* (Portfolio 2010).

23 Hugh McLeod, *Ignore Everybody: and 39 Other Keys to Creativity* (Portfolio 2009).

24 Gary Vaynerchuck, *Crush It: Why Now Is the Time to Cash In On Your Passion* (Harper Studio 2009).

25 Reid Hoffman and Ben Casnocha, *The Start Up of You: An Entrepreneurial Approach to Building a Killer Career* (Crown 2012).

26 Thomas L. Friedman, "The Start-Up of You," *The New York Times*, July 12, 2011. http://www.nytimes.com/2011/07/13/opinion/13friedman.html

27 Kevin Kelly, *Out of Control: The Biology of Machines, Social Systems & the World* (Perseus 1994).

28 연결된 미래에 대한 켈리의 비전에 대해 더 알고 싶으면 내가 2011년 1월 18일 테크크런치 TV "킨온"에서 그를 인터뷰한 것을 보라. http://techcrunch.com/2011/01/18/keen-on-kevin-kelly-What-does-kevin-kelly-want-tctv/

29 Turner, 174.

30 Harkin, 1930.

31 Kirkpatrick, 332.

32 James Gleick, *The Information: A History, A Theory, A Flood* (Pantheon 2011) 48.

33 Michael Malone, *Valley of the Heart's Delight: A Silicon Valley Notebook 1963~2001* (Wiley 2002).

34 Robert Puttnam, *Bowling Alone*, 2000 (Simon & Schuster), 410.

35 Charles Leadbeater, *We-Think: Mass Innovation, Not Mass Production* (Profile, 2008).

36 Yochai Benkler, *The Wealth of Networks: How Social Production Transforms Markets and Freedom*, (Yale 2006).

37 Erik Qualman, *Socialnomics: How Social Media Transforms the Way We Live and Do Business* (Wiley 2009).

38 Clay Shirky, *Here Comes Everyone: The Power of Organizing Without Organizations* (Penguin 2008).

39 Charlene Li, *Open Leadership: How Social Technology Can Transform the Way You Lead*. 또한 내가 리와 서키와 함께한 테크크런치 TV의 인터뷰도 참고하라. http://techcrunch.com/2010/07/07/techcrunch-tv-keemon-connectivit/

40 Mitch Joel, *Six Pixels of Separation: Everyone Is Connected, Connect Your Business to Everyone* (Business Plus 2009).

41 Simon Mainwaring, *We First: How Brands and Consumers Use Social Media to Build a Better World* (Palgrave Macmillan 2011).

42 Eric Greenberg and Karl Weber, *Generation We: How Millennial Youth Are Taking Over America and Changing Our World Forever* (Puchatusan 2008).

43 Nicholas A. Christakis and James H. Fowler, *Connected: The Surprising Power of Our Social*

Networks and How They Shape our Lives (Little Brown 2009).

44 Jane McGonigal, *Reality Is Broken: Why Games Make Us Better and How They Can Change the World* (Penguin 2011). 특히 제4장 "Stronger Social Connectivity"를 참고하라. 제인 맥고니걸이 "소셜한 것이 모든 것이다"라고 주장했던 테크크런치 TV 방영분도 참고하라.

45 Lisa Gansky, *The Mesh: Why The Future of Business Is Sharing* (Portfolio 2010). 2010년 9월 갠스키가 출연한 테크크런치 TV "킨온"도 참고하라. http://techcrunch.com/2010/09/22/keen-on-lisa-gansk/

46 Francois Gossieaux, *The Hyper-Social Organization: Eclipse Your Competition by Leveraging Social Media* (McGraw-Hill 2010).

47 Gleick, *The Information*, 322.

48 Adam Penenberg, "Social Networking Affects Brains Like Falling in Love," *Fast Company*, July 1, 2010.

49 BBC News, August 10, 2010. http://www.bbc.co.uk/news/science-environment-10925841

50 『소셜 애니멀』의 주인공이자 사교성의 화신인 해럴드는 급우들에게 "시장님"으로 통한다. 아마도 위치정보 서비스에서 가장 인기 있는 네트워커에게 주어지는 것과 동일한 지위가 해럴드에게 주어진 것은 우연이 아닐 것이다. David Brooks, *The Social Animal: The Hidden Sources of Love, Character and Achievement* (Random House 2011).

51 David Brooks, "It's Not About You," *The New York Times*, May 30, 2011.

52 Steven Johnson, *Where Good Ideas Come From: The Natural History of Innovation* (Riverhead 2010).

53 *Ibid.*, 44.

54 *Ibid.*, 206.

55 Jaron Lanier, "Digital Maoism: The Hazards of the New Online Collectivism," Edge.org 5/3/06. http://www.edge.org/3rd_culture/lanier06/lanier06_index.html

56 *Power of Pull*, 247.

57 Jeff Jarvis, *Public Parts* (Simon & Schuster 2011), 70-71.

58 Clay Shirky, *Cognitive Surplus* (Penguin, 2010). 서키의 협력적 미래에 대한 자세한 내용은 내가 그와 진행한 2010년 7월 테크크런치 인터뷰를 참고하라. http://techcrunch.com/2010/07/07/techcrunch-tv-keen-on-connectivit/

59 *Cognitive Surplus*, 19.

60 Michael Wolff, "Ringside at the Web Fight," *Vanity Fair*, March 2010.

61 Christakis & Fowler, *Connected*, chapter 2.

62 *Cognitive Surplus*, 60.

63 John Tresch, "Gilgamesh to Gaga," Lapham's Quarterly, Winter 2011. http://www.laphamsquarterly.org/essays/gilgamesh-to-gaga.php?page=7

제6장 대박람회의 시대

1 Jean Baudrillard, *The Conspiracy of Art* (Semiotext 2005), 26.

2 The Oxford Union, *Christopher Hollis* (Evans Brothers 1965), 96.

3 Jan Morris, *Oxford* (Oxford 1979).

4 *Ibid.*, 21.

5 *Ibid.*, 3.

6 http://secondlife.com/whatis/?lang=en-US

7 Daniel Terdiman, "Fun in Following the Money," *Wired* magazine, May 8, 2004. http://www.wired.com/gaming/gamingreviews/news/2004/05/63363

8 Christopher Hollis, *The Oxford Union* (Evans Brothers 1965), 106.

9 로세티뿐만 아니라 발렌타인 프린셉Valentine Prinsep, 존 헝거퍼드 폴런John Hungerford Pollen, 윌리엄 모리스, 에드워드 번존스, 로댐 스펜서 스탠호프Rodham Spencer Stanhope 등이 이 벽화를 그리는 데 참여했다.

10 John D. Renton, *The Oxford Union Murals*.

11 Paul Johnson, *Art: A New History* (Harper Collins 2003), 533.

12 Hollis, *The Oxford Union*, 209.

13 E. H. Gombrich, *The Story of Art* (Phaidon 1995), 384.

14 A. N. Wilson, *The Victorians* (Norton, 2003).

15 Laurence Des Cars, *The Pre-Raphaelites: Romance and Realism* (Discoveries), 69.

16 *Nothing If Not Critical*, 115.

17 *Ibid.*, 116.

18 Paul Johnson, *Art: A New History* (Harper Collins 2003), 534.

19 Robert Hughes, *Nothing If Not Critical* (Knopf 1990), 116.

20 Herbert Arthur Morrah, *The Oxford Union 1823~1923* (Cassell & Co 1923), 175.

21 Jan Morris, *Oxford*, 219.

22 Christopher Hollis, *The Oxford Union* (Evans Brothers 1965).

23 *Ibid.*, 101.

24 John D. Renton, *The Oxford Union Murals*, 15~16.

25 Eric Hobsbawm, *The Age of Revolution 1989~1848* (Vintage 1996), 168.

26 Michael Leapman, *The World for a Shilling: How the Great Exhibition of 1951 Shaped a Nation* (Headline 2001).

27 Joel Mokyr, *The Level of Riches: Technological Creativity and Economic Progress* (Oxford University Press 1990), 81.

28 벤담은 『도덕과 입법의 원리 입문』에서 국제적이라는 단어는 새로운 단어로 반드시 인지되어야 한다고 지적했다. John Dinwiddy, *Bentham*, 47.

29 Eric Hobsbawm, *The Age of Capital: 1848~1875* (Vintage 1996), 34, 63.

30 1849년 골드러시의 산업적 성격은 채굴 엔지니어들이 샌프란시스코의 새로운 아리스토크라치 아로 부상한 데서 엿볼 수 있다. Brechlin, *Imperial San Francisco*, 53를 참고하라.

31 Eric Hobsbawm, *The Age of Revolution: 1789~1848* (Vintage), 168.

32 Karl Marx and Friedrich Engels, *The Communist Manifesto* (Oxford University Press)

33 Robert Rhodes James, *Prince Albert: A Biography* (Knopf 1984), 190.

34 *Ibid.*

35 A. N. Wilson, *The Victorians* (Norton 2003).

36 *German Ideology.*

37 Michael Leapman, *The World for a Shilling: How the Great Exhibition of 1851 Shaped a Nation* (Headline 2011), 24.

38 Robert Rhodes James, *Prince Albert: A Biography* (Knopf 1984), 147.

39 Bill Bryson, *At Home: A Short History of Private Life* (Doubleday 2010), 7.

40 Robert Rhodes James, *Prince Albert: A Biography* (Knopf 1984), 199.

41 Bryson, *At Home*, 11.

42 Hobsbawm, *Age of Revolution*, 186.

43 James, *Prince Albert*, 200.

44 Michael Leapman, *The World for a Shilling*, 59.

45 Gleick, *The Information*, 104~105.

46 George Friedman, *The Moral Consequences of Economic Growth* (Knopf 2005), 20.

47 J. R. Piggott, *The Palace of the People: The Crystal Palace at Sydenham, 1854~1936* (Hurst 2004).

48 *Ibid.*, 61.

49 *Ibid.*, 207.

50 Ernest Gellner, *Nations and Nationalism* (Cornell 1983), 32~33.

51 Aldous Huxley, *Prisons* (Trianon 85 Grey Falcon Presses 1949). http://www.johncoulthart. com/feuilleton/2006/08/25/aldous-huxley-on-piranesis-prisons/

52 Charles Fried, "Privacy," *The Yale Law Journal* (1968), 475, 477~478.

53 Walter Kirn, "Little Brother Is Watching," *The New York Times*, October 15, 2010. http://www. nytimes.com/2010/10/17/magazine/17FOB-WWLN-t.html

54 Sarah Lacy, "So Is Web 3.0 Already Here?" Techrunch, April 18, 2011. http://techcrunch-com/2011/04/18/so-is-web-3-0-already-here-tctv/

55 *Discipline and Punish: The Birth of the Prison*, 207.

제7장 거대한 전시주의의 시대

1 *Discipline and Punish*, 200.

2 Norman Johnson, *Forms of Constraint: A History of Prison Architecture* (University of Illinois Press 2000), 56.

3 윌리엄 블랙스번의 현대식 옥스퍼드 감옥 건설은 감옥의 한 죄수가 똥무더기 위에 서 있는 간수를 그린 조악한 캐리커처가 알려지면서 시작되었다. 1786년 교도소장은 그 간수를 해고하고, 그 자리에 대니얼 해리스Daniel Harris라는 감옥 개혁가를 앉혔다.

4 여성 전용 감옥은 대박람회가 열린 1851년에 만들어졌다.

5 Jan Morris, *Oxford*, 35.

6 브리저의 화려한 감옥 생활을 묘사한 〈이탈리안 잡〉은 최신식 시설을 구비한 방들을 갖게 될 이 감옥의 미래를 의도치 않게 예측했다.

7 "Oxford Castle Unlocked", Official Guide. www.oxfordcastleunlocked.co.uk

8 MALMAISON/TAGLINE

9 "Sentenced to Luxury: Malmaison Oxford Castle Hotel," Fodors.com, February 16, 2007.

10 *We Live in Public*.

11 Steven Johnson, "Web Privacy: In Praise of Oversharing," May 20, 2010.

12 웹 2.0이라는 표현은 오라일리 미디어O'Reiley Media의 창립자인 팀 오라일리Tim O'Reiley가 2004년에 처음 사용하고 널리 알렸다.

13 Gary Shteyngart, *Super Sad True Love Story* (Random House 2010).

14 "Apparat Chic: Talking with Gary Shteyngart, Shelfari, August 11, 2010. http://blog.shelfari.com/my_weblog/2010/08/apparat-chic-talking-with-gary-shteyngart.html

15 Gary Shteyngart, Keen On, Techcrunch, July 15, 2011. http://techcrunch.com/2011/07/15/keen-on-a-super-sad-true-love-story-tctv/

16 *Super Sad True Love Story*, 209~210.

17 존슨은 해리스의 비전이 실제로 이루어지지 않았다는 것에 동감했다. "오늘날 웹 카메라를 설치하고 비디오를 온라인으로 공유하는 것이 한결 더 쉬워졌다. 유튜브와 초고속 인터넷망 덕분이다. 그러나 그 누구도 그렇게 극단적인 방법으로 스스로를 내보이지는 않는다." Steven Johnson, "Web Privacy: In Praise of Oversharing", *Time* magazine, May 20, 2010.

18 Robert Scoble and Shell Israel, *Naked Conversations: How Blogs Are Changing the Way Business Talk With Consumer* (Wiley 2006).

19 "The Chief Humanizing Officer," *The Economist*, Feb 10, 2005. http://www.economist.com/node/3644293?story_id=3644293

20 Tim Bradshaw, "The List: Five Most Influential Tweeters," *The Financial Times*, March 18, 2011. 스코블에 이어 가장 영향력 있는 다른 네 개의 트위터 계정은 미국의 배우 애슈턴 커처(@aplusk), 영국의 코미디언 스티븐 프라이(@stephenfry), 학생 블로거 제임스 벅James Buck

(@jamesbuck), 그리고 영국 총리 고든 브라운Gordon Brown의 전 부인인 셰러 브라운Sarah Brown (@SarahBrownuk)이다.

21 Alyson Shontell, "Klout Finally Explains Why Obama Is Ranked Lower Than Robert Scoble," *Business Insider*, December 2, 2011. http://articles.businessinsider.com/2011-12-02/tech/ 30466703_1_social-media-klout-president-obama

22 Robert Scoble, "Help, I've fallen into a pit of steaming Google+(what that means for tech blogging)," Scobleizer, August 18, 2011. http://scobleizer.com/2011/08/18/help-ive-fallen-into-a-pit-of-steaminggoogle/

23 스코블의 소셜미디어 사용에 대한 최신 정보를 보고 싶으면 2011년 4월 29일 암스테르담에서 열린 컨퍼런스에서 그가 한 연설을 참고하라. http://thenextweb.com/eu/2011/04/29/robert-scoble-the-next-web-human-reality-virtual-video-tnw

24 "Much ado about privacy on Facebook (1 wish Facebook were MORE OPEN!!!)," Scobleizer.com, May 8, 2010.

25 Richard Sennett, *The Fall of Public Man* (Norton 1974), 282.

26 "Caesar Salad @ The Ritz-Carlton, Half Moon Bay." http://www.foodspotting.com/reviews/ 556332

27 "Keen On⋯ Are We All Becoming Robert Scoble?" Techcrunch, December 1, 2010.

제8장 2011년 최고의 그림

1 Stanley Weintraub, *Uncrowned King: The Life of Prince Albert* (Free Press 1997), 209.

2 Larry Downes, *The Laws of Disruption* (Basic 2009), 73.

3 Earl Warren and Louis Brandeis, "The Right to Privacy," *Harvard Law Review*, Vol. IV, December 15, 1890.

4 Lionel Barber, "How a soccer star sparked the freedom debate of our age," *The Financial Times*, May 28/29, 2011.

5 "Man on Trail over Twitter 'Affair' Claims Says Case Has 'Big Legal Implications'," Press Association, June 15, 2011. http://www.guardian.co.uk/technology/2011/jun/15/twitter-affair-claims-legal-implications

6 Rebecca Kaplan, "Zuckerberg, Schmidt Counter Sarkozy's Calls for Internet Regulation at 'EG8'," *National Journal*, May 28, 2011. http://www.nationaljournal.com/tech/zuckerberg-schmidt-counter-sarkozy-s-calls-for-internet-regulation-at-eg8-20110526

7 Ben Farmer, "Congress Calls on Twitter to Block Taliban," *Daily Telegraph*, December 25, 2011. http://www.telegraph.co.uk/technology/twitter/8972884/Congress-calls-on-Twitter-to-block-Taliban.html

8 Dominic Rushe, "US Court Verdict 'Huge Blow' to Privacy, Says former WikiLeaks Aide," *The Guardian*, November 11, 2011. http://www.guardian.co.uk/world/201l/nov/11/us-verdict-privacy-wikileaks-twitter

9 Lenna Rao, "Google Reaches Agreement on FTC's Accusations of 'Deceptive Privacy Practices' in Buzz Rollout," Techcrunch, March 30, 2011. http://techcrunch.com/2011/03/30/google-reaches-agreement-on-ftcs-accusations-of-deceptive-privacy-practices-in-buzz-rollout/

10 Shayndi Raice and Julia Angwin, "Facebook 'Unfair' on Privacy," *The Wall Street Journal*, November 30, 2011. http://online.wsj.com/article/SB10001424052970203441704S7706840062264-4374.html

11 Bob Sullivan, "Why should I care about digital privacy?" MSNBC, March 10, 2011. http://www.msnbc.msn.com/id/41995926/ns/technology_and_science/

12 Julia Angwin, "US Urges Web Privacy Bill of Rights," *The Wall Street Journal*, Deceber 18, 2010. http://online.wsj.com/article/SB10001424052748703395204576023521659672058.html

13 "The White House Offers Up a National Data Breach Law," Kashmir Hill, *Forbes*, May 12, 2011. http://blogs.forbes.com/kashmirhill/2011/05/12/the-white-house-offers-up-a-national-data-breach-law/

14 Cecilia Kang, "Sen Rockefeller Introduces 'Do Not Track' Bill for Internet," *Washington Post*, May 9, 2011. http://www.washingtonpost.com/blogs/post-tech/post/sen-rockefeller-intro-duces-do-not-track-bill-for-internet/2011/05/09/AFOymjaG_blog.html

15 Mike Zapler, "Leibowitz pushes Google on privacy," April 19, 2011. http://www.politico.com/news/stories/0411/53440.html

16 2011년 4월 말, 상원의원 앨 프랭컨은 데이터 유출에 대한 청문회를 열겠다는 의지를 천명했다. 자세한 것은 "Franken sets hearings on Apple Google tracking," *The Wall Street Journal*, Mar-ketwatch, May 4, 2011. http://www.marketwatch.com/story/franken-sets-hearing-on-apple-google-tracking-2011-04-26를 참고하라.

17 Gautham Nagesh, "Sen. Franken wants Apple and Google to require privacy policies for all smartphone apps," The Hill, May 25, 2011. http://thehill.com/blogs/hillicon-valley/techno-logy/163293-sen-franken-wants-apple-and-google-to-require-privacy-policies-for-all-smart-phone-apps

18 Charles Leadbeater, "A cloud gathers over our digital freedoms," *The Financial Times*, June 6, 2011. http://www.ft.com/cms/s/0/c7253a6e-9073-11e0-9227-00144feab49a.html#axzz1-Pdrwd8fs

19 Slavoj Žižek, "Corporate Rule of Cyberspace," *Inside Higher Ed*, May 2, 2011. http://www.insidehighered.com/views/2011/05/02/slavoj_zizek_cssay_on_cloud_computing_and_privacy

20 Richard H. Thaler, "Show Us the Data(It's Ours, After All)," *The New York Times*, April 23, 2011. 1

21 Matthew Lasar, "Senators: Net Privacy Law for Children in Need of Overhaul," Ars Technica, April 30, 2010. http://arstechnica.com/tech-policy/news/2010/04/senators-net-privacy-law-for- children-in-need-of-overhaul.ars

22 Kevin J. O'Brien, "Setting Boundaries for Internet Privacy," *The New York Times*, September 18, 2011.

23 Archibald Preuschat, "Google Faces New Demands in Netherlands Over Street View Data," *The Wall Street Journal*, April 20, 2011. http://online.wsj.com/article/SB100014240527 4870392250457627315 1673266520.html

24 Tim Bradshaw and Maija Palmer, "Apple and Android phones Face Tighter Laws in Europe," *The Financial Times*, May 18, 2011.

25 Stephanie Bodoni, "Facebook to Be Probed in EU for Facial Recognition in Photos," Bloom-herg Businessweek, June 8, 2011. http://www.businessweek.com/news/2011-06-08/facebook-to-be-probed-in-eu-for-facial-recognition-in-photos.html

26 Vittorio Colao, "Facebook is wrong to back a light touch for the web," June 5, 2011. http://www.ft.com/cms/s/0/e78517f6-8fa9-11e0-954d-00144feab49a.html#axzzIPLSGWCH9

27 Leigh Phillips, "EU to Force Social Network Sites to Enhance Privacy," *London Guardian*, March 16, 2011.

28 Paul Duckin, "LinkedIn 'Does a Facebook': Your Name and Photo Used in Ads by Default," NakedSecurity.com, August 11, 2011. http://nakedsecurity.sophos.com/2011/08/01/linke-din-copies-facebook-does-a-privacy-bait-and-switch/

29 Natasha Singer, "Data Privacy, Put to the Test," *The New York Times*, April 30, 2011. http://www.nytimes.com/2011/05/01/business/01stream.html

30 Julia Angwin and Emily Steel, "Web's Hot New Commodity: Privacy," *The Wall Street Journal*, February 28, 2011; Riva Richmond, "How to Fix (or Kill) Web Data about You," *The New York Times*, April 13, 2011. http://www.nytimes.com/2011/04/14/technology/personaltech/14ba-sics.html?_r=1

31 특히 나와 브렛 테일러가 온라인 기술에 대해 나눈 대화를 참고하라. The Gillmor Gang, April 22, 2010. http://gillmorgangtechcrunch.com/2010/05/15/gillmor-gang-04-22-10/

32 Jim Puzzanghera, "Facebook Executive Takes Heat on Hearing About Privacy," *The Los Angeles Times*, May 20, 2011. http://articles.latimes.com/2011/may/20/business/la-fi-face-book-privacy-20110520

33 Jenna Wortham, "The Facebook Resisters," *The New York Times*, December 13, 2011. http://www.nytimes.com/2011/12/14/technology/shunning-Facebook-and-living-to-

tell-about-it.html

34 Mike Arrington, "Nobody Goes To Facebook Anymore, It's Too Crowded," *Uncrunched*, January 2, 2012. http://uncrunched.com/2012/01/03/nobody-goes-to-facebook-anymore-its-too-crowded/

35 Loïc Le Meur, "Path Is Where the A List Hangs Out, Don't Tell Anyone," Loiclemeur.com, January 2, 2012. http://loiclemeur.com/english/2012/01/path-is-where-the-a-list-hangs-out-dont-tell-anyone.html

36 2011년 6월 18일 퓨 인터넷 앤드 아메리칸 라이프 프로젝트Pew Internet and American Life Project에서 발표한 보고서 "Social Networking Sites and our Lives"를 참고하라(http://www.pewinternet.org/Reports/2011/Technology-and-social-networks.aspx). 이 보고서는 페이스북 유저들이 평균보다 더 사람을 잘 믿는 경향이 있음을 높이 평가했지만, 내 결론은 그다지 낙관적이지 않다. 페이스북이 지금껏 얼굴 감지 기술 등 논란의 여지가 있는 기술들이나 프라이버시에 대해 취해온 입장을 고려했을 때, 페이스북 유저들이 이러한 서비스를 신뢰한다는 점에 대해 냉소적인 태도를 보일 수밖에 없다.

37 Alexia Tsotsis, "The end of Blippy as we know it," Techcrunch, May 19, 2011. http://www.google.com/search?client=safari&rls=en8cq="The+end+of+Blippy+as+we+ know+it",&ie=UTF-88coe=UTF-8

38 Nick Bilton, "Privacy Isn't Dead. Just Ask Google+," *The New York Times*, July 18, 2011. http://bits.blogs.nytimes.com/2011/07/18/privacy-isnt-dead-just-ask-google/

39 Violet Blue, "Google Steps Up its Privacy Game, Launches Good to Know," ZDNet, October 18, 2011. http://www.zdnet.com/blog/violetblue/google-steps-up-its-privacy-game-launches-good-to-know/746

40 Josh Constine, "News Outlets Preserve Privacy by Giving Users Ways to mute Facebook's Frictionless Sharing," *Inside Facebook*, October 7, 2011. http://www.insidefacebook.com/2011/10/07/news-frictionless-sharing/

41 Ellis Hamburger, "Spotify Adds 'Private Listening' Mode After Complaints from Facebook Users," *Business Insider*, September 29, 2011. http://articles.businessinsider.com/2011-09-29/tech/30216833_1_spotify-ceo-facebook-friends-founder-daniel-ck

42 Joshua Foer, *Moonwalking with Einstein: The Art and Science of Remembering Everything* (Penguin 2011), 21~24.

43 Nick Bilton, "Erasing the Digital Past," *The New York Times*, April 1, 2011. http://www.ny-times.com/2011/04/03/fashion/03reputation.html

44 Paul Sullivan, "Negative Online Data Can Be Challenged, at a Price," *The New York Times*, June 10, 2011. http://www.nytimes.com/2011/06/11/your-money/11wealth.html

45 "Web Images to Get Expiration Date," BBC Technology News, January 20, 2011. http://

www.bbc.co.uk/news/technology-12215921

46 *Moonwalking with Einstein*, ch. 4.

47 "Web 2.0 Suicide Machine: Erase Your Virtual Life," January 9, 2010. http://www.npr. org/templates/story/story.php?storyId=122379695

48 http://suicidemachine.org/

49 Bill Keller, "The Twitter Trap," *The New York Times*, May 18, 2011.

50 Casey Johnson, "Internet Users Now Have More and Closer Friends Than Those Offline," Ars Technica, June 16, 2011.

51 Alexia Tsotsis, "Study: You've Never Met 7% Of Your Facebook 'Friends'," Techcrunch, June 16, 2011.

52 Keith N. Hampton, Lauren Sessions Goulet, Lee Rainie and Kristen Purcell, "Social Networking Sites and our Lives," Pew Internet & American Life Project, June 16, 2011.

53 Robin Dunbar, *How Many Friends Does One Person Need? Dunbar's Number and Other Evolutionary Quirks* (Harvard University Press 2010), 21.

54 *Ibid.*, 22.

55 *Ibid.*

56 *Ibid.*, 23.

57 *Ibid.*, 34.

58 Liz Gannes, "The Socialized and Appified Oscars," *The Wall Street Journal's AllThingsD*, February 25, 2011. http://networkeffect.allthingsd.com/20110225/the-socialized-and-appified-oscars/

59 Alexia Tsotsis, "The Oscars on Twitter: Over 1.2 Million Tweets, 388K Users Tweeting," Techcrunch, February 28, 2011. http://techcrunch.com/2011/02/28/the-oscars-twitter/

60 Steven Lukes, *Individualism* (Blackwell 1973), 21.

61 Jonathan Franzen, "Liking Is for Cowards. Go for What Hurts," *The New York Times*, May 28, 2011.

62 Brooks Barnes and Michael Cieply, "Oscar Coronation for 'The King's Speech'," *The New York Times*, February 27, 2011. http://www.nytimes.com/2011/02/28/movies/awardsseason/28 oscars.html?adxnnl=1&pagewanted=print&adxnnlx=1308428523-T2YIxoWp8U ZNaTcv/la1PA

결론 푸른 옷의 여인

1 이 화풍 운동은 라파엘 전파 화가들 중에서도 가장 영향력 있는 작가 중 하나였던 존 에버렛 밀레 이John Everret Millais의 부모가 살던 가워 스트리트에서 시작되었다. 밀레이는 로세티의 옥스퍼드 학

생회관 프로젝트에 참여하지 않았다.

2 Richard Reeves, *John Stuart Mill*, 11.

3 Richard Reeves, *John Stuart Mill*, 52.

4 John Stuart Mill, *Autobiography*, ch. 5 (Riverside 1969).

5 *Ibid.*

6 *Ibid.*

7 John Dinwiddy, Bentham.

8 J. S. Mill, *On Liberty and Other Writings* (Cambridge 1989), 86.

9 Michael Lev-Ram, "Zuckerberg: Kids Under 13 Should Be Allowed on Facebook," CNN-Money.com, May 20, 2011.

10 영화 〈소셜네트워크〉에 대한 ≪뉴요커≫ 리뷰.

11 Jeff Jarvis, *What Would Google Do?* (Collins Business 2009), 48.

12 Christine Rosen, "Virtual Friendship and the New Narcissism," *The New Atlantis*, Number 17, 15.

13 *Ibid.*

14 www.twittcr.com/ajkeen

15 Richard Reeves, *John Stuart Mill*, 126.

16 Philip Steadman, *Vermeer's: Camera: Uncovering the Truth Behind the Masterpieces* (Oxford 2001).

17 Tracy Chevalier, *Girl with a Pearl Earring* (Harper Collins 2000), 247.

18 Alexia Tsotsis, "Bin Laden Announcement Has Highest Sustained Tweet Rate Ever, at 3440 Tweets Per Second," Techcrunch, May 2, 2011. http://techcrunch.com/2011/05/02/in-laden-announcement-twitter-traffic-spikes-higherthan-the-super-bowl/

19 Richard Reeves, *John Stuart Mill*, 15.

20 Michel Foucault, *The Order of Things: An Archeology of Human Sciences* (Vintage 1973), 386~387.

찾아보기

지은이

앤드루 킨 Andrew Keen

The Cult of the Amateur (한국어 번역서 제목 『구글, 유튜브, 위키피디아, 인터넷 원숭이들의 세상』)의 저자. 실리콘밸리의 기업가이며 ≪월스트리트 저널≫, ≪뉴욕 타임스≫, ≪이코노미스트≫, ≪와이어드≫에 글을 기고한다. 테크크런치의 TV쇼 ⟨킨온 Keen On⟩의 진행을 맡고 있다. CNN의 정규 칼럼니스트이며 세계 곳곳에서 강연자로 초청받고 있다. 미국 캘리포니아 주 샌타로자에 거주하고 있다.

옮긴이

진달용

일리노이 주립대학교(어버나-샴페인)에서 언론학 박사를 마쳤다. 문화일보 기자 출신으로 현재 캐나다 사이먼 프레이저 대학교 Simon Fraser University 언론학과 부교수로 재직 중이다. 2009년부터 2011년까지 KAIST 과학저널리즘대학원/인문사회학부 부교수를 역임했으며, 2014년부터 2015년까지 연세대학교 교환교수를 지냈다. 플랫폼 테크놀로지, 디지털 게임, 글로벌라이제이션, 한류, 정치경제학을 연구·강의하고 있다.

주요 저서: 『과학저널리즘의 이해』(2015), 『문화제국주의의 재해석』(2011), *Smartland Korea: mobile communication, culture and society (in press) New Korean Wave: transnational popular culture in the age of social media* (2016), *Digital Platforms, Imperialism and Political Culture* (2015), *De-convergence of Global Media Industries* (2013), *Korea's Online Gaming Emire* (2010) 외

전준

KAIST를 졸업하고 동 대학 과학기술정책대학원에서 석사학위를 취득했다. 현재 미국 위스콘신 대학교(매디슨)에서 사회학과 환경학 Environmental Studies 공동 박사학위과정에 있다. 과학사회학과 환경사, 환경사회학의 접점을 연구하고 있다.

디지털 현기증
소셜미디어 속에서 길을 잃은 현대인

지은이 ㅣ 앤드루 킨
옮긴이 ㅣ 진달용 외
펴낸이 ㅣ 김종수
펴낸곳 ㅣ 한울엠플러스(주)
편 집 ㅣ 배유진

초판 1쇄 인쇄 ㅣ 2016년 3월 23일
초판 1쇄 발행 ㅣ 2016년 4월 6일

주소 ㅣ 10881 경기도 파주시 광인사길 153(문발동 507-14) 한울시소빌딩 3층
전화 ㅣ 031-955-0655
팩스 ㅣ 031-955-0656
홈페이지 ㅣ www.hanulmplus.kr
등록번호 ㅣ 제406-2015-000143호

Printed in Korea
ISBN 978-89-460-6157-6 03330 (양장)
ISBN 978-89-460-6158-3 03330 (반양장)

* 책값은 겉표지에 표시되어 있습니다.